人文社科
高校学术研究论著丛刊

英语翻译理论的多维度阐释及其应用探索

马郁文　赵彦青　著

中国书籍出版社
China Book Press

图书在版编目 (CIP) 数据

英语翻译理论的多维度阐释及其应用探索 / 马郁文，
赵彦青著 . — 北京：中国书籍出版社，2019.11
ISBN 978-7-5068-7559-2

Ⅰ . ①英… Ⅱ . ①马… ②赵… Ⅲ . ①英语 – 翻译
理论 – 研究 Ⅳ . ① H315.9

中国版本图书馆 CIP 数据核字（2019）第 276304 号

英语翻译理论的多维度阐释及其应用探索

马郁文　赵彦青　著

丛书策划	谭　鹏　武　斌
责任编辑	毕　磊
责任印制	孙马飞　马　芝
封面设计	东方美迪
出版发行	中国书籍出版社
地　　址	北京市丰台区三路居路 97 号（邮编：100073）
电　　话	（010）52257143（总编室）（010）52257140（发行部）
电子邮箱	eo@chinabp.com.cn
经　　销	全国新华书店
印　　刷	三河市铭浩彩色印装有限公司
开　　本	710 毫米 × 1000 毫米 1/16
印　　张	15.25
字　　数	273 千字
版　　次	2020 年 7 月第 1 版　2020 年 7 月第 1 次印刷
书　　号	ISBN 978-7-5068-7559-2
定　　价	74.00 元

版权所有　翻印必究

目 录

第一章 翻译的基本知识 ……………………………………………… 1
    第一节 翻译的内涵 ………………………………………………… 1
    第二节 翻译的标准 ………………………………………………… 10
    第三节 翻译的过程 ………………………………………………… 12
    第四节 译者的素质 ………………………………………………… 16

第二章 英汉翻译的基础 …………………………………………… 19
    第一节 英汉语言差异 ……………………………………………… 19
    第二节 英汉思维差异 ……………………………………………… 33
    第三节 英汉文化差异 ……………………………………………… 36

第三章 思维维度下的英语翻译理论 ……………………………… 41
    第一节 思维的含义与分类 ………………………………………… 41
    第二节 思维与翻译的关系 ………………………………………… 45
    第三节 翻译思维的要素与运行模式 ……………………………… 49

第四章 思维维度下的英语翻译策略 ……………………………… 69
    第一节 基于思维理论的词汇翻译策略 …………………………… 69
    第二节 基于思维理论的句法翻译策略 …………………………… 75
    第三节 基于思维理论的语篇翻译策略 …………………………… 80

第五章 心理维度下的英语翻译理论 ……………………………… 82
    第一节 翻译心理学 ………………………………………………… 82
    第二节 译者翻译心理研究 ………………………………………… 91
    第三节 翻译心理学的运行模式 …………………………………… 95

第六章 心理维度下的英语翻译审美解读与表达 ………………… 100
    第一节 翻译审美解读与表达的心理机制 ………………………… 100
    第二节 翻译审美解读与表达的具体过程 ………………………… 108

第七章 语用维度下的英语翻译理论……132
第一节 语用及语用翻译研究……132
第二节 宏观语用学与翻译……139
第三节 微观语用学与翻译……158

第八章 语用维度下的英语翻译策略……176
第一节 保持文化内涵……176
第二节 保留文化外壳……185
第三节 弥补文化差异……191
第四节 嵌入语用含意……192

第九章 文化维度下的英语翻译理论……194
第一节 文化的含义与分类……194
第二节 文化与翻译的关系……197
第三节 中西文化翻译观……199

第十章 文化维度下的英语翻译策略……207
第一节 文化差异对翻译的影响……207
第二节 文化差异下的翻译原则……210
第三节 文化差异下的翻译策略……212

第十一章 英语翻译中的常见问题……217
第一节 语用模糊与翻译……217
第二节 语用失误与翻译……219
第三节 翻译中的可译性问题……221
第四节 文化翻译中的词汇空缺现象……225

总　结……228

参考文献……230

第一章 翻译的基本知识

翻译自其诞生以来就一直备受关注,如今随着经济全球化的深入,翻译作为跨文化交流的重要手段发挥着越来越重要的作用。翻译是一门看似简单而又复杂的语言科学,想要胜任翻译工作,译者需要具备深厚的语言天赋和语言功底,同时要辅以长期的、大量的训练。本章作为开篇章,就来探讨一些关于翻译的基础性问题,如内涵、标准、过程等。通过本章内容,我们可以对翻译活动有一个整体的理解。

第一节 翻译的内涵

一、翻译的定义

对于翻译的概念,人们一般认为,翻译是把一种语言转换成另一种语言的活动。

《现代汉语词典》给翻译下的定义是:把一种语言文字的意义用另一种语言文字表达出来;把代表语言文字的符号或数码用语言文字表达出来。中外翻译家对翻译概念的理解大同小异。

苏联翻译家巴尔胡达罗夫认为:翻译是把一种语言的言语产物在保持内容方面也就是意义不变的情况下改变为另外一种语言的言语产物的过程。

奈达认为:"所谓翻译,是在译语中用最切近而又最自然的对等语再现源语的信息,首先是意义,其次是文体。"

爱丁堡大学应用语言学院的翻译家卡特福德(J. C. Catford)认为翻译是:"将一种语言(原文语言)组织成文的材料(textual material)替换成等值的另一种语言(译文语言)的成文材料。""翻译是按社会认知需要、在具有不同规则的符号系统之间所做的信息传递过程。""翻译是一种跨语言、跨文化的交际活动,翻译的过程也就是信息的传递过程。"

综合上述,我们可以总结出如下几点。

(1)翻译是一种活动,一种在原文基础上的改变语言形式的创作活动。

(2)翻译是信息转换活动。

(3)翻译是语言、符号意义的转译过程。

(4)翻译是将一种文化介绍到另一种文化的活动。总的来说,翻译是从译入语里找原文信息的对等语。

这种寻找对等语的活动除了首先考虑表层意思和深层意思外,还涉及寻找对等语以传递风格和文化信息。

二、翻译的要素

翻译的要素指的是翻译研究所涉及的4种人。传统的翻译研究重点放在对原作的忠实上,原作是翻译研究的源信息。然而,随着经济全球化的进程加速,国家间的交流日趋频繁以及语言的变化、观念的改变、需求的改变、文化的融合、学科的交叉等因素,人们对知识的内涵及外延可能会产生新的认识。尽管人们对事物的本质认识不是因人的主观意识而转移,但对现象的观察角度和对现象研究的切入角度会因时间的变化或多或少出现变化,这是大家有目共睹的现实。在翻译研究的方法上比起过去,比如说50年前,就有了新的思维和新的视野。所谓翻译的要素,具体地说就是作者、译者、读者和翻译批评者。现代人对翻译现象的认识在原来基础上有了更进一步的新的认识。翻译研究的重点不仅仅是从原作到译作,而必须将作者、译者、读者、翻译批评者以及他们之间的关系纳为翻译研究的对象。

(一)作者

只研究原作而不研究原作的作者是不科学的。作者的个性、风格特征、审美情趣都反映在其作品中。不研究作者,就无从真正、全面了解作者及其作品,那么,翻译其作品或研究该作品的译本就将有所缺陷。作者与读者有着密切的关系。作者也许在写作(创作)时没有想到潜在的读者对其作品会有何反应。但是,任何一位作者在进行写作时,心中通常都有潜在的读者。作者所创作的作品是作者创作目的的初步实现。作者的作品提供给读者并让读者获得作者预期要达到的目的,即原作对读者发生了作用。同样的道理,翻译者在翻译时必然要想到原作作者的写作目的,同时也要想到读者。译者也是作者,是再创作的作者,因为译者的翻译也是一种创作。译作者要传递的信息,尤其是字里行间的信息,正是原

第一章　翻译的基本知识

作者写作时特别看重的信息,他通过某种创作手法将这种信息传递出来,以加强信息对信息接收者造成的印象。翻译过程是翻译者理解了原作后将原作的信息在译入语中再现出来。但是,若不对作者及作者某部作品的目的、背景等进行仔细研究,翻译时就将导致信息在传递过程中丢失。可见,对原作者的重视和研究是翻译的重要一环。

任何作者的创作活动都是为了作品的产生。作者在从事创作时心中必定有一定的目的。他创作的目的是完成某种心愿或通过创作达到自己所代表的人或单位的目的。作者的创作离开了读者就失去了其意义。"研究作者,主要研究作者的社会、功能角色与他或他们所处的社会、语言、文化环境。"因为这些涉及作者的各个方面对作者都产生影响,尤其是文学创作。

比如,在国际商务中,作者的功能、社会地位、文化环境对作者有直接的影响。研究作者,必须考虑他所处的社会、自然环境、经济环境、语言环境等,因为每个人都是社会的人,每个人所处的各种环境势必会影响到他的价值观和世界观。这一切都有可能反映在他的创作中。尽管国际商务翻译不像文学翻译那样可以掺杂个人的主观因素,但国际商务翻译译者也不能忽略对作者的社会环境的研究。因为国际商务作者的创作与自己所处的经济环境同样有密切的关系。作者可以分为不同的种类,尤其是就国际商务翻译而言,可以根据国际商务英语的实质来划分作者的种类。由于国际商务涉及许多不同的领域,所以文本的作者来自不同的行业。翻译的作者可以分为以下几种。

1. 行业作者

行业作者指文本所涉及的行业人员。例如,法律文本的创作者通常是学习法律出身的律师、法学家或有法律专业背景的政府部门官员。又如,商业广告文本的作者是广告专业毕业的人员或从事广告专业的专门人才。

2. 独立作者

就国际商务而言,独立作者指原文本作者没有合作伙伴,是独立人,但有时代表法人来创作原作,如编写公司规章。国际商务英语文本作者与文学作品的创作者有本质的区别。文学作品作者是将自己的思想和创作意图通过其作品来体现,而国际商务文本的作者通常并不表现自己的原创作意图,换言之,他代表群体的利益来创作。当然,在不同的情况下,商务文本作者也有可能仅仅将自己的创作意图体现在他的创作文本中,如商务报告、国际商务理论著作等。翻译研究有必要对作者加以分类来研究作者创作文本的初衷,以便能使翻译进入更深层面的研究。

3. 群体作者

群体作者指原作的作者不止一个人。有时,原作的创作需要由几个人甚至更多的人来完成,如合同条款的制定。翻译再创作也常有群体作者,如技术资料由于时间关系需要有更多的人来完成翻译工作。在非文学翻译中有更多的群体作者,如国家的政策英译或重要的英语文献的汉译有时需要集体的力量来研究、翻译。一方面,作者针对其作品而言,他是作品的制作者。另一方面,作者是相对读者而言的。作者的创作目的是让读者阅读。作者的创作和读者的阅读构成了创作的全部,没有读者的介入,作者的工作就失去了意义。当代解构主义提出原作者死亡论。法国解构主义理论的代表人物之一罗兰·巴尔特(Roland Barthes)在阐释读者与文本的关系、在分析文本的意义时,明确宣称:"作者死了!"罗兰·巴尔特认为作者在创作了作品后,文本中的语言符号就起作用了。我们理解所谓"作者死了"是说作者完成了创作的使命,他再也不需要,也不能为后来的读者或译者进行阐释。读者或译者因而只能自己去理解、解读文本的含义。文本一旦被作者完成就是客观的存在。作者与其创作的作品脱离了关系,从空间上和时间上都产生了距离。这听上去有道理。不过,从另外一个角度来看,作者并没有真正死亡。我们也可以这样理解:作者已经将自己的灵魂融入其作品之中,在文学作品中更是如此。译者怎样在原作中找到作者的"灵魂"取决于他对作者及其作品的理解和研究程度。不管从翻译实践还是从翻译理论研究的角度,对作者的研究是翻译学科的必要的课题。只有对原作的作者有深入的研究,才能对翻译的实质有更清楚的认识,从而做好翻译实践工作和翻译研究工作。

(二)译者

译者在整个翻译过程是个非常重要的角色。译者也是创作者,也是自己译作的读者和批评者。翻译是创作,和原作者的创作不同的是,翻译创作的素材主要来自原作,另外就是来自译者的生活经验和知识积累。译者要翻译原作,必须仔细阅读和研究原作。一般的原作读者在阅读时不会仔细研究(研究者除外),而译者必须如此,只有对原作的含义完全、准确地理解了,才能创作好的译作。译者同时也是批评者,因为在阅读原作的过程中译者必须对原作的语言信息进行加工,在从理解到表达的过程中审时度势。对译者的认知直接影响到对翻译性质的认识。长期以来,译者似乎总是处于一种尴尬、被动的地位,他所从事的翻译工作有时吃力

第一章 翻译的基本知识

不讨好。历来人们对译者的看法有以下几种。

1. 译者是"仆人"

有人认为译者是"仆人",侍从于两位"主人":作者和读者。从表面上看来,似乎没错。译者的再创作必须以作者的作品为准,不能离开作品。同时,译者必须对读者负责,必须将作者蕴藏在其作品中的思想真实地呈现给读者。然而,事实上译者不应该是"仆人"。我们认为,译者应该"从奴隶到将军"。译者的再创作应该在原作的基础上有自己的空间,在这些空间中,译者在再创作过程中充分把握作者赋予其作品的精神。译者并不是亦步亦趋。我国著名翻译家许渊冲提出的翻译"竞赛论"充分证明了这一点。

2. 译者是"叛逆者"

此说源自意大利的名句 Traduttori traditori(翻译者,叛逆者也)。所谓叛逆,主要指译者在翻译过程中没有办法将原作的全部内涵传译到译作中去,译文有违背原作的地方。这种说法也不无道理。但是,说译者是"叛逆者"未免有点过分,因为"叛逆者"通常指大逆不道之人,而译者只不过是在翻译过程中丢失了部分信息而已,况且高明的译者在翻译过程中丢失的信息是有限的,并且能将丢失的信息通过某些手段在很大程度上弥补过来。

3. 译者是"隐形人"

这种说法其实是对译者提出要求,即要求译者在译作中不能让读者看出有自己的"影子"。在我国,早在隋代彦琮就提出对译者的要求。要想在译作中完全没有译者的"影子"只是一种理想。美国著名翻译家奈达说:"所谓翻译,是指从语义到文体在译语中用最切近而又最自然的对等语再现源语的信息。""最切近而又最自然的对等语",言外之意是说不可能做到真正百分之百的对等,翻译过程中必然有信息丢失。任何译者在长期的翻译过程中往往会形成自己的翻译风格,尤其是在处理流失的信息时,有自己的特殊处理方法。所以,译者要做一个真正的"隐形人"几乎不可能。例如,傅雷的译文总是"隐藏"着傅雷。熟悉傅雷译作的人在读他的译文时很快就可以感觉到傅雷的"存在",这样,傅雷就不是真正的"隐形人"了。这种"隐形人"的"现身"体现出译者的翻译风格。译者的翻译风格的形成表现于译者的译入语语言的风格标记,换言之,就是译者在使用译入语表达时所形成的自己独特的风格特征。做一个非常称职的译者不容易。奈达认为译者必须具备以下一些条件:非常熟悉源语;精通译入语;精通或掌握所译的文本的体裁(文本文体);具备"移情"能力,即能体会到原作者的真正意图;具备语言表达的才华和文学想象力。

译者若能做到这五点要求,就基本上能做一个"隐形人",而要真正做到却非易事。虽然国际商务翻译者一般不需要像文学翻译者那样有丰富的想象力,但必须熟悉国际商务的有关业务知识。另外,我们认为,译者还必须了解翻译理论的基础知识。虽然译者在从事翻译工作时不会想到翻译理论,但当译者在翻译过程中遇到问题,若有翻译标准的参照,有翻译理论的依据,就可以大胆地用符合该标准或理论的方法进行翻译,提高翻译质量,从而尽可能将自己"隐藏",在译作中充分再现原作者。

4. 译者——翻译的主体

对于翻译的主体,一直存在不同的学术观点。根据陈大亮所做的分类,有四种观点存在:认为译者是翻译主体;认为原作者与译者是翻译主体;认为译者与读者是翻译主体;认为原作者、译者与读者是翻译主体。

从这四种不同的观点,可以看出人们从不同的角度去认识翻译的主体。然而,我们更同意第一种观点:翻译的主体是译者。方梦之认为:"翻译主体常指译者或称译者主体(以翻译行为本身而言)。"方梦之在其《译学辞典》中虽然也列举了其他观点,但是他将翻译的主体是译者放在首要的位置,足以说明他对翻译主体的认识。主体的特征是主体所具有的主观能动性。

译者作为翻译的主体,对翻译作品这一客体有所作用,他具有创造性和自主性。译者对原作者及其译作的作用过程表现在他对作者的创作意识和思维加以阐释,对译作也加以阐释。作者不是翻译的主体,因为作者没有介入翻译的任何活动,他的主观能动性表现在他对客观世界的认识,并通过思维的方式,用语言将其认识表现出来。译者不同,译者的所为是针对已经存在的客体:原作。作者在创作过程中是主体,而在翻译过程中则是译者研究的客体。译者在翻译中是主体,因为"译者从语言(文本)出发重构客观世界"。另外,读者不能被视作翻译的主体,而是接受主体,因为读者是译文的接受者。读者的行为性质不足以构成翻译的主体性,翻译的主体性指"译者在翻译活动中表现出来的本质特征,即翻译主体能动地操纵原本(客体)、转换原本,使其本质力量在翻译行为中外化的特性"。既然读者不是能动地操作原本和转换原本的行为者,即读者并不参与翻译的实际过程,这样,就不构成翻译的主体性,所以,读者同样不能被认为是翻译的主体。在整个翻译过程中,译者是中心人物,是翻译的主体。因而是翻译过程研究的重点。译者的作用不言而喻,没有译者就无从谈

第一章 翻译的基本知识

翻译。没有译者,原作仍存在。可是,翻译的主体译者不存在的话,也就没有译作,没有译作也就没有译作的读者。

翻译过程中,译者不应该是"一仆二主"。译者应该有相对的独立性和主观能动性。胡庚申在研究了译者主体后进一步认为应该确立"译者中心论"。他说:"这里提出以'译者为中心',目的就是突出译者在翻译过程中的这种中心地位和主导作用,并力图从译者为中心的视角对翻译活动做出新的描述和解释,从而形成一个以译者为'中心'的翻译观。"胡庚申还认为,在强调译者中心的同时,不能忽略作者、读者的重要性。另外,查明建和田雨从译者文化地位的边缘化角度论证了译者的主体性。译者对原作和原作者的理解决定译作的命运,而译作的命运又直接和译作读者密切联系,好的译作必定受到读者的欢迎。换言之,好的译作主要来自好的译者,原作再好,没有译者的再创作,就不能对译入语读者发挥其功效。查、田两位学者对译者主体性做了这样的描述:"综合以上分析,我们可以尝试为'译者主体性'作这样一个界定:译者主体性是指作为翻译主体的译者在尊重翻译对象的前提下,为实现翻译目的而在翻译活动中表现出的主观能动性,其基本特征是翻译主体自觉的文化意识、人文品格和文化、审美再创造性。"

5. 译者的忠诚

译者一直扮演着吃力不讨好的角色。他不像作者,尽自己之所能将要说的话通过语言艺术表达出来。而译者面对的是作者的原作。传统的翻译观认为,译者首先必须对作者忠诚,换言之,必须对原作者负责,原作者说一,译者不能说二,否则译者就会被认为是对作者不忠诚。此外,译者还要对读者忠诚。译者必须将原作的内容用译入语完整地呈现给读者,如有疏漏,就被认为既对作者也对读者不忠诚。

事实上,对翻译一部长篇大论的译者来说,很难做到"忠孝两全"。译者不可能百分之百地忠实于原作者,因为创作译作就像复制一尊雕塑品,译者用另外一种材料(另一种语言)塑造出原雕塑品,在再创造的过程中,总会有被遗漏的东西。另外,由于译者不可能做到对作者百分之百地忠诚,所以,译者就没有做到对读者的真正忠诚,因为译者被认为没有将原作者的全部创作意图转达给读者。

此外,译者的翻译是再创作,既然是再创作,译作中就可能有自己的创作成分,尽管译者的再创作是基于原作,但由于源语与译入语之间有许多制约因素,如由于文化隔阂而造成的不可译性,这样,就造成了译者的所谓不忠诚。再者,原作中(尤其是科技和国际商务文本中)存在一些问题,为了在译文中正确地传译出原作的真正含义,"译者可能要增加有限的注释甚至译者个人见解以补原著的不慎或不足"。这样,译者似乎对作者不忠诚,但这样做正是为了对读者忠诚。

有人认为,译者是奴仆,他必须忠诚于两个主人:作者和读者。但是,译者不应该扮演奴仆的角色。译者与作者和读者是平等的关系。我们可以说,译者是作者和读者的好朋友,因为译者将作者的作品翻译介绍给读者是两全其美的事,是给作者和读者帮了大忙,因为译者将作者的作品介绍给读者帮助作者扩大其作品的影响力。事实上,译者是在为作者宣传、推广他的作品。另外,译者给读者也帮了忙,因为对读者来说,让他们能通过阅读译作来欣赏原作或通过译作获得求知或愉悦满足。

如前所述,译者还被认为是"叛逆者",我们认为,译者在其译作中多少会有自己对原作的理解,或说是对作者意图的阐释,在文学作品的翻译中更是如此。"译者对原文作者'本意'求索的结果正确与否,通常是无法得到原文作者的亲自鉴定或认可的,像法译本《浮士德》竟能得到原作者歌德本人的赞叹,并被认为'比德文本原文还要好',这可说是古今中外翻译史上绝无仅有的佳话。"不管是译者对原作的"本意"的理解是否准确,还是译者的译作比原作更好,有人认为这是对作者的不忠,因为从翻译的实质上来看,译作不能超越原作。但是,就创作而言,翻译的忠诚主要在于将原作者的真正意图阐释清楚。原作者在创作原作时与译者在翻译原作时,从空间和时间上都发生了变化,甚至是巨大的变化。如果要求译者不折不扣地彻底理解原作者赋予其作品的意义,那是不现实的。译者的忠诚主要反映在译者对原作思想的把握上,而不是在形式的雷同上。

(三)读者

读者的作用在以往的翻译研究中没有得到足够的重视。过去我们总是将翻译的中心放在对译者、原作者以及译作的研究上。然而,没有读者,翻译的目的就没有达到。没有读者的译作犹如锁在仓库中没有进入到流通市场的产品。所以,翻译研究不能不重视读者。"翻译过程中译作与读者的关系颇为重要,因为任何译品总是要有人阅读才可能产生影响,发挥作用,它直接关系到翻译功能的完成及翻译目的的实现。"狭义的读者指译作的读者。广义的读者包括原作的读者和译作的读者。此外,读者还包括译者,因为译者翻译必须阅读原作。在国外,读者曾经引起过人们的关注。从西方翻译的早期开始,西塞罗等人就注意到了这种关系(译作和读者的关系——笔者注)。西塞罗曾指出,译者在翻译中应像演说家那样,使用符合古罗马语言习惯的语言来表达外来作品的内容,以吸引和

第一章 翻译的基本知识

打动读者。

翻译的目的是让人阅读译作。翻译家在翻译时,心中必须想到读者,换言之,译者要时刻记住为谁而译。著名翻译家奈达是《圣经》的翻译专家,他根据自己的翻译实践和在对《圣经》翻译研究的基础上,特别强调读者的作用,看重读者对译作的反应。他强调原作读者与译作读者的反应对等。尽管我们通常不容易了解到原作读者对原作的反应与译作读者对译作的反应是否对等,但是,在翻译研究中将读者纳入研究对象无疑是十分有意义的。"当代英国翻译理论家萨瓦里就提出'读者分析法',他指出,要获得圆满的翻译效果,必须根据不同读者的要求,提供不同性质和风格的译文。"萨瓦里将读者放在十分重要的位置,他认为翻译为读者服务。

奈达从社会语言学和语言交际功能的观点出发,强调翻译应该以读者接受为中心任务。对奈达的翻译理论观点人们虽然有些争议,但是,翻译中读者的重要地位是毋庸置疑的。出现于20世纪60年代末期、鼎盛于20世纪70年代至80年代并且时至今日仍具有广泛影响力的接受理论特别看重读者的作用。"创作或作品只有在阅读欣赏中才能成立",翻译作品同样只有通过阅读才能成立。虽然接受理论强调的是创作中读者的作用,但对翻译也同样适用,译作若离开了读者,就失去了存在的意义。可见,读者是翻译研究中不可忽略的对象之一。

(四)批评者

批评者指翻译批评者。翻译研究应该将翻译批评者纳入研究对象。翻译批评在翻译理论和实践中是个重要的起连接作用的中间环节。因而翻译批评者就是翻译理论与实践之间起承前启后中间作用的一方。翻译批评者对翻译理论与实践有所关照,通过对翻译批评者的研究我们可以加深对翻译理论与实践的认识,同时,使得翻译批评工作在翻译学科中的功能和重要性得到进一步的澄清,并厘清翻译批评和翻译理论与实践的关系。而这一切活动离不开对翻译批评的主体——翻译批评者的研究。

翻译批评者站在翻译理论的高度对译作做全方位评论,翻译批评者的工作质量直接影响到翻译理论与实践。所以,对翻译批评者的具体工作性质、思维、批评标准的选择与把握以及工作态度等有必要进行深入的研究。翻译批评是翻译学中一个重要组成部分,讨论翻译理论与实践必定需要对翻译批评者进行研究。有关翻译批评者的功能、作用,请参见本书有关翻译批评的章节。

第二节　翻译的标准

一、国外较有代表性的翻译标准

（一）泰特勒：翻译三原则

泰特勒（Tytler）是苏格兰著名翻译家，他在《论翻译原则》（*Essay on the Principles of Translation*）一书中，提出了翻译的三条原则，称为"三原则"，内容如下。
（1）译文要传达出原作的思想。
（2）译文的风格和笔调在性质上要与原作保持一致。
（3）译文要做到自然流畅。
泰特勒认为，译者在翻译时遵循上述三大原则非常重要。

（二）奈达：翻译四原则

奈达认为，在翻译过程中，应该遵循四大原则。
（1）相较于词语一致，保证上下文一致更为重要。对于单词的含义来说，其中涉及的不是语义点，而是语义域，即一个词往往会具备多层含义。在不同的语言中，相应词的语义域并不是完全相同的，因此译者在翻译时需要选择正确的词语对原作进行恰当翻译，考虑选择的词语是否上下文一致，而不应该仅限于某个单词的一致。
（2）相较于形式对应，动态对等或功能对等更为重要。从读者的角度而言，奈达认为译作应该关注是否能够被目的语读者理解。当然，其中的理解并不是目的语读者对某些词语的理解，也不是对句子规范的理解，而是对译作做出怎样的反应。当然，这种反应要求是基本一致，不可能是完全一致，因为源语与译语的历史、文化等存在明显差异。
（3）相较于书面形式，口头形式更为重要。无论是何种语言，书面形式与口头形式并不是等同的，有的语言书面形式较为优美，但是如果放在口头上就很难让人理解。因此，译者在进行翻译时需要注意如下几点。
其一，翻译时尽量避免使用令人误解或者模糊的词语。
其二，翻译时尽量不要使用让人误解的语序及发音。
其三，翻译时尽量不要使用粗俗的词语。

第一章　翻译的基本知识

其四,翻译时尽量不要使内容超载,保证简洁最好。

(4)相较于传统的语言形式,译者的需要更为重要。这就是说要照顾读者群体的需要,将大众语言反映出来,而不应该仅限于传统语言形式。

二、国内较有代表性的翻译标准

(一)严复:"信、达、雅"原则

作为我国重要的教育家、翻译家,严复提出了著名的"信、达、雅"三原则。之后,这一原则在我国影响巨大。

"信"是翻译的首要标准,即译文应该与主旨紧密贴合,对于其中多余的语句可以删减,只要与原意无大的偏离,就没必要苛责句子的排列或者语句是否对应问题。

"达"是在"信"的基础上对翻译做出的进一步要求,即译者要对原作进行通读,达到融会贯通,然后才能展开翻译。

"雅"是"信"与"达"之后对翻译的一大要求,是从美学的角度来说,即要求文雅,否则很难吸引读者。

这三个字简明扼要,但是却很好地将译作与原作的关系反映出来,从而在中国翻译界占据较高的地位。

(二)刘重德:"信、达、切"原则

刘重德先生在其著作《文学翻译十讲》中提出了"信、达、切"的"三位一体"翻译标准。

(1)信:信于内容,即内容的忠实性。
(2)达:达如其意,即句子的表达性。
(3)切:切合风格,即风格的贴切性。

刘重德教授用"切"替代了严复的"雅"字,他认为"雅"即所谓的"尔雅"或"文雅",其实是很多风格中的一种,具体翻译时,不可一味地追求"雅",而应实事求是、恰如其分,切合原文风格。"切"是中性词,对于各种不同的风格均适用。

(三)林语堂:"忠实、通顺、美"原则

林语堂在《论翻译》中提出了"忠实、通顺、美"的翻译原则。

1. 忠实

忠实标准包括"非字译""须传神""非绝对""须通顺"四项意义,分"直译""死译""意译"和"胡译"四个等级。

2. 通顺

通顺标准以心理学为理论依据,要求译者采取句译的翻译方法和目的语读者能接受的译语行文习惯来表达。

3. 美

美的标准要求译者将翻译视为一种艺术。在着手翻译前,首先应对原文的风度神韵有一个深刻的理解,然后在译文中将此风度神韵充分呈现出来,这才算完成了对待翻译如艺术一般的任务。

实际上,这一提法继承并拓展了严复的标准,用"美的标准"代替了严复"雅"的标准。林语堂认为译文既要求达义,还要忠实于原文之字神句气与言外之意,做到传神。

第三节 翻译的过程

一、准备

翻译工作非常复杂,因此进行适当的准备是非常重要的。在翻译之前,译者通过准备,可以保证自身的翻译工作顺利进行。当然,准备工作也包含很多,尤其要查询与之相关的资料,这样便于译者对原作有基本的了解。当然,译者还需要记住相关的工具书或辞典。具体来说,主要包含如下几个层面。

(一)了解作者的基本情况

在翻译之前,译者需要对原作作者的生平、时代、社会背景、写作风格等有基本的把握。对于这些信息,译者可以从多个途径获得,如百科全书、网络、自传等。

(二)了解作者的创作手法

在开展翻译之前,译者至少要阅读作者的两部著作,从中了解作者的

第一章　翻译的基本知识

写作风格、创作手法以及基本的思想取向等,尤其是作者的经典代表作,这样可以从中找到与所要翻译作品的某些相似之处,也可以使他们更深刻地理解所翻译的作品。

（三）了解作者的语言风格

作者的语言风格非常重要,译者可以对某些段落进行解读,分析其中的行文与修辞特点,对作者的写作特殊之处有初步的接触,从而为之后的深刻剖析奠定基础。

（四）准备工具书

如前所述,译者在进行翻译时,需要借助工具书,常见的工具书有百科全书、双语词典等,如 *The Shorter Oxford English Dictionary*,*Longman Dictionary of Contemporary English* 等。

二、理解

从严格意义上来说,理解是翻译过程的第一步,也是非常重要的一步,如果理解得不到位甚至理解错误,也就谈不上准确表达了。可见,理解是翻译的基础,只有准确、透彻地理解原文,译者才能保证译文的忠实和通畅。大致来说,理解主要涉及以下几个内容。

（一）理解语言现象

理解语言现象主要涉及对词汇意义、句法结构、惯用法等的理解。
（1）理解词汇意义。例如:
Andy is a bull in a china shop.
安迪是个好闯祸之人。
本例中 a bull in a china shop 是一个英语习语,不能望文生义,应将其译为"莽撞闯祸的人"。
（2）理解句法结构。例如:
She pursed her lips. "We do not" she reminded us gently, "want to have to go to the Bank." We all shock our head.
她撅起嘴,轻轻提醒我们:"我们最好不要动银行的存款。"我们都点了点头。
在句法方面,英汉两种语言的一个重要区别就是对否定问句的应答相反。汉语是对人不对事,英语则是对事不对人。因此,原文中的"We

all shock our head." 其实指 "No, we do not." 也就是 "点头表示同意"。只有正确理解了这一结构,才能获得正确的译文。

（3）理解惯用法。例如：
Ruth was upsetting the other children, so I showed her the door.
鲁丝一直在烦扰别的孩子,我就把她撵了出去。
原文中 show her the door 指 "下逐客令,把她撵走",若简单地理解为 "把门指给她看",就是对原文的误解。

（二）理解逻辑关系

翻译工作的展开离不开逻辑。理解原文需要运用逻辑分析,语言表达也应具有逻辑性。例如：
It is good for her to do that.
译文1：这样做对她有好处。
译文2：她这样做是件好事。
这两个译文皆为正确译文,具体应使用哪种译文法,译者应结合上下文来加以确定。

（三）理解文化背景知识

翻译不仅是两种语言之间的转换活动,更是两种文化的碰撞与交流。中西文化有诸多不同,所以译者需要充分理解文化背景知识,考虑文化差异,准确捕捉源语中所蕴含的文化信息,对两种文化之间的转换进行正确的处理。例如：
Last night, an uninvited guest turned up to make five for bridge. I had the kind of paperbook at hand to make being the fifth at bridge a joy.
昨天晚上,来了一位不速之客,桥牌桌上多了一个人。我手头正好有一个平装书,我尽管没打成桥牌,却也过得很愉快。
在翻译时,译者应首先了解有关桥牌的文化背景知识：桥牌是由四个人玩的。如果译为 "凑成五个人玩桥牌",并不符合原义。

三、表达

表达是翻译过程的关键一步,它是对理解的升华,是理解的目的和结果。译者对于原文的感受是通过表达直接实现的。具体来说,"表" 强调的是原作语言形式及内容的呈现过程,"达" 字则注重原作语言形式及内

第一章 翻译的基本知识

容在译作中的表达效果。[①] 对译者来说,在表达阶段应做到以下几点。

（一）与原文文体风格对等

表达阶段要求译者做到原文与译文的文体风格对等,从而更好地再现原文的韵味。例如：

Henry Kissinger had slept there before, in July and again in October.

在此之前,亨利·基辛格曾经两度在这里下榻,一次是七月,另一次是十月。

Henry Kissinger 指美国前国务卿,语体风格较正式。翻译时译文也应采用较为正式的表达,确保与原文风格保持一致。

（二）衔接与连贯

衔接就是运用适当的语句形式进行连接,衔接是语篇特征的一个重要方面。一篇译文行文是否清晰流畅关键在于衔接。译者应加强语篇衔接意识,从整体上把握语篇的意义,并对源语的衔接方式进行适当处理,使其符合译语的衔接规范。例如：

The wisdom that happiness makes possible lies in clear perception, not fogged by anxiety nor dimmed by despair and boredom, and without the blind spots caused by fear.

快乐带来的睿智存在于敏锐的洞察力之间,不会因忧虑而含混迷惑,也不会因绝望而黯淡模糊,更不会因恐惧而造成盲点。

上例译文使用了"不会……也不会……更不会",加强了句子之间的衔接。

（三）准确措辞

英语中一词多义现象非常普遍,在翻译的表达阶段,译者应根据上下文来确定英汉词语语义上的对应关系,据此选择恰当的词汇,做到准确措辞。

以英语 marry 一词为例,词典中的解释有"娶""嫁""和……结婚"等,在表达时需要灵活地转变形式。例如,对于"He married her",一些经验较少的译者经常不分场合、语境,一味地将其译为"他和她结婚了",较少使用"他娶了她"或"她嫁给了他"这种更自然的表达。

[①] 冯庆华,刘全福.英汉语言比较与翻译[M].北京：高等教育出版社,2011：19.

四、审校

审校作为翻译的最后一步,也是非常重要的。因为即使翻译水平再高,翻译得再好,也难免有疏漏之处,所以应对译文进行适当的修正。具体来说,审校时应该注意以下几方面的问题。

(1)人名、地名、方位、时间、倍数、数字等是否有漏译或错译,原文的单复数、大小写是否译错。

(2)词、词组、句子、惯用法或段落是否漏译或错译,是否将原文中易混单词看错。

(3)译文是否与译入语的表达习惯相符合,是否有生硬晦涩、翻译腔严重的句子。

(4)译文的逻辑关系是否清晰,是否与原文风格一致,是否处理好了通顺与忠实的关系。

通常而言,审校以三遍为佳。

第一遍主要关注细节,重点放在词、句等较小的单位上。

第二遍进行加工润饰,注重句子和段落等大的翻译单位。

第三遍主要是对整体的把握,检查行文是否流畅,风格是否统一。若时间充足,可多校对几遍。

第四节 译者的素质

当前,搞翻译的人有很多,但是到底有多少人真正地懂得翻译,这是一个值得讨论的问题。当前,在翻译中往往会出现八种错误。

第一,拼写错误。

第二,遗漏错误。

第三,语法错误。

第四,表达错误。

第五,中式英语。

第六,用词不当。

第七,语句累赘。

第八,文化误译。

之所以出现这些错误,主要归结于两大层面,一是中西文化差异的存在,二是译者自身的原因。因此,本节就来分析译者应具备的素质,以更

第一章　翻译的基本知识

好地提升译作水平。

一、译者能够对双语能力进行掌控

双语能力,即对母语与目的语两种语言的掌握能力,这是译者开展翻译工作首先需要具备的条件。也就是说,并不是说一个人懂英语,就能说他一定可以能够做翻译工作。译者进行翻译的第一步就是:必须从原作中对作者加以理解,从作者写作时的文化背景出发对作者意图加以把握,对自我进行克制,做到忠实,这样才能完成翻译。

同时,对于读者来说,译作是一个再创作的输出产品,如果译者的汉语知识不扎实,很难将源语的艺术效果表达出来。"好的翻译等同于创作",这是郭沫若说的,也恰好说出了翻译的关键。

这就是说,译者需要在两种语言中进行穿梭,把握两种语言的转换,这样才能避免错译、误译。

二、译者需要对译文恰当权衡

文本不同,特点也不同,因此译者需要对原作的用词、表现手法进行斟酌,不能所有文本都使用一种翻译手法。

例如,如果译者翻译的是一本旅游文本,就需要考虑该文本的信息,不能拘泥于汉语词句,要从旅游文本的特点出发,对译作进行增补与改译。同时,还需要考虑目的语读者的接受情况,避免误解的发生。如果译者翻译的是一本法律合同文本,那么就需要考虑法律文本的严肃性与权威性,严格按照法律文本的格式,保证规范、准确。一般来说,合同往往会以 ...made and signed by and between... 等开头。因此,这些都需要译者长期的积累。

三、译者需要具有责任心

作为译者,责任心是最重要的一项素质,刨除文化差异与理解的失误,很多错误都是由于译者责任心不强导致的。很多时候,译者为了追求速度,往往一些词汇就想当然地使用进去,没有考虑上下文,很容易误译。

因此,译者在进行翻译时应该端正自身的态度,加强责任心,这样可以避免某些错误的产生。特别是当涉及异域文化,有些俚语不熟悉时,如果不去追根究底,那么很容易出现错误。这在外宣翻译中显得非常重要,因此需要多加注意。

四、译者需要"一专多能"

很多人接触翻译之后,发现很多知识都是欠缺的,如很难读懂法律、科技、经贸类文本。因此,译者仅具备扎实的英语基本功是不够的,还需要具有专业性,这样才能在接触五花八门的材料时不犯愁。

第二章 英汉翻译的基础

英汉翻译简单来说就是英汉语言之间的转换活动,但是由于中西方思维方式以及社交行为等方面存在很多差异,因此需要在深入了解这些差异的基础上,采取合适的翻译策略,如此才能尽量避免因文化差异而导致的误译等。因此,本章就对英汉翻译的重要基础,即英汉语言差异、英汉思维差异以及英汉文化差异进行具体探究。

第一节 英汉语言差异

一、英汉词汇差异

(一)英汉词汇的义项差异

从词汇的义项来看,汉语中存在着一词多义现象。在汉语中采取不同的搭配形式或发挥不同功能时,常常会表达出不同的意义。例如:
中国的艺术(如音乐、绘画、文学、舞蹈等)
领导的艺术(创造性方法方式)
唐诗的艺术(创作表现技巧)
上述共有的名词"艺术"具有不同的含义。
英语中的一词多义现象也较为普遍。也就是说,英语词汇的义项比较丰富。例如:
uncle 舅父、姨丈、伯伯、伯父、叔叔、姑父
husband 丈夫、老公、老伴、爱人、相公
需要指出的是,尽管英语词汇具有较丰富的含义,但在特定语境中,该词汇的含义是确定的,可以通过上下文来进行判断。例如:
She prefers dry bread.(without butter)
她喜欢无奶油的面包。

The cows are dry.（not supplying milk）

这些母牛缺奶。

不难发现,上述句子中的 dry 一词由于处于不同语境而具有了不同的意义。

(二)英汉词汇的内涵文化差异

作为语言的重要组成部分,词汇中往往蕴藏着丰富的文化内涵。具体到英汉语言中,词汇的文化内涵差异主要体现在以下几个层面。

1. 联想意义

无论是英语中,还是汉语中,均有很多比喻性词汇,如成语、典故、颜色词、植物词等。这些词生动、形象,且具有鲜明的联想意义,被赋予了特定的民族文化特色。

虽然有不少英汉词汇的本体可以相互对应,但也有一些词汇在另一种语言中有不同的联想意义,或缺少相对应的联想意义。例如:

black **sheep** 害群之马

beard the **lion** 虎口拔牙

as timid as a **rabbit** 胆小如鼠

2. 情感意义

在英汉语言中,有一些词汇虽然字面意义相同,但有着不同的情感意义,也即词的褒贬含义不同。例如,英语 peasant 一词从历史上来看具有明显的贬义色彩,指的是社会低下、缺乏教养等的一类人。与汉语的"农民"一词虽字面意义相同,但情感意义不同。因为汉语中的"农民"指从事农业生产的劳动者,被视为最美的人,具有明显的褒义色彩。所以,汉语中的"农民"一词译为英语中更为中性的 farmer 更合适。

3. 象征意义

受文化差异影响,中西很多词汇在象征意义上也有很大差异,这在数字词、色彩词、动物词、植物词等词汇中体现得尤为明显。换言之,在不同语言中,同一概念可能被赋予了不同的象征意义。例如,英语的 red 与汉语的"红"虽然均可以象征喜庆、热烈,但英语中的 red 还可以象征脾气暴躁,如 see red,而汉语中并无这一象征意义。

（三）英汉词义的对应关系差异

英汉词义的对应关系主要有下面几种情况。

1. 完全对应

英汉两种语言中有些词在词义关系上是完全对应的。英语中的这类词主要是专有名词、术语、常见事物的名称，同时具有特定的通用译名。例如：

radar 雷达
minibus 微型汽车（面包车）
speciology 物种学
helicopter 直升机

2. 部分对应

英汉两种语言中有一些词的词义是部分对应的关系。具体来说，可能是汉语词义范围广而英语词义范围窄，可能是汉语词义范围窄而英语词义范围广。例如：

gun 枪、炮
marry 娶、嫁
uncle 伯父、叔父、叔叔、伯伯等

3. 交叉对应

英语中一词多义的现象很普遍，一词的多种意义分别与汉语中不同的词或词组形成对应，这就是交叉对应。因此，要确定英语多义词的意义，需要考虑上下文语境。如图 2-1 所示进行分析。

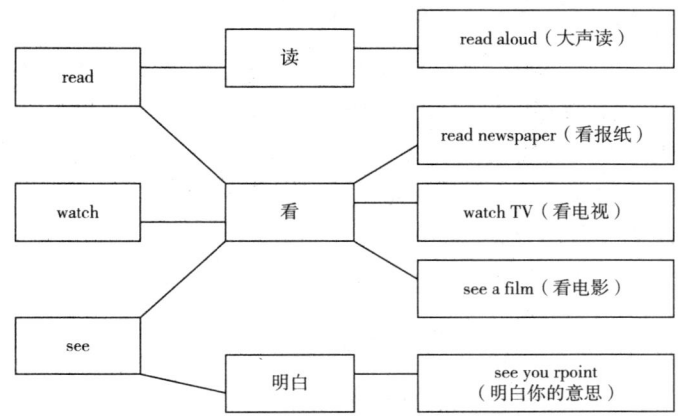

图 2-1　中西词义交叉对应示例

（资料来源：张培基，2009）

通过图 2-1 可发现，read，watch，see 与"读""看""明白"是一种交叉对应的关系。

4. 无对应

由于受文化差异的影响，英汉语言中有些词汇难以在对方语言中找到相对应的词汇，这就产生了零对应的现象，这种现象也被称为"词汇空缺"。例如：

chocolate 巧克力
hippie 嬉皮士
beddo（一种多用途的）床
hot dog 热狗
气功 Qigong

（四）英汉词汇的构成方式差异

英汉语言的构词方式多种多样，其中词缀法、复合法和缩略法都是两种语言的重要构词方式，这里就主要通过这三种方式分析英汉词汇的构词方式差异。

1. 词缀法

所谓词缀法就是在词基的基础上添加词而构成新词的方法。

汉语中的词缀构词主要有三种形式。

第一种是前缀，也就是词缀＋词根的形式，如"老虎""小张"。

第二种是后缀，也就是词根＋词缀的形式，如"胖子""桌子"。

第三种是叠音后缀，也就是词根＋叠音词缀的形式，如"红彤彤""暖洋洋"。

与汉语相比，词缀法是英语构词法的核心，因此英语中词缀的数量非常多。大体来看，英语词缀法可分为前缀法与后缀法。

（1）前缀法。前缀法是在动词、名词等词根的基础上添加前缀而构成新词。前缀构词法通常改变词意，而不改变词性。

按照意义进行划分，英语前缀有以下九类。

表否定：in-（变体 ir-，il-，im-），non-，dis-，un-，a-

表贬义：mis-，mal-，pseudo-

表方向态度：contra-，pro-，anti-，counter-

表时间：fore-，pre-，ex-，post-，re-

表反向或缺失：dis-，de-，un-

表程度：co-，hyper-，micro-，out-，sub-，sur-，under-，arch-，extra-，

macro-, mini-, over-, super-, ultra-
　　表方位：fore-, intra-, tele-, extra-, inter-, super-, trans-
　　表数：di-, semi-, hemi-, uni-, bi-, multi-, demi-, tri-, mono-
　　其他：neo-, proto-, auto-, pan-, vice-
　　下面是一些前缀法构词的例子。
　　international 国际组织
　　anti-knock 抗震的
　　anti-body 抗体
　　counterplot 对抗策略
　　counterattack 反击
　　dehydrate 脱水
　　de-compose 腐烂、拆分
　　defunct 已消亡的
　　disbenefit 不利之处
　　disadapt 使……不适应
　　malnutrition 营养不良
　　microchip 微晶片
　　microbiology 微生物学
　　non-conductor 绝缘体
　　noninvolved 拒绝介入的
　　react 反作用
　　reconsider 重新考虑
　　postscript 附言
　　post-war 战后的
　　prearrange 预先准备
　　pre-emptive 先发制人的
　　underground 地下的
　　subdue 征服

（2）后缀法。后缀法是在词根的基础上加上后缀，通常词的词性也会随之发生改变，但词汇意义不会有太多变化。按照其在构成新词时的词性，后缀可以分为下面几种。

　　第一，动词后缀，其通常加在名词和形容词后构成动词。常见的动词后缀有 -ate, -fy 或 -ify, -en, -ize (ise) 等。例如：
　　hyphenate 用连接号连接
　　chlorinate 使氯化

beautify 美化
classify 分类
shorten 变短
heighten（使）变高,（使）增大
criticize 批评

第二,名词后缀,其只构成名词,常见的名词后缀有 –age,–dom,–ee,–ry 或 –ery,–hood,–ness,ity,–(t)ion 等。例如：

postage 邮费
wastage 浪费（量）
wisdom 智慧
martyrdom 牺牲
employee 雇员
detainee 被扣留者
machinery 机械
surgery 外科手术
childhood 童年
brotherhood 手足情,兄弟关系
goodness 善良
darkness 黑暗
decision 决定

第三,形容词后缀,其只用于构成形容词。常见的形容词后缀有 –able（有 –ible 和 –ble 两种变体）,–al（有 –ial 和 –ical 两种变体）,–ful,–ive,–less 等。例如：

eatable 可食用的
washable 耐洗的
contemptible 可鄙的
economical 节俭的
cultural 文化的
philosophical 哲学的
beautiful 美丽的
faithful 忠诚的
interrogative 疑问的
creative 有创造性的
careless 粗心的
jobless 失业的

第四,副词后缀,其只用于构成副词。常见的副词后缀主要有 –fold, –ly, –ward（s）, –wise 等。例如：

tenfold 十倍
hundredfold 百倍
calmly 平静地
recently 最近
firstly 第一
westward 向西
upward 向上
homeward 向家走的
weatherwise 在气候方面
education-wise 在教育方面

2. 缩略法

缩略法就是对字(词)进行缩略和简化。

（1）汉语缩略词。汉语中的缩略词主要有下面两种。

第一,选取式缩略词,即将词汇中有代表性的字选取出来而形成的缩略词。例如：

文学艺术→文艺
外交部长→外长
扫除文盲→扫盲
少年先锋队→少先队
北京电影制片厂→北影
中国人民政治协商会议→政协

第二,截取式缩略词,即用名称中一个有代表性的词代替原有的名称而构成的词。例如：

南开大学→南开
万里长城→长城
进口、出口→进出口
湖南、湖北→两湖
春、夏、秋、冬→四季

（2）英语缩略词。英语缩略词的数量较多,归纳起来主要有四种类型。

第一,节略式缩略词,即截取全词中的一部分,省略另一部分的形式。例如：

Wednesday → Wed（星期三）
executive → exec（执行官）

gentleman → gent（绅士）
earthquake → quake（地震）
influenza → flu（流感）
refrigerator → fridge（冰箱）
department → Dept（部门）

第二，字母缩合式缩略词，即提取一个短语或名称中的首字母或其中的某些字母进行缩合而形成的节略词。例如：

foot → ft（英尺）
kilogram → kg（公斤）
post card → p.c.（明信片）
tuberculosis → TB（肺结核）
television → TV（电视）
General Headquarters → GHQ（司令部）
lightwave amplification by stimulated emission of radiation → laser（激光）

第三，混合式缩略词，例如：

cremate + remains → cremains（骨灰）
fruit + juice → fruice（果汁）
teleprinter + exchange → telex（电传）
tour + automobile → tourmobile（游览车）

第四，数字概括式缩略词，例如：

copper, cotton, corn → the three C's（三大产物：铜、棉花、玉米）
Aglaia, Euphrosyne, Thalia → the three Graces（三女神）

3. 复合法

英汉语中复合法的区别在于汉语由语素构成，构词不仅是从词性上来分类，更重要的是从语素之间的关系来分类，即动宾关系、主谓关系、动补关系、偏正关系等。相比之下，复合法是英语构词的主要方式之一。具体来说，英语复合词可以分为复合名词、复合形容词、复合动词。

（1）复合名词。复合名词是英语中最常见的复合词。复合名词的构成形式有以下几类。

第一，名词+名词。例如：

northeast 东北
hot days 暑天
football 足球
grandfather 祖父

postcard 明信片
第二,动词 + 名词。例如:
chopsticks 筷子
haircut 理发
第三,形容词 + 名词。例如:
blackboard 黑板
deadline 截止日期
第四,副词 + 名词。例如:
off chance 不容易有的机会
afterthought 事后想到的事物
第五,介词 + 名词。例如:
afternoon 下午
by-product 副产品
第六,-ing+ 名词。例如:
cleaning lady 清洁女工
parking meter 停车计时器
learning strategy 学习策略
第七,名词 + 动词。例如:
heartbeat 伤心
daybreak 黎明
snowfall 降雪
第八,名词 +-ing。例如:
handwriting 书法
air-conditioning 空调

(2)复合形容词。复合形容词的后半部分主要包括名词、形容词、副词以及具有形容词性质的 -ing 分词或 -ed 分词。例如:

life-long 终身的
bulletproof 防弹的
duty-free 免税的
red-hot 炽热的
green-blind 绿色色盲的
good-temperer 脾气好的
all-mighty 无所不能的
evergreen 常绿的,永葆青春的

(3)复合动词。复合动词一般是在复合名词和复合形容词基础上,

通过词类转化法或逆生法而构成的。此外,副词与动词也可以构成复合动词。例如:

hen-pecked(*a.* 怕老婆的)→ to hen-peck(*v.* 管治丈夫)
undergo 经历
underwrite 承担
outgo 比……走得远

二、英汉句子差异

(一)英汉句子主语差异

1. 英语句子主语的类型

英语句子主语根据性质进行划分,可以分为逻辑主语和执行主语。

逻辑主语与非谓语动词在逻辑上有一定的主谓关系,是动作的直接执行者,其常常作为被动句式的主语置于句首,与谓语动词之间存在承受关系。例如:

This novel has been translated into several languages.
Her house is furnished in excellent taste.

此外,逻辑主语也可作为被描述的对象存在于主动句式中,这时句子主要描述主语的特征、性质、状态等。例如:

Jane's being careless caused so much trouble.
He is broad-mined.

执行主语作为行为动作的实施者或执行者往往由有生命的名词或代词来充当,常见于主动句中。例如:

A bee pricks the skin with its sting.

2. 汉语句子主语的类型

汉语句子中的主语根据主谓关系进行划分,可以分为施事主语、受事主语和中性主语。

施事主语是动作行为的发出者,通常是表示人或物的名词或代词,谓语动词与施事主语的主观意志可以存在紧密的关系,也可以没有关联性。例如:

妈妈批评了我。
猫不停地叫。

受事主语作为动作的承受者常置于句首起强调作用,这时施事主语会紧随其后。例如：

衣服我昨天洗好了。

中性主语在句中既不是施事者,也不是受事者,而是被描写、判断和说明的对象。例如：

祖国**疆域**辽阔。

（二）英汉句子重心差异

在句子重心上,英语句子一般重心在前,而汉语句子则与之相反,即重心在后。也就是说,英语句子一般将重要信息、主要部分置于主句之中,位于句首;而汉语句子一般把重要信息、主要部分置于句尾,而次要信息、次要部分置于句首。

例如,有这样一个传说,清朝末期,湘军头领曾国藩围剿太平军的时候,接连失败,甚至有一次差点丢了性命。于是,他向朝廷报告战事时说:"屡战屡败",翻译成英语即为"He was repeatedly defeated though he fought over and over again." 但是他的军师看到了这一点,立即将其改为"屡败屡战",即"He fought over and over again though he was repeatedly defeated."

从字面上来看,这两句话中用了同样的词,只是更改了语序,但是含义却大相径庭。"屡战屡败"说明曾国藩一直失败,丧失信心,只能如实向朝廷奏报,甘愿领罚;而"屡败屡战"则说明曾国藩是一个效忠朝廷、忠肝义胆的汉子,虽然遭受了多次失败,但是仍不气馁,应该受到朝廷的褒奖。显然,从汉语层面来说,前一句的重心在于"败",后一句的中心在于"战"。而且,正是由于军师巧妙的更改,不仅保全了曾国藩的面子,也救了他的命。因此,在翻译成英语时,也需要注意重心的问题,即"屡战屡败"重心在于 he was defeated,而"屡败屡战"的重心在于 he fought。

（三）英汉语态差异

1. 英语句子多用被动语态

西方人看待事物时习惯弄清楚自然现象的原理,他们十分看重客观事物,善于对真理的探求。在语言表达上,他们习惯采用被动语态来对活动、事物规律或者动作承受者加以强调,对于被做的事情与过程非常看重。因此,在英语中,被动语态非常常见。甚至在有些文体中,被动语态是常见的表达习惯。

从语法结构上说,英语中存在十多种被动语态,且时态不同,其被动

语态结构也存在差异,如一般现在时被动语态、一般过去式被动语态等。当然,不同的被动语态,其所代表的意义也必然不同。例如:

English is spoken by many people in the world.
世界上有许多人说英语。
Apple trees were planted on the hill last year.
去年山上种了很多苹果树。
AI technology will be used in the future.
将来会用到人工智能技术。

通过分析不难发现,第一个句子为一般现在时态,其被动语态表达的是现在的情况;第二个句子为一般过去时态,其被动语态表达的也是过去的情况;第三个句子为一般将来时态,其被动语态表达的也是将来的情况。

之所以英语中常用被动语态,主要有如下几点原因。

(1)不清楚动作的执行者,或者动作的执行者没必要指出时,一般采用被动语态。例如:

The shirt is made of polyester.
这个衬衫是用涤纶制成的。

(2)突出动作的承受者时,一般采用被动语态。例如:

The harvester is widely used in the wheat harvest.
小麦收割广泛使用收割机。

(3)动作的执行者非人时,一般采用被动语态。例如:

I am shocked to hear our school volleyball team was beaten by other school.
听到我们学校的排球队被其他队击败了,我感到非常震惊。

(4)汉语中的"受""被""由"等被翻译成英语时,一般采用英语中的被动语态。例如:

Tom is elected the Mayor by this city people.
汤姆被这个城市的人们选为市长。

(5)为了迎合表达的需要,在新闻、科技、公文等实用文体中,也常常使用被动语态。这是因为,新闻文体注重口气的客观性,要求叙事冷静、翔实,动作执行者往往比较难以表明;科技文体比较注重活动、事理的客观性,所以往往也会避免提及动作执行者;公文文体注重公正性,口气往往比较正式,所以这些情况都要求使用被动语态来表达,以淡化动作执行者的主观色彩。例如:

Your letter has been received.
来信已收到。

2. 汉语句子多用主动语态

中国人行事侧重动作执行者的作用,在语言使用中也是如此,更习惯采用主动语态来表达,以陈述清楚动作的执行者。

但是,汉语中也存在被动语态,主要来表达不希望、不如意的事情,如受祸害、受损害等。受文化差异的影响,汉语中的被动语态往往比较生硬。例如:

饭吃了吗?

病被治好了吗?

显然,上述例句虽然使用被动语态表达,但是显得非常别扭,甚至很难读,因此应改为:

你吃饭了吗?

医生治好了你的病了吗?

这样修改完为主动句式之后,句子就显得流畅许多。

这就说明,汉语中并不存在英语中那么多的被动句式,也很少使用被动句式,而是采用主动来替代。这与中国人的主体思维有着密切的关系。中国习惯"事在人为",即行为与动作都是由人产生的,事物或动作不可能自己去完成,因此对动作执行者的表达显得至关重要。如果无法确定动作执行者,也往往会使用"有人""大家""人们"等泛称词语替代。当然,如果没有泛称词语,也可以采用无人称,就是我们所说的"无主句"。例如:

下雨了。

快走!

三、英汉语篇差异

1962年,英国著名语言学家韩礼德提出了"衔接"一词,他在《英语中的衔接》一书中给"衔接"下了定义,认为衔接是构筑语篇的一种非结构性关系。具体来说,衔接就是指语篇中的不同成分之间在意义上呈现相关性的现象。

语篇的衔接手段有两种类型:词汇衔接和语法衔接。在词汇衔接层面,英汉语言并没有太大的区别,而在语法衔接层面,二者的差异较大,因此这里主要针对英汉语法衔接手段进行分析。

(一)替代

所谓替代,即将上文中所提到的内容使用其他形式进行代替,这是语篇衔接过程中经常采用的一种手段。在英语段落中,人们经常使用词汇来传达两个句子之间所形成的呼应关系。在英语语言中,替代的形式有很多种,常见的包括如下三种。

其一,名词性替代。

其二,动词性替代。

其三,分句性替代。

在汉语语言中,人们很少使用替代形式,因而典型的替代形式比较少见。通常,汉语中人们习惯对某一个词或某一些词进行重复,通过重复来实现句子与句子之间的连贯。另外,汉语中还经常使用"的"的结构实现连接。

英汉两种语言在替代方面的区别主要有下面两点。

其一,英语的替代手段比汉语要多。

其二,英语语篇中使用替代的频率明显比汉语要高,对于英语中所使用的替代形式,汉语则多通过重复、省略来实现语篇衔接。

(二)省略

所谓省略,顾名思义,就是将句子、段落、文章中某些可有可无的成分省略不提。在英语语篇中,人们经常通过省略实现语言凝练、简洁的目的。众所周知,英语语法的结构是十分严谨的,因而不管从形态上而言还是从形式上而言,使用省略这一方式不会引起歧义现象,因而英语语言中使用省略的情况是很多的,而汉语语篇在省略的频率上则要大大低于英语语篇。

另外,英汉语篇对于省略的成分也存在不同表现:英语语篇中不会省略主语,但汉语语篇中除了第一次出现的主语之外,后面出现的主语往往都可以省略。出现这种区别的原因,主要是汉语主语与英语主语相比较而言,其具有的控制力、承接力都更加强大。

(三)照应

所谓照应,指的是当无法对语篇中的某一个确定词语进行解释时,可以从这一个单词所指的对象中找到答案,那么就意味着这一语篇中形成了一种照应形式。从本质上而言,照应表达的是一种语义关系。

第二章 英汉翻译的基础

在汉语语篇中,照应关系也是随处可见的。汉语中不存在关系代词,但英语中关系代词却非常多,尤其是人称代词。因而,汉语语篇会通过使用人称代词来表达英语语篇中所形成的照应关系。

在英汉语篇中,照应关系的类型是基本相同的,不过二者使用这一形式的频率表现出很大的差异性。英语照应中使用人称代词的频率比汉语中要高,这与英语行文通常要求避免重复,而汉语则多用实称有很大的关系。

(四)连接

在语篇中,通过使用连接词、副词、词组等来实现语篇的衔接的手段即为连接。连接不仅有利于读者通过上下文来预测语义,还可以更快速、更准确地理解句子之间的语义联系。英汉语篇在连接方面的差异主要表现在以下两点。

其一,英语连接词具有显性特征,汉语连接词具有隐性特征。

其二,英语的平行结构常用连接词来连接,而汉语中的衔接关系常通过对偶、排比等来实现。

第二节 英汉思维差异

思维模式简单来说就是人们通过推理、分析来对外界世界进行感知。具体来说,英汉思维的差异主要体现在以下几个方面。

一、形象思维与抽象思维

中国人强调"天人合一",在这一思想的影响下,中国人善于形象思维,即人们通过与外部世界的客观事物形象产生联系,加之头脑中的固有物象,展开思考与总结。这种思维模式在古代汉字中展现得尤为明显。汉字经过数千年的演变从古代的象形字转变为今天的形声字。汉字方正立体,导致人们容易把它们同外部世界的事物形象联系起来。有些字仍保留了很强的意象感,如"山"字可以使人们脑海中显现出自然界里山的形象,文学作品特别是古代诗词中也充满着丰富的意境。这种意象丰富的文字经常被中国人用来思维,因此中国人逐渐养成了形象思维。这种思维极富情理性、顿悟性和直观性。

正是由于中国汉字的立体感,中国人在进行辩证思维时总是先想到具体的物象、事实、数据等,然后再从中归纳出规律来,就是说,他们总是倾向于采用归纳法。

与逻辑思维善于思考未来不同,形象思维更关注过去和现在,具有反馈性。一个国家的历史越悠久,那么这个国家的人往往就会更加看重历史,受过去的影响也会很严重。众所周知,中国的历史是十分悠久的,所创造的华夏文化也是很灿烂的,因而中国人就会以国家的历史为傲。纵观中国的历史变化,可以看到遭受了多次的被侵略,人民生活困苦,导致生灵涂炭,这种家破人亡、流离失所的惨痛经历是难以忘记的。每一个中国人对自己的祖国都有着深厚的感情,这种感情使得他们勇敢反抗外族入侵,而在这一过程中所形成的家国仇恨的心理文化同样会延续下来,警示后人。

相比之下,受形而上学思维的影响,西方人习惯抽象思维,即人们以概念作为基础,对事物进行与现实物象相脱离的判断。这一思维模式是抽象的、分析的。从文字层面追溯,西方语言属于印欧语系,受印欧语系语言特征的暗示和诱导,西方人所擅长的思维形式是基于逻辑推理和语义联系的逻辑思维。就拿西方的语言而言,它回环勾连,有着溪水一样的流线形式,就使得人们注意事物之间的联系。西方语言的符号形式和语法形式使得印欧语系民族对事物的表面逻辑的感知更加强烈。

由于抽象的书写符号、语音形式逃离现实世界,所以印欧语系的民族更多地游走于现实世界之外而进行纯粹的思考。一连串无意义的字母连接成有意义的单词,然后单词排列成短语、句子和篇章。所以,西方语言走的是"点—线—面"的路线,缺乏立体感,因而诱发人们形成了脱离现实世界的抽象思维。西方抽象思维借助逻辑,运用概念、判断、推理等思维形式,探索事物的本质和内在联系。也正是因为西方语言"点—线—面"的路线,西方人在进行逻辑思维时常用演绎法。因此,西方语篇倾向于开门见山、直奔主题,每一段的第一句往往就是主题句,其后围绕该主题展开阐述或举例论证。

总体来看,受中西形象思维与抽象思维模式的影响,中国人擅长对概念进行具体表达,而西方人擅长对概念进行抽象表达。

二、整体思维与个体思维

中国古代强调"天人合一",无论从人生的体验,还是从社会的感悟,无论是对人的认识,还是对自然界的认识,都强调人与自然、主体与客体的统一。这就表明了中国人的整体性思维,他们把整个世界视为一个整体。整体由部分构成,要想对部分有所了解与把握,就必然需要把握整体,从整体看问题,反对孤立的态度。

与中国人相比,西方人主张"天人二分",即认为人与自然、主观与客观是分离的。这就表明了西方人的个体思维。西方人强调首先应分析部分,然后知整体,分析小的方面,然后知大的方面。西方社会所提倡的个体思维具有两个层次,这两个层次往往形成一种对立关系,如人与自然、思维与存在、主体与客体、现象与本质、精神与物质等。个体思维强调研究过程中对事物进行分门别类,不可混淆不清,如科学、艺术、文学、哲学等都应该处于一种独立发展的状态。

三、图形式思维与直线式思维

中西方在思维方式上具有明显的不同。具体而言,中国人十分重视不同事物、现象之间所具有的依赖性、联系性,喜欢从整体上观察与研究某一现象、某一事物。与中国人的思维方式明显不同,西方人更加重视某事物或某现象的独立性方面,往往擅长从细节上来观察与研究事物。这两种思维模式从科学角度而言,一个是综合性思维模式的表现,另一个则是分析性思维模式的表现。

很多学者都认同这样一个观点,即使用线性的、分析性的形式来形容西方人的思维,认为这种思维主要是受到了古希腊、罗马的传统影响,这就是人们经常提及的"直线式思维"。中国受儒家、道家思想的深刻影响,更加强调整体性的、图形式的思维。用一种更加形象的比喻来形容,西方人的思维形式有明确的起点、终点,非常简单和直观,就像一条直线;而中国人的思维没有明确的起点和终点,就如一个圆,浑然一体。

在西方人的大脑中,思维就如同一个不显露的真理,很多事物在思维的作用下建立着直接或间接的关系,人们往往通过"一"来理解"众"。相反,中国人的思维并不体现出明显的真理性,人们习惯于通过"众"来理解"一",一种事物与其他事物之间的关系错综复杂,构成了一个更大的整体。例如,中国人都比较熟知的太极图,图案形成了一种相互交织、周而复始的关系。没有起点,也没有终点,从而体现出中国文化非计量性、非累积性、模糊的特性。

第三节　英汉文化差异

从广义上来看，前面两节介绍的英汉语言差异以及英汉思维差异的具体内容都属于英汉文化的范畴，因为语言与思维都受文化的重要影响，可以说是文化的重要体现方式。因此，本节就主要从社交文化层面出发，主要探讨英汉肢体语言以及社交行为方面的差异。

一、英汉肢体语言差异

肢体语言简单来说就是身体语言，是通过身体的动作来表情达意的一种沟通方式。用肢体语言进行交际，没有固定的法则和明确的符号。肢体语言非常丰富，通常和语言搭配使用，起着加强语气、补充的作用。因此，在交际中，交际者必须了解对方的肢体语言。

（一）英汉身势语差异

身势是文化和交际的重要促成部分，可以说和语言同样重要。在不同的文化中，身势语的意义可能是不同的。中西方身势语差异包含以下两种情形。

（1）动作一样、意义不同。相同的身势语在不同的文化中可能表示不同的意义。如表2-1所示。

表2-1　中西方意义不同的身势语

身势语	英语意义	汉语意义
跺脚	不耐烦	气氛；恼怒；灰心；悔恨
听众和观众鼓掌，表演者或讲话人也鼓掌	为自己鼓掌；被认为是不谦虚	谢谢；互相表示友好感情
目不转睛地看	不礼貌；使人发窘；不自在	好奇；有时是惊讶
发"嘘"声	要求安静	反对；责骂；轰赶
拍别人的脑袋	安慰；鼓励；钟爱	疼爱(大人对孩子)；其他情况下会引起别人的反感

（资料来源：吴为善、严慧仙，2009）

第二章　英汉翻译的基础

（2）意义相同、动作不同。要表示相同的意义，不同的文化可能使用不同的身势语。如表2-2所示。

表2-2　中西方动作不同的身势语

意义	中国的身势语	美国的身势语
叫别人过来	把手伸向被叫人，手心向下，几个手指同时弯曲几次	把手伸向被叫人，手心向上，握拳，食指弯曲几次
"丢人""没羞"（开玩笑）	伸出食指，用指尖在自己的脸上轻轻划几下，手指伸直	伸出两只手的食指，手心向下，用一个食指擦另一个食指的背面
吃饱了	一只手或两只手轻轻拍自己的肚子	一只手放在自己的喉头，手指伸开，手心向下

（资料来源：吴为善、严慧仙，2009）

总体来说，南欧、中东、拉丁美洲地区的人们讲话时动作较多，动作幅度也较大；北欧、英美、亚洲的人动作较少，幅度也较小。

（二）英汉身体接触差异

身体接触的原因有很多，大致包括下面几类：第一类是友爱，如亲友分别许久后再次见面时的握手和拥抱；第二类是情爱，如男女恋人的触摸；第三类是社交，如握手和礼仪性质的拥抱；第四类是功能，这种接触通常是职业性的触摸，是冷漠而不包含个人感情成分的。

有的学者认为，文化可以根据不同民族的人的身体接触的多少进行分类，具体可以分为"接触性文化"与"低接触文化"。具体来说，寒冷地区人际关系往往比较冷淡，属于低接触文化，这是因为寒冷地区的人主要关注工作任务的完成，不需要过多的身体接触。相比之下，气候暖和的国家多属于接触性文化，因为气候温和地区的人们常常进行户外活动，相互之间关系较密切，身体的接触也较多。

在中国，异性之间在公开场合身体接触较少，在公开场合很少拥抱和接吻。不过，随着现代社会的不断发展，这种现象有了较大的改变。在西方国家，两个年轻的同性手拉手在街上走路，往往会被认为是同性恋者，异性间同样的行为却被视为很自然。

（三）英汉眼神交流差异

眼神交流包括多种情形，如看不看对方，什么时候看，看多久，看什么人。注视对方的具体情况取决于相遇的场所。

在亚洲的许多国家，人们认为讲话时眼睛直视对方是不礼貌的，尤其是下级在听上级讲话时，下级往往向下看以表示尊敬。

在英语国家，熟人之间交际时都应注视对方。任何一方不看对方，都可以表示特定的意义，如害怕对方、轻视对方、感到内疚、漠不关心等。在对公众讲话时也要和他们进行眼神交流。听的人一般要注视着说话的人的眼睛或脸，表示自己在听。盯着对方看或看得过久都是不合适的。而对于陌生人，通常都是目光接触后立即移开，如果迟迟不挪开视线，往往包含着好奇、喜爱、发生兴趣等含义。

二、英汉社交行为差异

在社交行为方面，中西方也存在很大差异，教师在教学过程中有必要向学生多多介绍，让学生不断加深印象，避免在跨文化交际中出现误解。下面就对其中几种典型的社交行为差异进行探讨。

（一）寒暄

中国人初次见面时常常会问及对方的年龄、工作、家庭情况等，如"你今年多大了？""你是做什么工作的？""你结婚了吗？"等问题，有时也会表现出对对方的关心，如"你好像瘦了，要注意身体啊""你脸色不太好，是不是不舒服？"等。在平日的寒暄中，中国人则通常会说"去哪啊？""吃饭了吗？"等，表示对对方的关心。但是对于西方人来说，如果他听到"吃饭了吗？"会以为对方是在邀请他吃饭，从而容易产生误会。

西方人见面寒暄时往往不会谈论个人的年龄、收入、家庭情况、住址、信仰等问题，因为这是个人的隐私。他们常常讨论的话题是天气，这是因为英国的天气变化无常，有时一天中甚至会出现犹如四季的变化，这导致人们对天气产生了一种特殊的感觉。总之，学生在跨文化交际过程中应多了解这些不同的文化背景，避免涉及个人隐私问题而引起别人的反感。

（二）关心

在跨文化交际中，中国人有时会出于善意去关心对方，这在中国人看来是很自然也是会令人感动的事情。然而，由于文化差异，这样的举动可能反而会惹得对方不高兴，从而造成不必要的误解。请看下面两个对话及其区别。

A（中国人）：Put on a sweater. Otherwise you'll get a cold.
B（中国人）：Ok, Mom.

A（中国朋友）：Hi, it's so cold today, why do you only have a T-shirt? Aren't you cold?

B（美国外教）：I'm fine.[①]

在上述第一个小对话中，中国学生自然而然地接受了妈妈的关心，并及时给予回应。在第二个小对话中，中国学生提醒朋友多穿衣服，这也是根据中国传统文化的习俗，表达了自己对朋友的关心。但是，这样的关心对于美国人来说显然是难以接受的，因为在西方，人们崇尚个性独立，穿衣打扮是一件非常私人的事情，穿多少、穿什么都是个人自己的意愿和选择，如果被提醒多穿一点，就意味着自己不能自立，这会使西方人感觉很尴尬。可见，由于文化的不同，本来是出于善意的关心反而被误解为"不能自立"，这样显然背离了交际的初衷。

（三）客套

在表达客套这方面，中国人一般很注重形式，讲究礼仪，重视表象；而西方人多是直线型思维，讲求效率和价值，没有过多的繁文缛节。

这里我们以打电话为例进行说明。中国人在打电话时常常用下面的话作为开头：

"请问您是谁？"

"喂，您好。麻烦您请××接电话。"

而西方人在打电话时通常是以下面的方式开头：

"Is that ×× speaking?"

"Could I speak to ×× please?"

此外，西方人在接电话时通常先说明自己的身份或号码。例如：

"Hello,375692405."

"Hello, this is Tom. Could I speak to John, please?"

（四）迎客

中国自古以来都是礼仪之邦，因此非常重视礼仪。当有尊贵的客人来访时，主人通常会出门远迎，在见面时会采用握手礼或拱手礼。在一些较为庄重的场合甚至要行鞠躬礼。问候语也有很多。例如：

"欢迎！欢迎！"

"别来无恙？"

[①] 牛宝艳.英语口语教学中折射出的中西方文化差异及启示[J].中国教育技术装备，2009，（8）：109.

"您的到来令敝舍蓬荜生辉。"
"与您见面真是三生有幸!"

西方人除了在外交场合会出门远迎客人外,在一般的场合都没有这种习惯。此外,西方人多采用握手礼,在一些庄重的场合还要行拥抱礼或吻颊礼。问候语则通常是"How are you?"或"Glad to see you again."

(五)答谢

别人对我们表达感谢时,出于礼貌,我们通常需要答谢,以维持良好的人际关系。在答谢方面,中西方也体现出了明显的文化差异。具体来说,中国人在答谢时往往会说:"不用客气""别这么说""过奖了""这是我应该做的"等,以表示谦虚的含义。但如果与西方人交往时这样回答"It's my duty"就违背了交际的初衷,因为"It's my duty"的意思为"这是我的职责所在",是不得不做的。

此外,中国社会推崇"施恩不求报"的美德,因此人们在答谢时往往推脱不受,对受惠者给予的物质回馈或金钱奖励也常常当场拒绝,实在无法拒绝而收下时也会说"恭敬不如从命"。

西方人对待别人感谢之词的态度与中国人有很大的不同,他们常常会说"Not at all.""It's my pleasure.""Don't mention it."或"You're welcome."在收到物质回馈或金钱奖励时也往往高兴地接受,他们认为这是对自己善举的肯定和尊重。

第三章 思维维度下的英语翻译理论

人类总是运用大脑来展开思维与创造,但人们很少对自身的"思维"进行思考。从生理学角度来说,人类的思维与动物的思维具有共通性,只是人类的思维这一生理活动更为高级,是大脑中的一种生化反应过程。人类的思维是客观世界的反映,是人们对客观事物加以认识、比较、分析等的过程。而翻译作为一种实践活动,离不开人类的思维,因此思维与翻译关系非常密切。本章就从思维的维度对英语翻译理论进行探讨,首先分析思维的含义与分类,进而探讨思维与翻译之间的关系,最后论述翻译思维的要素与运行模式。

第一节 思维的含义与分类

思维这一术语相对比较抽象,因为对于人类而言这是一种不可见的事物,其存在并运行于人类的大脑中。本节就对思维的定义与分类展开分析。

一、思维的含义

(一)什么是思维

恩格斯曾经说过,思维是人脑的机能。有科学家争论动物也有思维,他们通过实验发现,狗会算算术,黑猩猩可以借助工具获取食物,猫能够学会便后冲马桶,猴子可以借助石块砸开核桃,鸟类有自己的语言,海洋鱼类也能发出不同的声音信号,甚至还有人类无法用耳朵听见的超声信号,狼群狮群配合捕猎等,这些都是动物思维的表现。

通过思维而获得创造工具的能力是人类与动物共同的标志,只是人类较为高级一些。我们既然承认人类发源于动物界,那么就应当承认动物思维的存在,不过这只是最广义的思维范畴,从严格意义上来说,动物只具有低级的思维方式,而经过不断进化的人类的大脑才是高级思维的物质条件,是高级思维方式的基础。

同样,人类的语言也是从动物的这种广义范畴的低级语言逐渐进化到狭义范畴的高级语言的。或者说,人和动物思维的本质不同在于各自运用不同的语言思维方式。从生理学来看,思维也是人类与动物之间共通的,它是一种高级的生理活动,是大脑中的一种生化反应过程。人类除了睡觉之外,几乎每时每刻都在思考,思考人与自然界的关系,思考个人与他人的关系。通过思考从现象深入事物的本质,发现事物的内在规律,使自身能够在客观世界中生活得更好。可见,人的思维是对客观世界的一种反映,是人类在认识客观事物时动脑筋进行比较、分析、综合等的过程。

当今网络世界融入越来越多人的第二种生活,人们可以在网络上做现实生活中的所有事情,衣食住行、求学求职,甚至"结婚生子",有人认为这种虚拟现实不再是客观世界,而人们在网络上的思考和行为就不再是对客观世界的反映,因此得出结论,思维可以脱离现实。其实,我们应当清醒地看到,网络世界也是客观世界的反映,虚拟现实中的种种都留有现实世界的影子。衣食住行等行为都是客观世界里的客观发生,虚拟现实也是对客观世界的反映,因此,对于网络虚拟思维,我们同样应当将其看作对客观世界的反映。

人类无时无刻不在用自己的大脑进行着思维,进行着创造,而人们却很少对自身的"思维"进行思考。在学校里,思维科学也很难成为一个独立的学科。虽然有脑科学、语言科学、逻辑学等相关学科,研究思维的物质基础、外在表现、各种形式等,但是对于人类"思维"的整体研究却无法独立成科,这确实是一个遗憾,其关键原因就在于很难为思维定义。那么究竟怎样给思维一个准确的定义呢?人们会从哲学角度、心理学角度、语言学角度给出不同的定义。如按照"思维科学首批名词术语征求意见稿"中的定义:"人类个体反映、认识、改造世界的一种心理活动",立刻会有人提出质疑,认为这样定义把思维纳入了心理学的范畴。

思维科学的创始人钱学森教授高度重视思维科学的重要性,把思维科学提升为与自然科学等并驾齐驱的一种科学。他提出了现代科学的一个纵向分类法,把现代科学分为六大部类。

(1)自然科学。

(2)社会科学。

(3)数学科学。

第三章　思维维度下的英语翻译理论

（4）系统科学。

（5）人体科学。

（6）思维科学。

这样，我们就能够更加清晰地认识思维科学的位置，上面所提到的脑科学、语言科学、逻辑学、心理学等学科都可以统一在思维科学体系之下。科学家提出了一整套思维科学的体系架构及其友邻科学，我们可以做一参考。总之，要为思维定义，一定离不开三个要素，即人脑、客观事物、内在联系。

首先，思维是人脑特有的机能，是人的大脑中进行的一种"活动"和"过程"，是一种生化反应。

其次，思维是人脑对客观事物的反映。

最后，人类通过思维能够认识客观事物的内在联系，对客观事物形成间接的和概括性的反映。

（二）感性思维与理性思维

思维分为两个阶段，即感性阶段和理性阶段。一般来说，认识的感性阶段是形象思维或非语言思维，理性阶段是抽象思维或语言思维。

（1）感性阶段。在形象思维阶段，人们在实践中通过五官来获取对客观世界的事物的个别属性，如对声音、颜色、气味、形状等的认识，即五官感觉；它们都是对客观事物的具体、表面和外部联系的直观性的和形象性的认识。这种认识的方法往往是一种实物或者是类实物的认识的方法。

（2）理性阶段。人的思维还可以借助语言来对客观事物进行理性认识，这种认识摆脱了感性认识的实物或类实物的方法而代之以语言。理性认识是对感性认识加以整理和改造，对客观事物的本质的认识，赋之以概念；对事物的情况或事物与事物之间的联系予以判断，用已有的判断加以推理。

（三）关于思维的研究

在人类的历史上，从来没有停止过对人天关系也就是人类与自然界关系的探索。在古代，东方和西方的古老民族几乎同时产生并发展了自己的朴素哲学，来自中国的《易经》和太极思想就提出了人与宇宙的关系，而古希腊时代更是涌现出了柏拉图等伟大的哲学家。

随着自然科学的发展，哥白尼"日心说"有力地揭穿了神学"地球中心论"的谬论，随着牛顿三大定律的提出，世界更是朝着科学理性的方向发展。到了19世纪后半叶至20世纪前期，四大科学的突破更加速了人类认识自身和自然界的步伐。

达尔文提出"生物进化论"、弗洛伊德的"精神分析学"诞生,以及人类遗传密码——DNA被发现,和第一台计算机问世。尤其是弗洛伊德的"梦学",使人类对于思维的认识进入到了更深的实验层次。而计算机的问世更是加速了人们对于人脑和电脑的区别研究,加速了人工智能的研究,开启了人脑研究的新时代。

最近几十年,西方国家关于脑科学和神经科学的研究突飞猛进,揭示了大脑的构造和功能、大脑神经网的功能。人们开始致力于人工智能和人工神经网络学科的开发,并且取得了丰硕的成果。智能机器人、智能手机、智能汽车等,越来越多的模拟人类思维的机器被发明出来,使得甚至很多科学家宣称,电脑将代替人脑。

一时间,人们甚至陷入了电脑代替人脑、计算机主宰人类的恐惧中。但是,绝大多数科学家还是坚定地认为,人类的思维是计算机所无法模拟的。例如,美国当代最具影响的哲学家约翰·塞尔指出:"语法不足以产生语义,……任何计算机程序自身不足以使一个系统具有一个心灵。……任何其他事物,如要产生心,应至少具有相当于脑产生心的那些能力。"

在中国,1984年,钱学森教授提出了建立思维科学,从此思维科学正式成为我国的一个学科部类,中国科学家们正努力为它的体系建立做着科学研究。

二、思维的分类

根据思维是"人脑凭借已有的知识为中介去认识和把握客体的一种具有类比性质的加工过程"[①]这一论断,人们经常依据类比的分类情况来对思维进行分类。那么,类比的类型都有什么呢?

根据类比内容的不同层次,人们将类比分为感性类比与理性类比。

根据类比内容是否全面,人们将类比分为单一属性类比和多个属性类比。

根据类比针对的是事物发展的全过程还是某一个时间点的状态,人们将类比分为动态类比与静态类比。

根据类比物的来源,人们将类比分为同类类比、异类类比。

根据类比物的多少,人们将类比分为单一类比和多源类比。

---

① 汤建民.从"思维是什么"到"如何思维"——关于思维分类和思维定义的再思考[J].哈尔滨学院学报,2005,(1):14.

第三章 思维维度下的英语翻译理论

根据类比的清晰度情况,人们将类比分为精确类比与模糊类比。

根据以上所列举的类比的类型,人们通常将思维分成如下几类。

(1)形象思维和抽象思维。

(2)局部思维和整体思维。

(3)动态思维和静态思维。

(4)专业思维和旁通思维。

(5)单向思维和多向思维。

(6)精确思维和模糊思维。

不过,对于思维的分类并不存在绝对的标准,因为人类的思维方式是可以不断细化的。上述分类方法不仅具有充分的理论依据,而且在系统上相对统一,因而也可以认为是一种良好的分类方式。

第二节 思维与翻译的关系

翻译创造的深刻哲学基础是人类创造的最深层领域——思维活动。许钧把翻译划分为三个层次,其中翻译活动的基础层次便是人类的思维。翻译活动就其本质而言是译者进行思维的过程,原文及其他有关方面作用于译者的感官之后,促使译者的大脑进行一系列的思维活动。这种思维活动和创作的思维过程相比具有自身的特点。

思维和语言的相互转化过程依赖于大脑的语言编译机制,在创作中,作者对客观世界进行观察,提取信息,通过语言理解机制的运作,形成了自己的理解,这种思维的结果通过大脑的语言生成机制以及语言编译机制转化为语言,从而进行信息的传递,于是创作就完成了,用一个简单的公式,创作的过程可以表达为"理解—表达",或者"提取信息—传递信息"。

翻译的思维活动是在原文作者思维的基础上用译语进行的,它没有直接的客观世界作为思维对象,而只能以原文的文字作为自己的思维对象和信息加工的材料,间接地提取信息,移植到另一种语言上去,译者的翻译思维过程是译者以主体方式对原作意义的把握过程,其思维建构涉及双语乃至多语,具有双重性:没有源语写就的原文当然无以产生目的语中的译文,原文是翻译的客观前提,源语思维是翻译思维的基础;但如果没有译者通过目的语对原文的语言系统进行译语思维并加以译语创作也不会产生译文,译文是译者对原文进行特殊的理解并在内部言语阶段加以双语思维后再进行特殊表达的产物。

也就是说,在理解和表达之间有一个"内部言语形成"的过渡过程。须经历"理解—表达—再理解—再表达"的较为复杂的过程,如果划分得细一些,还可以这样表示"提取信息—传递信息(源语语言符号信息)—进入译者大脑提取信息—语言与思维的转换(运用语言编译机制进行编码的内部言语过渡过程)—形成译语语言符号信息"。

钱学森在《开展思维科学的研究》一文中把人的思维方法分成三种:抽象(逻辑)思维、形象(直感)思维和灵感(顿悟)思维,并且指出"这三种思维学都是思维科学的基础科学,也可以合称之为思维学"。当然,这种划分并不排除还存在目前尚未得知的其他类型的思维方法。

众所周知,人脑的每一个思维过程不仅仅是一种思维在起作用,往往是两种甚至三种共同或交错起作用。脑科学的研究告诉我们,大脑的左半球主要担负抽象思维的功能,右半球则主要担负形象思维的功能,左、右半球通过脑内最大的神经纤维束——胼胝相联系,人的思维活动就是通过胼胝的信息传递,由左、右半球相辅相成协调完成的。人在某一具体的思维活动中,可能是某一脑半球起主导作用,但没有另一脑半球的配合协调,思维就不可能完整、健康地进行。

同时研究发现,左脑在抽象思维方面占优势,而右脑则在形象思维方面占优势。在正常情况下,两侧大脑之间存在着极为密切的联系,因而抽象思维和形象思维两者实际上是不可能截然分开的,而是互相交织、互相补充和互相转化的。既然人类的思维就目前的划分有以上三种方法,那么作为人类思维的一种,翻译的思维过程当然也有这样三种方法。

一、翻译与抽象思维

抽象思维的形式是概念、判断和推理,通过概念,形成判断最后达到推理。众所周知,翻译首先涉及的是语言问题,作为翻译思维的符号材料(思维的材料可以是实物材料,也可以是符号材料),语言以其语法结构和语义系统帮助思维的实现,翻译者要将 A 语言转换为 B 语言,就必然运用自己掌握的 A 语言的语法概念判断各个词、句及段之间的关系,通过对 A 语言符号的分析,从而推理出 A 语言符号的所指。

因此,我国语言学家朱星先生在《汉语语法学的若干问题》一书中指出:"两种语言文字的翻译以逻辑思维为基础。"语言是思维存在的物质形式,而逻辑是"思维的规律",可见,翻译依赖于逻辑,逻辑思维是译者手中的有用工具。

第三章　思维维度下的英语翻译理论

这里所说的逻辑思维,就是寻找语言之间的内在联系,根据这种内在联系进行翻译,组织译文。特别是当语言的表面形式和内在意义发生冲突时,逻辑思维发挥着重要作用,能够使我们准确通顺地传达原文的内在实质。

英汉两种语言的差异较大,逻辑思维在分析语法、语义、语用及文本等各方面发挥着主导作用。例如,英语句子中逻辑关系较强,较多运用连词等进行连接,层次清晰、关系明确;而汉语主要靠意义来联接,较少使用连词。

二、翻译与形象思维

语言既是逻辑思维的工具,又是形象思维的工具。逻辑思维是一维的,即线型的;而形象思维是二维的,其特点表现为形象性、概括性。如今,几乎所有抽象思维的东西都能够由计算机来做,从而代替人的劳动。但是计算机对形象思维却无能为力。机器翻译无法推广使用,正说明了形象思维在翻译中的地位。

形象思维的形式是形象观念和联想形式。通过想象的形象思维比通过判断、推理的逻辑思维要复杂得多。如果说推理论证具有相对固定的逻辑形式,那么语言对人物形象、景象和图像等的描述并没有比较固定的格式,其手段多种多样,通过语言的描述诱发人们的想象,从而显示形象。同时,翻译要借助语言和文字进行,它不同于绘画、摄影等活动中形象思维。它不能直接显示具体物象,而只能间接地显示具体物象。语言描述诱发读者的想象,读者凭借自己的经验去再现出语言描述的现象。因此,对于同一原作,不同的译者会有不同的译文,这与语言描述的模期性和不稳定性有着必然的联系。

此外,文学描述倾注着原著作者的思想感情,蕴含着作者丰富的经历感受,具有强烈的感染力。译者必须贮存大量的形象感受,与著作者感情契合,才会有同样的想象和联想,才能进行再创作。但凡好的翻译,必然要在感性即形象思维上下功夫,以期传达出原文的神采,得到读者的共鸣。

三、翻译与灵感思维

钱学森在《关于形象思维问题的一封信》中指出:"凡是有创造经验的同志都知道光靠形象思维和抽象思维不能创造,不能突破;要创造要突破得有灵感。"古今中外的文学家和科学家们非常重视灵感的作用,冥思苦想的问题往往因为一个偶然的机会而得以解决,这样的例子在文学史和科学史上不胜枚举,可见灵感对于创作是何等重要。

就翻译活动来说,我们在处理一些难译的词或句时也经常要运用灵感思维,特别是许多精彩译文的产生更是往往与灵感思维相关。随着现代心理学研究的深入发展,人们对灵感这一特殊的心理现象冠以不同的名称,如"潜意识""直觉""无意识""瞬间的顿悟"等。灵感的出现只是一刹那,那么它是不是凭空产生的呢?灵感思维的运作机制究竟是怎么样的呢?

唯物主义者认为,灵感首先是一种精神状态,它同一切意识形态和精神现象一样,都是客观世界在人脑中的反映。灵感不是"神赐论"所说的从天而降,也不像"不可知论"所说的是无源之水、无本之木。译者的大脑中储存有丰富的思维材料,有些在显意识中,而有些却存在于潜意识中,灵感就是在潜意识中孕育的,同时它也离不开显意识的参与,当孕育成熟,灵感便突然涌现于显意识,成为灵感思维。可见,灵感也是基于长期的专业知识和经验的积累而形成。灵感及灵感思维有以下几个特征:突发性、偶然性、独创性以及模糊性。

我们的翻译活动是受大脑支配的,而大脑又是受原有储存的信息所制约的。译者在学习和翻译实践中积累起来的知识单元被贮存在大脑中,这些"知识单元"在相似论中被称作"相似块",也有心理学家称之为"先知识",译者就是根据这些"相似块""先知识"去对照、分析、比较、鉴别原文中的各种句子结构、表达方式等来获取原文中的信息,然后再把原文中反映到大脑里来的信息进行过滤,用形象思维方法和逻辑思维方法对之进行分类、比较和分析,最后确定出最佳的译文方案。无论是逻辑思维,形象思维还是灵感思维,都依赖于人脑中的"相似块"。翻译能力的大小也与"相似块"密切相关,所具有的相似功能越多,其作用就越大。

以上分析了翻译与三种思维的关系问题。原文的语言符号在大脑经过逻辑思维、形象思维以及灵感思维的分析加工,经过语言向思维的转换,提取了原文的有用信息;再经过逻辑思维、形象思维和灵感思维,大脑的思维完成向语言的转换过程,这些信息最终被转化成译语的语言符号。

第三章 思维维度下的英语翻译理论

第三节 翻译思维的要素与运行模式

翻译的过程不仅是译者在头脑中展现的一种复杂的思维过程,还是语际符号转换的过程。译者在进行翻译时,总会运用翻译思维的调节机制来对信息进行加工与处理。因此,本章就对翻译思维的要素与运行模式展开分析,使读者对翻译的运行机制有清晰的了解与把握。

一、翻译思维的要素

语言与符号是展开翻译实践的两种基本要素。作为两种语言之间的一种转换机制,翻译自然离不开语言,而语言在一定程度上则是符号的一种特殊形式。因此,翻译思维的要素就是语言与符号。

(一)语言与思维

语言和思维的关系问题由来已久。自古以来,思想家们就对这一问题作了不同层次的研究。但是对于语言能否确切可靠地反映和表达客观现实的问题,却是自古以来思想家们特别关注的。从古希腊时代的柏拉图和亚里士多德到中国古代的孔孟庄对语言的两面性,即帮助人类认识客观现实和使人误解客观现实,都有自己的观察与分析。直到今天,它仍然是哲学家、语言学家、心理学家以及人工智能专家们的重要研究课题。

1. 语言与思维关系的传统观点

人们的思维认知过程总是借助于视、听、嗅、触、说、思等手段来进行的,而人的眼视、耳听、鼻嗅、手触、口说、脑思等,又都毫无例外地通过语言来反映。思想不能脱离语言而存在,语言是思想的直接体现。语言与思维紧密相连,它们的关系辩证统一。语言有两个主要功能:思维功能和交际功能。它既是思维的产物,也给思维提供物质材料;而思维是语言的核心,它必须借助语言来进行工作。

思维的过程即人脑对外界信息的接受、加工和处理的过程。外界的语音、文字等信号通过听觉、视觉、触觉等方式被大脑接受后,便迅速进入了大脑的信息加工处理程序。语言信息的加工处理过程是在大脑中进行的,这点不必用语言学来推导,通过其他相关科学的实验、测试手段(如脑电图、磁共振)能更加直接地证实。最明显的是人们在说话时可以用脑电图测得脑电波,这样的脑电波测试可以重复成千上万次,结果都显示脑电波的存在。这就足以证明语言信息确实在物质大脑之中,语言信息的加工处理也在大脑中进行。

语言是逻辑思维的工具,当人们的大脑进行思考时,语言中枢就会对思考着的画面进行"解说"和编码,大脑会自动选择自己最熟悉的语言——母语来进行编码。对于同时说两种或多种语言的人来说,语言中枢也会根据不同的情景,自然地做出选择。比如,人们常常会发现,双语儿童在和说中国话的妈妈说话时说中文,而和说英语的爸爸说话时自然地转换成英语交流,这就说明大脑会根据情境自动选择合适的语言来表达思维内容。

对于学习外语的人来说,无不把能够用外语进行思维作为学好这门外语的最高境界,能够熟练地像母语一样操控一门语言,我们的大脑就会在合适的情境中"毫无偏见"地运用这种语言作为它思考的工具。随着社会的发展和科学的进步,人们对语言、思维和现实的思考从更多角度展开。尽管学者们提出种种不同的看法,甚至意见相左,但是他们的观点大体上来说可以分为四类。

(1)语言与思维同一论

语言与思维同一论者认为,语言和思维是同一种东西,思维是无声的语言,而语言则是思维的外在表现。思维和语言使用是同时发生的同一件事,这是行为主义心理学所持的观点。例如,华生就认为思维与自言自语没有丝毫不同之处,把思维完全看作无声的语言,只是因为这时身体的活动是隐蔽而微弱的,所以使用通常的方法难以观察。后来的新行为主义者斯金纳也持同样的看法,认为思维是无声的或隐蔽的或微弱的言语行为。[1]

(2)语言决定思维论

语言决定思维论者认为,语言在很大程度上影响人的思维,甚至决定主体关于现实世界的认识。这一观点的代表是语言决定论的洪堡特及其学派以及萨丕尔和他的学生沃尔夫。

洪堡特认为,世界观的形成要通过语言的手段,每种语言都会帮助形成各自不同的世界观。但他同时认为语言对思维具有反作用。萨丕尔和沃尔夫的观点放到一起被称为"萨丕尔—沃尔夫假说",核心观点是,人的思维完全受自己母语的影响,人的语言影响人对客观世界的感知,不同的民族由于语言不同,因此对世界的分析和看法也不同。人不是孤立地

---

[1] 肖峰.从哲学看符号[M].北京:中国人民大学出版社,1989:152-153.

第三章　思维维度下的英语翻译理论

生活在世界上的,也不是孤立地生活在一般意义上的具有社会活动的世界里,而是受他们所处的社会中作为表达媒介的特定语言的影响。[1]

（3）思维决定语言论

思维决定语言论的观点可以追溯到2500年前的亚里士多德,他提出了思维范畴决定语言范畴。而在现代,则以皮亚杰的观点最为典型,其认知发展理论（简称认知论）建立在长期对儿童智力和思维发展的观察和研究上,认为个体从出生到儿童期结束都遵从同一个发展顺序,经历四个认知发展的阶段：感知运动阶段（出生至两岁）；前运算阶段（二岁至七岁）；具体运算阶段（七岁至十一二岁）；形式运算阶段（十一二岁至十四五岁）。[2]

在这个过程中,认知和思维是一种决定语言发展的基本功能,语言是在动作和形象的基础上发展起来的。语言能力在发展起来后就取代动作,成为一种更灵活的思维工具。

（4）语言和思维独立论

思维和语言的独立论者认为,思维和语言的发生不是同源的,语言只是思维的一种有用的工具,而不是唯一的工具,离开了语言,人的思维同样可以进行。[3]也就是说,在人类历史的不同阶段以及不同的思维形式中存在非语言思维,因而思维可以脱离语言而独立存在,甚至先于语言而独立存在,尤其是数学家、物理学家进行的高度抽象的思维形式,借助的是抽象的符号和公式等工具,并不需要语言的参与。还有一些形象思维的艺术形式,也不需要借助语言的工具,如舞蹈、音乐等。

总之,关于语言、思维和现实的关系,我们认为无论是语言还是思维,都是对客观现实的反映形式。人类生活在自然界的客观现实中,思维和语言是认识和改造这些客观现实的产物和工具。思维出现在语言之前,在人类掌握语言这一工具之前,一定经历了一段非语言的思维时期,这一点从婴儿出生至习得语言的过程就可以得到证实。决定思维的是客观现实世界,而不是语言。

然而,在人类的生产生活中,语言一旦产生便反过来作用于思维,成为思维强有力的工具,甚至会影响和制约思维的发展。每个民族起源于不同的自然与社会生活环境,在不同的客观现实的作用下,产生了不同的思维习惯方式和语言表达方法,经过长时间无数次的思维与语言的作用

---

[1] 封宗信. 现代语言学流派概论[M]. 北京：北京人民大学出版社,2006：104.
[2] 桂诗春. 新编心理语言学[M]. 上海：上海外语教育出版社,2000：191.
[3] 卢明森. 思维奥秘探索——思维学导引[M]. 北京：北京农业大学出版社,1994：121.

和反作用,最终形成了不同思维模式与不同的语言表达结构的相对应,而这种对应以及思维和语言的作用与反作用也必将随着人类语言和思维的发展一直持续下去。

尤其是现代社会,科技日新月异,网络的普及把世界缩小成了一个地球村,人与人之间的传统关系模式变化了,新兴的语言表达更是层出不穷,人们的思维模式也发生了变化。因此,我们在探讨两种语言之间思维的对比时,不应该认为某种思维方式决定某种语言表达形式,或者某种语言表达形式决定某种思维模式,而应该把它们看作相互作用的结果。

总之,作为哲学家、语言学家、人类学家、社会学家争论已久但仍然悬而未决的问题,语言与思维的关系不应是非此即彼的,科学研究的本质应该是发现事物的本质规律、描述其客观存在形态。通过人类几千年来对语言和思维关系的思考和讨论,我们不断加深了对它们的科学认识,不断接近它们的本质。

2. 语言与思维的物理载体——大脑

要了解人类的语言与思维,我们必须从人脑的构成谈起。从人类解剖学来看,脑和脊髓是人中枢神经系统的两个组成部分。脑又分为大脑、脑干、小脑三部分。在语言信息处理中,这三个组成部分协同运作,但起主要作用的还是大脑。

大脑位于脑的顶部,分成左半球和右半球,它们既相隔又相通。将两者隔开的是大脑纵裂,将它们连接起来的是裂球底两个脑半球之间的一条宽厚的横向纤维组织,叫作骈胝体。

大脑半球表面凹凸不平,像柔软的核桃仁,有许多沟回,沟就是表面凹进去的部分,回就是凸出的部分。这样的大脑既有可能容许大量的神经元的存在,又可以非常方便地藏身于有限的脑颅之中。

从功能角度看,两半球对人体感觉和运动的主宰在位置上是交叉的。左半球主要处理右眼、右耳、右手脚的信息,并处理语言、计算等分析性的信息,侧重于抽象思维;右半球主要处理左眼、左耳、左手脚的信息,并处理情感、绘画、音乐、空间知觉等整体性信息,侧重于形象思维。两侧大脑半球的功能分化也不是绝对的,它们既有分工又密切协作。以语言为例,左半球分管语义和话语的连贯性,右半球分管语调,两者结合才能说出准确动听的话。

从表层向核心将大脑切开,我们又可以看到三个内部组织:表层以各种神经元的细胞体为主,呈灰色,故称灰质;中间层主要是神经纤维,其中纤维外围包有髓鞘,髓鞘呈白色,故称白质;底部是基底纤维。

大脑中语言信息的加工处理主要在灰质和白质两个部分中进行。根

第三章　思维维度下的英语翻译理论

据大脑解剖学的传统,大脑的外侧面分为四个区域:额叶、顶叶、颞叶和枕叶。大脑中还有躯体运动区、躯体感觉区、视区、听区以及人类特有的语言功能区。

使用自然语言进行社会交际和思维活动的能力是人类所特有的。这种言语能力是长期进化的结果,它的物质基础之一就是脑中专司言语功能的言语中枢。研究表明,人的大脑中有四大言语中枢,它们分别是布洛克区(言语表达中枢)、韦尼克区(言语感受中枢)、角回区(言语阅读中枢)和爱克斯纳区(言语书写中枢)。这样,大脑中就有了分管听、说、读、写整个言语行为的部分,它们通过神经通路互相连接。除四大言语中枢之外,大脑中还有一些部位具有言语功能。它们和四大言语中枢分工合作,共同帮助言语行为的完成。

在微观的水平上,大脑就是神经网络,就是神经元(即神经细胞)的连通关系。有人用渔网来比喻这种连通关系:渔网由线连接而成,上面有许多线打的结,这结就是神经网络中的神经元,线就是神经元输出输入的机制,也是相互传递信息的机制。不同的是,渔网是平面的、二维的,而大脑是立体的、多维的;渔网是无生命的,它的连接是不变的,而大脑是有生命的,表现在神经元的沟通和连接是不断变化着的。

神经元在大脑对语言信息的加工处理过程中起着决定性的作用,从功能的角度出发,神经元可以看作由三个部分组成:输入、决策和输出,三者共同构成一个信息自控过程。现代神经语言学的研究表明,从大脑神经元的信息处理过程来看,大脑的思维过程最终是通过脑神经元的神经脉冲来进行的。大脑的神经纤维基本上通过一种开关装置来处理神经脉冲,对它进行限制和选择。

只有当神经脉冲的强度达到神经元的刺激阈限时,神经元才会向神经纤维传出脉冲。如果对神经元的刺激过于微弱,神经元则不会被激活。这就是说,神经脉冲只能采取"全"和"无"两种信号形式传输和编制各种信息,并因此进行信息处理活动。大脑的思维过程就是通过"全"和"无"两种信号形式来编码和重组而进行的。在大脑的信息处理过程中,大脑通过"全"和"无"这两种信号的编码而使人的语言(经过编译)具有一定的意义。

当大脑通过听觉器官、视觉器官、触觉器官等接收到外界的语言信息时,大脑信息系统有关路径中的神经元被激活。脑接收到的所有输入种类,包括刺激视网膜的光,刺激耳膜的声波,作用于皮肤而使神经末梢活动引起触压、热、冷和痛觉的压力等,所有这些信号采用一种共同的输入手段:各种不同速率的神经元冲动。以书面文字符号传入大脑的过程为例,视神经纤维将文字符号从视网膜传入大脑皮层的视觉区,信息的视觉形象在此得到恢复和重建。然后信息传入角回区(阅读中枢)转换为文字形象,进行初步释义。再由角回传入韦尼克区,进一步理解为有意义的词句。

但是,人的思维又不能最终被归结为"全"和"无"这样的编码活动,因为即使动物和机器也能进行这样的活动。近几十年来,西方科学家通过研究,发展出很多理论来解释人类的思维认知,如对策论、控制论、信息论、结构主义、社会生物学等。这些理论普遍认为,思维是处理信息的过程,也就是符号操作过程,因此它们一般从大脑作为信息处理系统的层次来研究。

思维的场所是大脑,思维的加工素材是外界的信息,而外界的信息则包括实物信息和各种各样的符号信息。符号在思维的运作中发挥重要的作用,既是素材,又充当工具和媒介,思维通过它达到对对象的进一步理解。理性思维活动本身也就是符号操作的活动,离开了内在的符号运动,就不可能有人的思维认识活动。思维的过程就是对符号化的信息材料或言语符号材料进行加工处理的过程,实际上表现为对携带着信息内容(意义)的符号元素(词或其他记号)按照内化了的逻辑规则进行分解、组合、再分解、再组合的连续过程。

我国的科学家们偏重于思维和语言的社会性一面,认为思维活动总是凝结了社会性内容的,这种内容又是依赖于语言的,通过语言而进入思维过程。思维过程的实质是从发现问题到解决问题,物质变精神、精神变物质。人们对外部世界的把握和认识首先要借助于语言把客体的信息内化到思维中。思维活动是在概念水平上的理性认识活动。

人的完整的认识过程,都有一个基于实践基础上的由感性认识上升到理性认识的过程,而这个上升过程,本身就是一种复杂的思维活动。在人的思维过程中,大脑运用编码的方式对包括语言符号在内的各种符号进行加工处理,人们借助于编码活动的手段,将感性认识上升为理性认识之后,就进入了抽象思维的领域之中。抽象思维,或称理性思维,就是通常意义(狭义)上的思维活动。在社会实践中,人们积累了丰富的经验,大量的感性认识反映到人的头脑中,经过头脑的加工处理形成理性认识,这是整个认识过程的第一个阶段。再把理性认识运用于实践,指导实践,这就是认识过程的第二个阶段——"精神变物质",这也是整个思维活动的最终目的。

大脑对语言信息的加工处理有生成的处理和理解的处理。语言在大脑机制中生成和理解的过程是不同的,具体表现在各自的起点和终点的

第三章 思维维度下的英语翻译理论

不同,部分路径也不同,但各功能区域有关联。语言的理解机制涉及大脑中音位辨别和单独词义识别的颞叶,结构语义理解的布洛卡区及概念语义推导的额叶内侧深部;而语言的生成机制则大约涉及语篇谋划和动机的额叶,以及与句法结构产生有关的布洛卡区和生成音位的颞叶。我们所说的语言编译机制便是语言信息的理解和生成处理的综合。

3. 语言和思维的活动过程——语言编译机制

心理语言学的研究成果表明,人类通过长期的进化发展出了潜在的语言能力,遗传机制又使得个体具有这种语言能力。但是,这种天生的、潜在的语言能力却不是语言活动本身,它只为语言的发展和在思维中的语言编译活动提供基础和前提条件。

正如美国语言学家乔姆斯基所提出的深层结构一样,人类各种语言中都存在着一些普遍的语法结构,人们具有这种天生的语言能力,能够对自己没有见过和听过的语句进行编译。从个体看,有了这种潜在的语言编译能力,才可能对思维内容进行编码并将其转换成语言,它是思维主体的语言编译机制发展的前提条件。

然而,如果没有语言活动,这种语言能力就会逐渐萎缩甚至丧失。狼孩正是由于失去了在适当的年龄激发和利用这种语言能力的机会,因而无法学会人类语言。但无论如何,人们的语言编译能力并不是从"零"开始的,成人个体语言编译能力通过遗传机制赋予儿童,因此儿童从一出生就在某种程度上表现出语言编译的能力或倾向。

语言编译机制的形成不但要有人的潜在的语言能力,而且还要有激发这种能力的人的现实的活动。人的"活动"作为人的存在方式包括主体的内在活动和外在活动,其中外在活动主要是指对实物的操作活动以及语言交际、文字表达等;内在活动主要是指主体的内心活动,如语言编译活动的信息处理过程,以及情感活动等。

语言编译机制只是内部信息处理过程的一个环节,它的形成又有着一定的特殊性。这主要表现在成人的言语活动是激发儿童形成语言编译能力、语言编译机制的重要条件,并且主体的活动特别是语言活动是语言编译机制发展的动力。随着语言与思维的双向编译过程的频繁进行,主体的语言编译能力日趋成熟。

语言编译机制的操作过程即思维和语言的相互转化过程实质上是双向的。一方面,思想经过语言的编译机制而被转换为外部语言即日常语言或人工语言,这就是语言的生成过程;另一方面,外部语言又通过语言的编译机制转化为思维语言并进入现实的思维活动之中,这就是语言的理解过程。

(1)语言的生成机制

语言生成的过程主要在大脑的左半球完成。它通常需要经过谋篇、动机概念区、语词概念区、句法结构区、音位区,最后由躯体运动区发出命令让发音器官或书写器官执行命令。

语言的生成首先要有一定的动机。额叶和脑干网状结构区域主要控制大脑皮层的紧张度,和语言发生的动机有关。什么是动机呢?外部(包括语言在内)的输入信号激活内部信息组织,并促使该组织加工处理,这样的加工处理过程可能就是动机。语言生成的动机不外乎主体想要表达思想、情感等交际或内省的目的。

其次,语词概念也是存在于大脑神经网络之中的,但它散布在神经网络组织中,没有固定的区域。其中具体物质的概念除了和语言组织连接外,还和视觉、听觉等连接。例如,概念"烤鸭"既有视觉信息的连接关系,嗅觉信息的连接关系,也有听觉语音的连接关系。

研究表明,句法结构区在左额叶后部下方和布洛卡区。而音位区位于大脑左半球的中央后区下部,所有这些部位在动机的驱动下协调运作,最终完成语言的生成过程。

(2)语言的理解机制

语言的理解包括语音识别、词汇识别、组词成句的语法处理,以及语义推导等。语音信号通过听觉神经传入大脑颞叶两侧,进行语音识别处理。颞叶语音处理区域在其他语言功能区域的支持下进行语音识别。对于阅读来说,则是语言符号通过视神经传入大脑负责视觉的枕叶区,再协同语言功能区进行语符的识别。

词汇的识别可以是单个词语的识别和组合结构中词语的识别。研究表明,颞叶和中央后区之间的联络机制将语音串和语义之间的联络神经机制激活,以完成对词汇的识别。单个词语的理解可以不涉及句法,但词语组合的理解却离不开句法结构。研究证明,布洛卡区除了在组词成句的语言发生过程中起作用,同时也在句子理解中起作用。

语言理解的最后一个环节是语义推导。经过前面几个环节对语音、语词和句法的理解,最终通过额叶内侧深部达到对语义的理解。以"平板电脑"的概念的形成和理解为例。当平板电脑的形象投射到我们的视网膜这个感受器时,视网膜便生成关于电脑的形象特征的神经信息,如方方正正、像一块板、屏幕很大、对手指的滑动有反应等,通过神经网络将这些信息传入大脑皮层的视觉区,信息的视觉形象在这里恢复重建,然后信息传入阅读中枢转换为文字形象,进行初步释义,形成平板电脑的抽象特征的编码映射到大脑皮层,如这时有人告诉这是"平板电脑"时,这个语

第三章 思维维度下的英语翻译理论

音信号又通过听觉神经传入大脑,与实物匹配起来,经过语言区的进一步加工形成关于平板电脑的语言符号即定义并得到储存。由于大脑中原先就有"平板"和"电脑"的概念存储,提取这两个概念并经过判断和推理过程,把二者结合起来,形成了一个新的词语的概念。

但在现实中,语言的生成和理解过程要复杂得多。由于个体的主观及客观差异,每个人的语言生成和理解过程都不尽相同。不同的个体由于其大脑中预先存在的对客观世界的认识不同,其经验有多有少,因此,对于同样的语言信号会有不同的解读,甚至是相去甚远的理解。

人的语言编译机制并不是一种语言系统。根据当代认知心理学以及人工智能的研究成果可以看出,它实际上是由语言符号的"结构模型""意义模型"和"语义表象"所组成的。语言的"结构模型""意义模型"和"语义表象"是语言编译机制中的三个维度,它们构成了语言编译的三维空间。三者互相制约,共同确定语言的结构和含义,从而能够顺利地把思维内容转化为语言,或者把日常语言分解为几个维度,并编译成适合于人类思维过程的信息代码。

首先,语言符号的"结构模型"表现了语句的顺序和词语的搭配关系等。其次,语言符号的"意义模型"是以信息代码的形式表示、贮存和编译语言意义的系统。它潜在地包含着语词、语句的各种可能的语义关系。最后,"语义表象"是语言编译机制中的又一个重要方面。"语义表象"是言语的意义在思维活动中所引起的能代表这个意义的感性形象,它实际上是把语言编译成某种更具体、更形象的思维表象,能够更准确更形象地表示语言的含义。这为主体进行形象性思维活动创造了条件。

综上所述,语言是音义结合的符号系统,它是一系列语言单位即音位、语素、词、固定词组以及这些语言单位的组规则、聚合规则构成的完整的符号系统,是一定社会的约定俗成的产物。声音只有通过大脑的反映活动,与客观事物建立起联系,才能成为语言的物质外壳。思维是指大脑对客观事物间接的概括的反映和认识,它是大脑特有的一种机能,是有机体(人或动物)在认识和解决问题时的心理体验。因此,语言离不开思维,离开思维的语言是不存在的。

思维是人类的一种精神活动,而人类的精神活动必须以一定的物质形式作基础,这种物质形式就是语言。可见,没有语言作为物质形式,思维活动是难以进行的。因此,思维就是一定语言的思维。思维是有规律的,因为思维规律是客观规律的反映,而客观规律具有全人类性,是人类所共同的,只要客观规律相同,思维规律也就相同。

正因为人类思维规律大体是一致的,所以各民族的语言可以互译,各民族之间可以互相交流思想,达到互相了解。但是由于语言是音义结合体,而这种音义结合是任意的、约定俗成的,因此语言又带有很强的民族性,也就是说各民族的思维模式是不同的;思维模式主要以语言形式来体现,也就是指语言思维模式。

为了使我们能说和听懂新的句子,我们的头脑中必须贮存的不光是我们语言的词汇,而且还得有我们所用语言的可能句型。这些句型所描述的,不仅是词的组合形式,而且也是词组的组合形式。语言学家认为这些形式就是记忆中贮存的语言规则。人们把所有这些规则的组合称为语言的思维语法,或简称语法。可见,词、词组和句型都是任意的,因此各民族的语法或思维语法即思维模式也就不同;这就不难理解为什么同一概念在不同的民族语言中可以用不同的语言形式来表达。其实,即使在同一种语言中也可以用不同的词或词组来表达。

众所周知,语言的具体运用就是言语。言语是一种运用语言进行交际的心理活动过程。言语可以分为外部言语和内部言语。内部言语是大脑思考问题而不直接发生交际作用的言语,是一种无声的言语,它具有片断性、简缩性、不完备性特点。外部言语是有声的,供交际使用的言语,它具有连贯性、完整性、严格遵守语法规则,用词力求准确;它是内部言语的外化。可见,思维离不开语言,要思维,就必须建立语言意识。

(二)翻译思维的要素——语言的符号性

语言是人类特有的符号体系,是人们最为常用的一种符号。狭义的语言只是指人们的口头言语和书写的文字,而广义的语言还包含着所谓的表情语言、形体语言、装饰语言等,它们都是传递人的思想信息的符号形式,然而语言最通常还是指言语和文字。

言语的物质形式是声音,文字的物质形式是图形,它们分别给人造成听觉的和视觉的反映。语言作为物质形式和内容意义的统一体,在自己身上便体现为"音义"统一体或"形义"统一体。语言还是一种线性的结构系统,语言单元是沿着一维的方向前后相继地排列下去的,语言单元之间是根据语法规则而组合起来、形成语言系统的。

由此看来,对于有声语言来说,它的三大构成语素便是:语音、语义和语法。语言在所有的符号形式中是最基本和最重要的符号形式,是人类传递、存贮和加工信息的基本工具。

语言是以人群共同体为单位而各自约定俗成的系统,不同的人群必然产生出互不相同的语言,以后不同的人群因其所具有的不同的生理和文化特征而形成不同的民族时,语言的差异也成为民族之间互相区别的

第三章 思维维度下的英语翻译理论

最重要特点之一,所以相对于后来人类以世界范围而约定的"共通语言"而言,被称为"民族语言";也因其已经经历了漫长的发展历史被今人视为远古时自然起源的,而被称为"自然语言",与后来的"人工语言"区别开来。

部分观点认为,语言是思维的外壳。我们对自身以及外在世界的思考与认知都是借助语言完成的。语言不仅帮助人们传递信息交流思想,它也是思维工具,参与并体现人们的思维,但这很难说是思维的本质。

(三)语言符号性中的符号

1. 什么是符号

在人们生活的世界上,处处都存在符号的踪迹。例如,马路上的交通信号灯,红灯符号表示车辆行人必须停止,绿灯符号表示可以通行;医院里张贴的禁止吸烟的标志,告诉人们这里不能吸烟;中国人过春节时大门上贴的倒写的"福"字,表示对来年的祝福;天气阴沉、乌云密布预示着将要下雨;某处浓烟滚滚,人们就此推测出刚刚发生了火灾。再比如,路上爬行的蚂蚁遇到同伴要互相碰碰触角,传达哪里有食物的信息;猎人根据地上留下的动物的脚印,判断出前方有什么样的猎物等。可以说,符号以及符号活动无时不有、无所不在。

总的来说,符号一般被划分为两大类,即人类符号活动和自然界符号活动(包括动物符号活动)。其中,人类符号活动又可以分为两类,即语言符号和非语言符号,后者又可进一步划分为建筑符号、音乐符号、影视符号、绘画符号、行为符号等。可见,符号学将人类学术领域的几乎所有学科门类都囊括其下,尤其是人文学科,它为跨学科交流和研究提供了一条道路。

索绪尔在他的普通语言学文稿中明确指出过符号学的重要性,并反复强调语言本质上是符号,语言学从属于符号学,"语言学,我们现在就称其为符号学,也就是说关于符号的科学,即研究人尝试用必不可少的约定系统来表达思想时所出现的现象。……无人开课讲授符号传播现象,而这一现象反过来却完全占据了语言学家的脑海,以致他们认为语言学属于历史学科……其实语言学什么也不是,它就是符号学"。

在关于符号学与语言学的关系问题上,学者们所持的观点大致分为:符号学包含语言学,如索绪尔、西比奥克等;符号学从属于语言学,如法国符号学家罗兰•巴尔特;符号学和语言学并列平行,相互交叉;符号学和语言学互不相干,如法国符号学家吉劳。就目前的研究来看,持第一种观点和第三种观点的学者数量更多且更具有说服力,他们各持己见,争论不休。

其实,符号学作为一门跨学科的研究工具,它在一定程度上囊括了语言学,赋予语言学一种新的研究方法,而语言学同时也有自身的一些特点,也许正是符号学理论尚未涉及的领域。无论如何,我们不得不承认的是,语言是人类多种符号系统中的一种典型代表也是使用最多的一种人类符号体系,如果我们将对语言的研究置于符号学的广阔背景中,必将更方便进行语言的跨学科研究,为语言学的发展开辟新的道路。

2. 符号的类别

人类社会中,符号无所不在、多种多样,为了更好地理解和利用不同种类的符号,了解它们所传达的信息,为符号划分类别成为符号学研究中的重要组成部分。在符号学史上,符号学家们都以自己的不同视角对符号进行过分类,但影响最为深远的是美国符号学家皮尔士的划分。皮尔士除定义了符号、对象和解释项三元关系之外,还在此基础上先后提出了十种符号分类的三分法,其中最著名最重要的是把符号分为以下三种。

(1)图像符号(icon)。图像符号的表征方式是符号的形体与它所表示的对象之间形状相似。例如,一幅肖像画、一幅写生画以及照片、录像就是一个典型的图像符号,它完全是对其对象的模仿。还有一些图像符号如地图、气象图、电路图、零件组装图、工艺流程图、几何图形、公式等,它们与对象之间只是抽象的相似。

(2)指索符号(index)。指索符号的表征方式是符号形体与符号对象之间有逻辑联系,如因果联系、方式关系等,使符号形体能够指示符号对象的存在,如各种交通指示牌、商标、招牌等。

(3)象征符号(symbol)。象征符号的符号形体与符号对象之间没有形状上的相似或者因果逻辑关系,它的表征方式是建立在社会约定俗成的基础上,例如,国旗是国家的象征,圣诞树是节日的象征,每一种花各有其象征意义,在中国红色是喜庆的象征,穿婚纱象征做新娘等。在这些约定俗成的象征中,语言符号是最典型的一种。

语言符号和它所表征的对象之间没有必然的联系,不同的国家和民族可以有各自不同的约定,因此形成了各种各样的语言符号系统。可见,在人类的符号活动中,象征符号使用最多,以至于有些人从狭义理解,用象征符号(symbol)代替符号(sign)。

3. 符号系统

所谓系统,就是指性质相同或相似的事物按照一定顺序和内部联系

第三章　思维维度下的英语翻译理论

组成的整体。例如,城市道路交通系统、电路系统。符号系统就是性质相同或者相似的符号,按照一定规律组合而成的整体。一个符号总是要在特定的系统中才有意义,如果把它放在另一个符号系统中,它可能就没有意义,或者具有其他的意义。例如,在马路上看见交通灯红灯表示要停下来,这是交通信号灯符号系统赋予"红灯"的意义,但是如果离开这个系统,红灯就可能是别的意义了。

我们说符号具有任意性,同样符号系统也带有很强的主观性,因为符号系统是借助编码组织起来的,人们根据一定的规则把符号的能指和所指结合起来,体现符号的符指过程,符号使用者在此过程中承认符号能指与所指的关系并在使用中遵守这种关系,这就构成了一个符号系统。不同的符号系统有不同的规则,也就是不同的编码方式,这就解释了为什么同一个符号在不同的符号系统中有不同的意义。

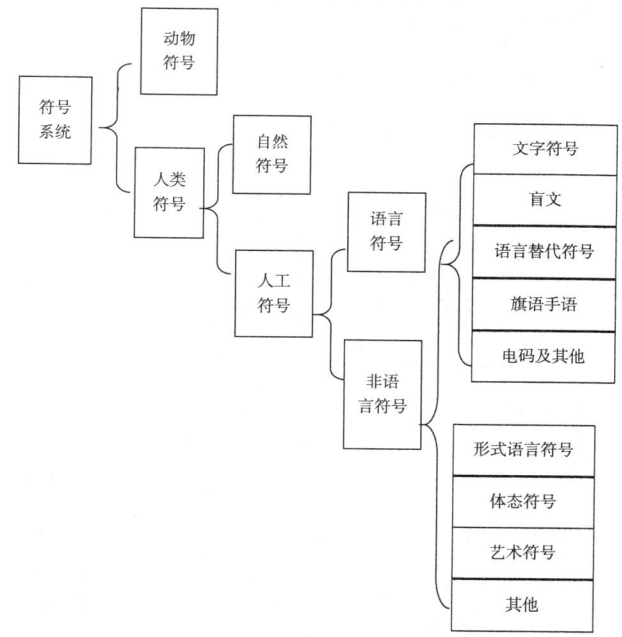

图3-1　符号系统的划分

(资料来源:陈浩东等,2013)

再进一步划分符号系统,可以把符号的能指系统和所指系统区分开来。符号的能指系统指的就是符号的形式系统,它关注的是符号的形式,如符号形状、符号的读音等。再用交通信号灯系统做例子,它的能指系统就是它的构成形式,通常由三个圆形的灯组成,分别是红灯、黄灯和绿灯,同时它们的排列顺序也是固定的。现在改进了的红绿灯用箭头表示前进的方向,箭头向上、向左和向右以及红绿黄三种颜色的箭头等,这些都是交通信号灯系统的能指系统所包含的内容。

符号的所指系统就是它的意义系统,它是能指系统的对象。"意义"两个字看似简单,却是最复杂的概念,从古至今,关于"意义的意义"的问题是各派争论的焦点,众学说派别林立,无法统一。尤其是语言符号系统,对其所指系统即其意义系统的研究更是难度很大。

符号系统包含广泛,一般来说,它可以划分为以下几大类别。

不同符号系统之间的转换必须通过翻译。符号学中的翻译,并不限于不同语言符号之间的翻译,而是指两个或几个任意符号系统之间的转换。例如,把蚂蚁的动作意义系统翻译为人类可以看懂的语言符号系统,把语言符号转换为盲文符号系统。

可见,符号之间的翻译必须对等,翻译者必须熟悉原符号系统和目标符号系统,并且懂得翻译技巧。

4. 符号的意义——符指过程

意义是符号学研究的主要及核心问题。对于人工符号来说,它们被创造出来并被使用的目的就是传递信息,达成人与人之间的交流。对于自然符号来说,它们存在的价值也是通过其传达一定的信息来体现的。比如,地面潮湿,积水很多这个符号,告诉我们可能下过雨了,从而引出更多的信息,如出门要穿雨鞋或者空气比较清新。

对于动物来说,自然界的符号同样也给它们传递着信息,如寒风吹起的符号告诉鸟儿们赶紧筑巢垒窝,寓言故事中寒号鸟就是没有了解这个符号意义,从而被寒冷的天气冻死了。

语言符号的意义认知从古至今都是哲学家、语言学家们探讨的热点话题。洛克(John Locke,1632—1704)以观念论为基础的意义理论已经具有了现代符号学的性质,他认为:"事物与观念间的关系就是意指作用,观念是事物的符号,而词是观念的符号,因为词所指示的不是事物而是观念。……这样,外在事物、感觉和词这三种不同的实体就通过意指和因果关系联结在一起了……"[①] 这一理解把语言符号看作一个使用过程,已经明显具有后来符号学把语言看作一个"符指过程"的性质,可以说是"符指过程"的最初萌芽。

众所周知,索绪尔是现代符号学的奠基人,他把语言系统视为符号系统,开创了符号学。他认为,符号关系是个双面的关系项,一面是所指,另一面是能指。所指就是概念内容,能指就是表达形式。符号关系包括能

---

① 陈浩东等.翻译心理学[M].北京:北京大学出版社,2013:36-37.

第三章 思维维度下的英语翻译理论

指、所指及两者的相互关系。例如,"书"的所指是概念"书",能指是表达 shū,它的符号关系就是概念内容"书",表达形式 shū,以及两者之间的对应关系。符号的能指与所指之间并没有必然的联系,如同一个词语在不同的语言中由不同的符号来代表。由此,索绪尔推出了一个影响深远的命题,即语言符号的任意性原则。同时,他还提出了语言符号的系统性原则,即横组合关系和纵聚合关系,其中,横组合关系是指语言符号在具体的话语过程中,与它周围的其他符号结成的关系,如话语成分之间的联结和呼应,纵聚合关系指的是语言符号在能指和所指层面上的形状或意义的类似。

符号学的另一个传统来自于美国符号学家、哲学家皮尔士的符号学理论,从皮尔士符号学的观点来看,符号在某人脑海中会产生一个对等的符号,这个创造出来的符号被称为解释项,相当于人们脑海中产生的概念;它所代表的所指对象就是这里所说的对象;同时,皮尔士特别强调,解释项"并不在各方面都代表它的对象,而是与一定的思想有关";这种思想被他称作"这个表现体(即符号)的场所"。

可见,皮尔士所定义的符号,它的意义是要在具体的"符境"(在语言符号系统中就是"语境")中体现出来的。符号、解释项和对象就构成了皮尔士符号学的三元关系。比如,同样是一个"书"字,这个符号在人脑中会创造出一个"书"的概念,但是不同的人必定会根据自己的经验联想到不同的"书"的概念:是我最喜欢的那本书的样子?是硬皮书?是大书?是儿童书?……

总之,这个解释项是人脑发生作用的结果。最后,"书"这个符号真正指称的对象是什么?原来是那本新买的书,或者那本旧书,或者那些电子书籍等,这个"对象"的真正含义存在于具体的话语符号过程中。与索绪尔的符号二元关系论相比,皮尔士的符号三元关系论涉及更加广泛的领域,其焦点放在不断发展的文本上,放在符号运动的过程上,放在符号的意义产生的具体"符境"中,具体到语言符号来说,就是注重语用环境对语言符号意义的影响。

美国哲学家莫里斯对符号学的划分被广泛引用。他在《符号理论的基础》(1939)中把符号学分为如下三个分支。

(1)句法学,研究符号与符号之间的形式关系。
(2)语义学,研究符号与所指客体的关系。
(3)语用学,研究符号与解释符号的人的关系。

后来,莫里斯在他的另一本著作《符号、语言与行为》(1946)中,又运用行为主义理论重新对这三个分支进行了定义。

（1）句法学，研究符号之间的关系，不考虑符号的意义及其与行为的关系。

（2）语义学，研究符号在各种指代关系中的意义。

（3）语用学，研究符号在其出现的行为中的来源、使用和作用。

符号的认知意义也应当从这三个方面体现。目前，莫里斯关于符号学三个组成部分的划分已经为学术界所公认，成为符号学基础理论的一部分。美国符号学家西比奥克曾经列举了10种符号意指情况。

（1）一位放射学家在某病人的X光照片上发现一片阴影，并诊断其为肺癌。

（2）一位气象学家察觉到气压的上升，并以此为根据做出明日的天气预报。

（3）一位人类文化学家注意到某原始部落成员的一组交换礼仪，并由此获得关于该部落政体、经济和社会组织的认识。

（4）一位法语老师举起一张画着马的图片，他的美国学生说horse，老师摇了摇头，读出cheval。

（5）一位历史学家看到某位前总统的手迹，并由此而获得关于他的研究对象的新认识。

（6）一位克里姆林宫观察家观察到某个政治局委员在五一庆典上与党总书记靠得很近，并由此猜测该委员现在所处的政治地位。

（7）在审判时有人拿出相关的指纹作证，被告因此而被判有罪。

（8）一位猎人在雪中发现几组由尖蹄利爪留下的长方形动物足迹，前蹄足迹长15厘米、宽13厘米，相应的后蹄足迹长15厘米、宽11厘米，沿途还有柱状的动物粪便，20～30毫米长、15～20毫米粗。猎人猜测在他的前方很可能有一头雄的驼鹿在行走。

（9）某人发现一条狗正对着他狂叫，那条狗抬头伸颈，龇牙咧嘴，两只耳朵朝前竖立。这人由此得出自己面临攻击的结论，并采取躲避行动。

（10）一只雄孔雀向一只等待配偶的雌孔雀开屏。

虽然上述10种情形中的内容背景细节等各不相同，但是西比奥克认为它们是同一类事物，它们的本质都是符号的意指（符指）过程在发生作用，是符号意义的生成过程。它们不同的表征方式帮助意义的实现。这10种情形中，属于图像符号的有（1）（4）（7）（8），属于指索符号的有（2）（5），属于象征符号的有（3）（6）（9）（10）。

例如，（1）病人肺部的X光片就是一个图像符号，它是病人肺部病灶的真实反映，医生借助科技，看到了原先无法直接看到的画面，并据此做出疾病的判断和治疗，从而完成了肺部X光片图像符号的信息的传递。

第三章　思维维度下的英语翻译理论

再比如(2)中,气压上升属于一个指索符号,它与天气的变化有因果关系,气象学家据此做出气象预报。(3)中,原始部落成员之间的交换礼仪属于象征符号的范畴,因为它是在一定社会群体中的约定俗成的符号形式,只在这一定的群体中有意义,社会学家通过观察这个象征符号,得出这个部落特有的制度。

从符号学三种关系的角度来分析,符号的认知意义正是在句法、语义和语用的三元符号关系中形成,并通过它们的不同表征方式,把意义传递给接受者。

二、翻译思维的运行模式

语言是反映思想的符号系统,符号的意义深深植根于千百年来历史创造的文化中。具体到英汉两种语言的翻译,要分析翻译的符号转换,应当从词、句、语篇等语言信息系统的若干方面来研究。

（一）语言符号转换的基础——符号翻译

思维是大脑的一种机能,因此普遍来说,在共同的客观世界中,在人脑的共同物质结构之下,思维的能力和规律是全人类性的。而语言是以声音为前提的物质现象,它的任意性和约定俗成性决定了它的多种形式。但是,当各民族的语言发源时,虽然处于各自不同的时间和空间,但对客观事物本质性认识的思维活动是一致的。正是这一同一性,构成了语言转换的客观基础。

语言符号体系包括音素、音节、词索、词、短语、分句、句子乃至语篇,它是人类多元符号系统中最典型也是最复杂的一种。近年来,随着西方符号学研究的发展,将符号学的理论运用到对语言以及对翻译的研究中已越来越显示出其优越性。

符号系统之间的转换就是符号学意义上的翻译。而狭义的翻译则是指不同语言符号系统之间的转换。这样,在符指过程中,解释项(B)在符号(A)和列象(C)之间进行着有意义的调节,也就是说一种语言符号(A)在翻译者脑中创造出一个概念,并且产生了一个"思想场所",即"符境";接着,译者头脑内部的语言编译机制将源语的思维转化成"内部言语",供大脑进行编码,接着转化成译语的语言,从而产生出源语语言符号的对象——译语的语言符号(C),这就是翻译中语言符号的转换过程。

一个符号要获得永远新的内容,符指过程就必须是一个不断发展、有目标引导的但总是无止境的过程。也就是说,不同的译者对于同一个语言符号会产生出不同的译语符号,甚至同一位译者对同一个源语符号也有不同的翻译,因此从符号学的角度来看,翻译是一个永无止境的符指过程,是一个"只有更好,没有最好"的过程。

(二)英汉双语语言符号转换的四种基本模式

英汉语际转换行为虽然千变万化,但是大体上来说可以分为四种基本的转换模式,从优先传译的是哪一种符号关系的角度来看,所有的语际转换形式在根本上无外乎四种,即契合对应式、语义转换式、语义+句法式和语义+语用式。

1. 契合对应式

所谓契合对应式,就是能够把源语语言符号的三种符号关系都完整传译的转换模式。这种模式是很少见的,常见于句法简单、语用关系较淡或较单一的科技性或陈述性的语言中。例如:

I am enchanted with the film.

我被这部电影迷住了。

3 加 2 等于 5。

Three plus two equals five.

应当指出的是,随着世界各国交流的日益加深以及汉语这几十年来的发展,新词新语不断涌现,契合对应式的范围有所拓宽。例如:

The whole association is fiercely against the current price war.

整个协会都强烈反对目前的价格战。

其中"价格战"一词便是汉语借鉴外来语的表达,其意义已完全能够与 price war 相契合。

在英汉两种语言中,还有许多互相借用的词或句,它们之间的互译可以达到契合对应式转换。例如,英语中的 zuoyi、jiaozi 等词语都是从汉语的"作揖"和"饺子"直接音译的;汉语中的"黑马"也是借用英语的 black horse。

有时,在英汉两种语言中恰好存在形象和喻义都吻合的成语或谚语,这样也可以构成契合对应式转换。例如,汉语中"破釜沉舟"这个成语在英语中就有对应的表达 to burn one's boats,二者不仅语义和句法关系相似,而且所出典故也相同:前者出自中国古代的楚霸王项羽,后者出自古罗马的恺撒大帝,因此它们的语用关系也基本相同。随着网络时代的到来,世界各国之间的交流日益频繁,相信这样的契合对应式转换会越来越多。

第三章　思维维度下的英语翻译理论

2. 语义转换式

语义转换式是英汉双语符号转换模式中最常用的一种。这是因为几乎所有翻译交流的目的都是传达语义的,如果一个语言符号没有语义可传达,那就是不知所云。所以,当译文中最重要的符号关系是语义关系,且在语言符号转换过程中无法兼顾句法和语用关系时,我们不妨采用语义转换式。

有一些基于不同语言符号本身所具有的不同结构特征即它们不同的句法关系而产生的转换上的困难,几乎是无法避免的。比如,在语音方面,英语中有头韵、尾韵、半韵、和音等处理技巧,其中的头韵就是汉语中所没有的,如果要把英语谚语 as fit as a fiddle 翻译成汉语,只能通过语义转换译成"非常健康",其中的句法关系——头韵以及在文化上作为谚语的语用关系都无法传达。

汉语有四种声调,这也是英语发音所没有的特点,汉语句子常运用四种声调表达不同效果,翻译成英语这种句法关系以及由此带来的语用关系无法传达。例如,"嗯"这个字的四个音调,加上不同的标点符号就有了四种完全不同的意思。

（1）一声表示思考。

（2）二声表示疑问。

（3）三声表示否定。

（4）四声表示赞同。

再如,两种语言中的双关语往往也只能通过语义转换传达,其中最重要的一个语义——双关语的句法关系和它所暗含的语用关系,即它的文化意义则无法传递,因为在译语中很难找到同样的双关语,如在汉语中常说"三人成众",这就是一个双关,意义之一是说"三个人就可以组成一个群体",意义之二是基于汉语特殊的构词法:三个汉字"人"就组成了一个新的汉字"众"。还有"三字式"这种表达,在转换成英语时第二种语义很难传达。

3. 语义＋句法式

语义＋句法式就是在转换过程中,能够兼顾源语语言符号的语义关系和句法关系,而无法兼顾其语用关系的转换模式。这种转换模式通常发生在语用关系不是源语语言符号所要表达的最重要意义的情况下。例如,在汉语中人们发出感慨时常说:"谢天谢地!"要把这句话译成英语似乎很简单,通常都译为:"Thank God!""哦,天哪!"相当于英语中的"Oh, my God!"或者"Oh, Jesus!"

这两种表达虽然从语义和句法上看是用英语谚语巧对汉语成语,而且对应得十分契合,但是译语几乎不能体现出源语的语用关系。因为"天""地"所包含的语用意义和 God 所具有的语用意义完全不同。

4. 语义+语用式

语义+语用式就是在转换过程中,能够兼顾源语语言符号的语义关系和语用关系,但无法兼顾其句法关系的转换模式。这种模式也是比较常见的,因为特殊的句法关系因其转换的困难常常是翻译转换中首先放弃的对象,而译者往往能够兼顾语义和语用关系。如前面所提到的双关修辞手法,就是要经常使用这一种转换模式的。

再如,汉语句子中常常使用四字短语,而且不仅仅局限于成语。在现代汉语中,不管什么文体的文章,都会出现临时编造的四字短语。有人说这与中国文化源远流长的"中庸"思想有关,寻求平衡、保持工整。这些四字短语排列整齐、音韵优美,可谓是汉语的一大特色。

英汉双语转换中有时还根据情况改变句式而保留语义和语用关系。例如:

"再让我听到你撒谎试试看!"

汉语的"试试看"在这里是一种威胁和强调的语气,如果直接译成英语:"Try to let me catch you cheating again!"句子的意思有所变化,好像在请求别人做事。

英语语言符号中 try to do 没有威胁人的意思,这时只能通过变换句式达到同样的语用效果:"Let me catch you cheating again!"

从符号学三种关系的角度,我们简要分析了英汉双语语言符号转换的基本模式。在这里,有必要重新强调一下符号学翻译原则的核心思想,即"以保证特定上下文中最重要的意义优先传译为前提,尽可能多并正确地传递源语信息的多重意味,争取原文和译文最大限度地等值"。

也就是说,在英汉双语语言符号的转换中,能够在句法、语义和语用三种关系上都等值的现象是很少的,作为译者就应当使用各种变通和补偿手段,将最重要的关系优先传达并且尽可能多地转换其他关系。所以,上面进行的基本模式划分并不是一个固定不变的概念,而是应该将其理解为一个逼向契合对应式的不断发展的过程。而这种无限逼近的理念与符号学"符指过程是一个永无止境的过程,只有更好,没有最好"的解释也是完全吻合的。可以说,对英汉双语语言符号的转换模式的分析也是对符号翻译和英汉双语语言符号转换过程的一个有益补充和证明。

第四章 思维维度下的英语翻译策略

由于中西方在思维、历史、文化等方面的差异,英汉两种语言在词汇、句子、语篇层面上存在着明显的不同。前面的章节我们已经对英汉两种语言进行了详细对比,也探讨了思维维度下的英语翻译理论,本章我们就从翻译策略入手,具体分析词汇、句法以及语篇翻译的各种手段。

第一节 基于思维理论的词汇翻译策略

一、灵活处理"一词多义"现象

(一)根据搭配确定词义

英语和汉语都有各自固定的搭配习惯,因此在翻译时应当充分考虑习惯搭配,遵从这些习惯的表达方式,从而更准确地进行翻译。例如,动词 work 在以下不同的搭配中具有不同的词义。

My watch doesn't work.
我的表不走了。
The new regulation is working well.
新规定执行得很顺利。
The sea works high.
海浪汹涌起伏。
再如,soft 这个单词,其基本含义为"软的""柔的",除此之外,还有其他许多词义,具体词义则看搭配情况。

(1)表示(宇宙飞船的着陆)飞行速度在32公里/小时左右的;软着陆。例如:

The landing must be super-soft, made at velocity of 18 miles or so an hour.

这次着陆一定是超级的软着陆,即着陆时的飞行速度在每小时18英里(约29公里)左右。

(2)表示(导弹设施等)无坚固掩护工事的;可攻破的。例如:

a soft aboveground launching site

无坚固掩体的地面发射基地

The record of the running race of 100 metres has been considered soft ever since it was set last year.

自从去年创造了这个100米赛跑纪录以来,人们一直认为它是很容易被打破的。

(3)表示(情报等)非百分之百可靠的。例如:

At this stage there is only soft intelligence about the opponent intention. We should not shoot him from the hip.

目前,关于对手的意图还只有不太充分的情报,我们不能鲁莽行事。

(4)表示(麻醉毒品)毒性较轻的;软性的。例如:

Marijuana is usually regarded as a soft drug.

大麻通常被看作是软性(毒性较轻的)麻醉毒品。

(二)根据词性确定词义

英语中有很多单词具有多个词性,当词性不同时,其意义也不同,因此我们应该学会以词性为依据进行词义判断。以 round 为例,请看下面几句:

They are dancing in a round.

他们围成一圈跳舞。(名词)

The girl's eyes rounded with excitement.

女孩兴奋得眼睛睁得圆圆的。(动词)

The Earth is not completely round.

地球并不是完全圆的。(形容词)

He worked round the day.

他工作了一整天。(介词)

可见,译者在翻译过程中要灵活转换思维,首先判断词的词性,然后根据搭配和上下文语境准确确定词义。

(三)根据上下文确定词义

有时候我们虽然弄清了一个单词的词性,但要想得到其确切含义,仍需要借助于上下文提供的各种线索进行合理分析,做出科学推理,最后得

第四章 思维维度下的英语翻译策略

到确切词义。可见,根据上下文判断词义是译者需要掌握的一个重要方法。例如:

I hate to see a story about a bank swindler who has jiggered the books to his own advantage because I trust banks.

因为我信任银行,所以我讨厌看到银行诈骗犯篡改账目、损人利己的报道。

本例中的 story 和 books 都是很常见的英语词语,但根据上下文线索,story 应当表示"报道、新闻或新闻报道",books 则表示"账目"。

再以 move 一词为例,当该词处于不同语境时,其含义也常常发生变化。

Share prices moved ahead today.

股票价格今日上扬。

That car was really moving.

那辆车跑得可真快。

Work on the new building is moving quickly.

新大楼的工程进展得很快。

二、灵活进行词义的引申

英汉语词汇各有其特征,存在很大差异,且一些词汇有时候并没有使用本身的原始意义,而是使用了派生意义,这种现象就是词汇的引申。在英汉翻译中,为了达到忠实原文的目的,应该对在译语中所选择的词语进行仔细斟酌和揣摩。引申作为英汉翻译的重要方法,是指根据上下文的内在联系,通过词、词组甚至整句的字面意义由表及里,进行恰如其分的引申,选择适当的汉语表达法,将原文信息准确传递出来。具体来说,词义的引申主要涉及以下几种情况。

(一)具体化引申

英汉翻译中,译者有时需要将原文中含义比较抽象而概括的词用意思比较明确而具体的词表达出来,以免译文晦涩难懂。这就是所谓的具体化引申。例如:

The EEC's Common Agricultural policy is a dinosaur which is adding £13.50 a week to the food bill of the average British family.

欧洲经济共同体的农业共同政策早已不合时宜了,它要使英国家庭平均每周在食品开销上多支出 13.50 英镑。

上述句子中的 dinosaur 的本义是"恐龙",在现代英语里常被引申为"要被废弃的落后的庞然大物",落后而要被废弃的东西当然也是过时的或者不合时宜的,因此译文进行这样的引申是符合逻辑的。

(二)抽象化引申

英语在表达事物、概念或现象时,通常习惯用具体的词语来表达。译者在翻译过程中,可以将其进行抽象化的处理,目的是使译文更加被译入语读者所理解。例如:

The avalanche unleashed by the film provided the best opportunity in a long time for the racial healing to begin.

由于这部影片造成了排山倒海的影响,它提供了最好的契机来开始化解种族矛盾,经过相当长的时间使创伤得以愈合。

上述句子中的 avalanche 本义为"雪崩",但在本例中是用于比喻意义。因此,译者在翻译时,要透过现象看本质,将该词进行抽象化引申处理,译成汉语的"排山倒海的影响"。

(三)修辞引申

译者在翻译过程中的任务不仅仅是真实地再现原文的内容,有时译者还需要让译文更具有美感,从而符合翻译对译文"雅"的标准。这就需要译者在翻译过程中适当采用修辞手段,即进行修辞性引申。例如:

A large segment of mankind turns to untrammeled nature as a last refuge from encroaching technology.

许多人都向往回归自然,作为他们躲避现代技术侵害的世外桃源。

上述句子中的 a last refuge 本义为"最后的避难所",这里译者将其巧妙译为"世外桃源",达到了"神似"的翻译境界。

(四)语用引申

语用引申就是把原文里的言外之意补译出来。补译的词语是根据原文的语用学意义增添上去的,但需要注意,增添的词语要恰到好处,言外之意引申得不能太过头,以免有损原作的内容。例如:

Words once reserved for restroom walls are now common stuff in films, plays, books and even on television.

曾经是不登大雅之堂的言语,如今充斥于电影、戏剧、书籍之中,甚至充斥在电视上。

上述原文中的 words reserved for restroom walls 本义是"在洗手间的

第四章　思维维度下的英语翻译策略

墙壁内留用的话",但这样直译很难让人明白,将其翻译成"不登大雅之堂的言语"就很清楚明了。

（五）词义引申的三层次

除了上述介绍的几种词义引申的情况,词义引申根据引申义与本义的差异大小,还可分为三个层次,即近似引申、深化引申、升华引申,如表4-1所示。

表 4-1　词义引申的三层次

近似引申	指接近本义,但又不为本义所限的引申
深化引申	赋予新义,但与本义在字面上仍有蛛丝马迹的联系
升华引申	指出自本义但在字面上远离本义

（资料来源：包惠南,1999）

下面举例介绍这三个层次的引申。

In order to get a large amount of water power we need a large pressure and a large current.

为了得到大量水能,我们需要高水压和强水流。

上述例子属于近似引申,large 的基本含义是"巨大的",但当用于修饰 pressure 时,由于搭配的原因,它的汉语词义发生了变化,汉语中只有"高压"这样的搭配,而没有"大压"这样的搭配。后面的 large current 被翻译成"强水流"也是一样的道理。可见,译文通过近似引申很好地传达了原文的意思,又符合汉语的表达习惯。

A scientist constantly tried to defeat his hypotheses, his theories, and his conclusion.

科学家经常设法否定自己的假设,推翻自己的理论,并放弃自己的结论。

上例属于深化引申。英语中一个动词可以同时享用几个宾语,这不同于汉语,汉语中的动词由于词义范围比较狭窄,各自所带的宾语非常有限。因此,在翻译过程中,必须考虑两种语言之间的差异,恰当地选择词语,使得汉语译文符合汉语表达习惯。

In older cranes that have already paired off, dancing reinforces the union—it's a sort of annual renewal of "vows".

对自己有配偶的成年鹤来说,舞蹈会加强相互之间的结合——这成了每年都要举行的一种重温"山盟海誓"的仪式。

上例属于升华引申,译者将 renewal 一词译为"重温……的仪式"是升华了 renewal 的基本词义。

三、准确判断词义的褒贬

词有褒贬作用,可以表达任何有截然相反感情色彩的意思。因此,在翻译过程中,译者不要盲目进行翻译,要弄清楚词义的褒贬,再准确进行表达。具体来说,译者主要会碰到以下三种情况。

(1) 有些词本身就有明确的褒义或贬义,汉译时做相应的表达。这类词汇有很多。例如:

renown (褒义)
praiseworthy (褒义)
honest (褒义)
polite (褒义)
honorable (褒义)
glory (褒义)
famous (褒义)
brave (褒义)
wise (褒义)
notorious (贬义)
boast (贬义)
coarse (贬义)
treacherous (贬义)
wicked (贬义)
evil (贬义)
immoral (贬义)
greedy (贬义)

请看下面几例,原文都表达出了明显的褒贬倾向。

He was a man of high renown.

他是个很有名望的人。

The magnificent TV tower is the glory of the city.

宏伟的电视塔是这座城市的荣耀。

She boasted that she was a relative to the president.

她吹嘘自己是总统的亲戚。

We were shocked by his coarse manners.

他的粗俗举止令我们震惊。

(2) 某些英语词语汇集褒义和贬义于一身,汉译时要根据原句的上

第四章　思维维度下的英语翻译策略

下文和语境来确定这些词汇的褒贬意义。例如：
Underneath his politeness, there was deceit and cunning.
在他的彬彬有礼的伪装下，隐藏着欺诈和狡猾。
With cunning hand the sculptor shaped the little statue.
雕刻家以灵巧的手艺刻成了这个小巧的雕像。
She has a cunning little kitten.
她有只可爱的小猫。
上述三句都有 cunning 一词，其褒贬含义要根据句意确定。再如：
Many people think that he is one of the most ambitious politicians of our times.
很多人认为他是现今最有野心的政客之一。
I advise you not to be politically ambitious.
我奉劝你不要有政治野心。
Although he is very young, he is very ambitious in his research work.
虽然她很年轻，但在研究工作中很有雄心壮志。
上述三句中都有 ambitious 一词，到底是贬义还是褒义也要根据语境和作者的态度确定。

（3）有些词义是中立的，本身不表示褒义或者贬义，但在一定的上下文中可能有褒贬的意味。例如：
The predicted the youth would have a bright future.
他们预言，这个年轻人会有个锦绣前程。
此句中的 future 含有褒义的意味。
It was mid-August and the subject for discussion was the future of Rommel and his Africa Corps.
当时是八月中旬，他们讨论的题目是隆美尔及其非洲军团的下场。
此句中的 future 含有贬义的意味。

第二节　基于思维理论的句法翻译策略

一、对被动句的翻译

（一）译为主动句

在英语中，被动句的使用非常频繁，尤其体现在一些实用文体，如科

· 75 ·

技文体、法律文体中。只要是不必要说出施行者或者对动作承受者的强调,又或者是出于礼貌或者便于上下文衔接等,一般使用被动语态较多。这在前面已经进行了列举。但是,根据汉语的表达习惯,动作的施行者是非常重要的,这与中国"天人合一"的思想有着密切的关系,因此多采用主动句。例如:

My first ten years were spent in a poverty-stricken mountain area.
我的前10年是在一个贫困山区度过的。

如果按照原句直译为"我的前10年是被花费在一个贫困的山区",这样的翻译很容易让人感到费解,并且也不通顺,因此将其译为"我的前10年是在一个贫困山区度过的"就更符合常理。

(二)译为被动句

汉语中也存在被动句式,但是汉语的被动语态主要是通过特殊词汇表达出来的。汉语中的被动手段有两种:一种是有形态标记的,即"叫""让""被""受""为……所"等;另一种是无形态标记的,但是逻辑上属于被动。在翻译时,译者可以根据具体的情况进行调整。例如:

He had been fired for refusing to obey orders from the head office.
他因拒绝接受总公司的命令而被解雇了。
His opinion was accepted by the rest of his class.
他的观点为班上其他人所接受。

(三)化为无主句

英语的句法结构在句子成分方面具有严格的限制。相比较而言,汉语具有更加灵活的表达方式,有时甚至可以将主语省略。所以,英语的被动句还可译为汉语的无主句,使译文更符合汉语表达特点。例如:

Attention should be paid to your handwriting.
应该注意你的书写。

(四)转化为判断句

所谓判断句,就是汉语中常见的"是"的相关的结构。如果英语中被动句表达的是判断的意义,那么在翻译时可以将英语的被动句转化成汉语的判断句。但是,进行转换时,一般将英语原文的主语转化成译文的主语,当然也有特殊情况,即将英语原文的主语转换成其他主语。例如:

Iron is extracted from iron ore.

第四章　思维维度下的英语翻译策略

铁是从铁矿中提炼而来的。
The Paper-making technology is developed in ancient China.
造纸术是中国古代的一项发明。
上述两个例子,原句中是用 is 引导的判断句,因此在翻译时也用汉语判断句来表达,翻译为"是……"。

二、对否定句的翻译

否定句可分为部分否定句、全部否定句、双重否定句,下面就对这三种否定句的翻译技巧展开分析。

（一）部分否定句的翻译

部分否定是指整个句子中的意义不仅包含肯定的意义,还包含否定的意义。部分否定句一般由代词或者副词与否定词 not 搭配构成,形式上是否定的,但实际意义却是部分否定,通常译为"不都是""不总是"等。例如:
Not everybody was invited.
并不是每个人都受到了邀请。
Both the doors are not open.
两扇门并不都是开着的。

（二）全部否定句的翻译

英语中的全部否定是指将句子否定对象加以完全、彻底的否定,即否定整个句子的全部意思。在翻译这类否定句时,只需将否定词直译即可。例如:
There is not any advantage without disadvantage.
有利必有弊。
He is no scientist.
他根本不是科学家。

（三）双重否定句的翻译

双重否定是在同一个句子里出现两个否定词,或一个否定词与某些表示否定意义的词连用。进行翻译时,可以译为汉语的双重否定句,也可以译为汉语的肯定句。例如:

No task is so difficult but we can accomplish it.
再困难的任务,我们也能完成。
I can not agree more.
我完全同意。

三、对长句的翻译

(一) 顺序译

当英语长句的内容是按逻辑关系安排的,或句子中涉及的动词基本按动作发生的时间先后顺序安排的时候,就可以采用顺译法。当然,翻译时可以有小范围局部的词序变动。例如:

As soon as I got to the trees I stopped and dismounted to enjoy the delightful sensation the shade produced; there out of its power I could best appreciate the sun shining in splendor on the wide green hilly earth and in the green translucent foliage above my head.

我一走进树丛,便跳下车来,享受着这片浓荫产生的喜人的感觉:通过它的力量,我能够尽情赏玩光芒万丈的骄阳,它照耀着开阔葱茏、此起彼伏的山地,还有我头顶上晶莹发亮的绿叶。

显然,在翻译时,译文按照原句的顺序来翻译,当然并不是字字翻译,而是有些许的变动。同时,译文也体现了汉语的独立分句的表达习惯,也易于汉语读者理解。

(二) 逆序译

逆序法就是逆着原文顺序进行翻译,因此通常从原文后面部分开始翻译。逆序法通常适用于英汉表达顺序存在较大差异甚至完全相反的情况。例如:

A great number of graduate students were driven into the intellectual slum when in the United States the intellectual poor became the classic poor, the poor under the rather romantic guise of the beat generation, a real phenomenon in the late fifties.

20世纪50年代后期,美国出现了一个任何人都不可能视而不见的现象,穷知识分子以"垮掉的一代"这种颇为浪漫的姿态出现而成为美国典型的穷人,正是这个时候大批大学生被赶进了知识分子的贫民窟。

上述英语句子为前重心,而汉语句子为后重心。因此,在翻译时将 A

第四章 思维维度下的英语翻译策略

great number of graduate students were driven into the intellectual slum 这一主句置于最后翻译出来,体现了汉语的表达习惯。

(三)拆分译

如果英语长句中的主句与修饰语或主句与从句的关系不是很紧密,翻译时就可以按照汉语的表达习惯,用短句译出,即把英语长句中的从句或词组译成汉语的子句,化长为短。例如:

As we lived near the road, we often had the traveler or stranger visit us to taste our gooseberry wine, for which we had great reputation, and I confess, with the veracity of an historian that I never knew one of them to find fault with it.

我们就住在路边。过路人或外乡人常到我们家,尝尝我们家酿的酸果酒。这种酒很有名气。我敢说,尝过的人,从没有挑剔过。我这话像历史学家的话一样靠得住。

通过分析上述例子可以看出,英语句子一般较长,其中包含了很多从句、修饰语等,如 for which...and...with...that... 等,在翻译时如果按照英语的表达习惯,会让汉语读者费解。因此,译者往往将长句进行拆分,以小句、短句的形式呈现给汉语读者,易于汉语读者的理解和把握。

(四)综合译

在翻译的过程中,有时单单使用一种翻译策略并不奏效,此时译者可以考虑综合运用各种策略。采用综合法翻译英语长句,是在理解原文信息的基础上,摆脱原文在句子结构与形式方面的束缚,将顺序法、逆序发、拆分法、合译法等结合起来,按照译入语的习惯来进行重组,以此来实现自然、通达的表达效果。例如:

She was a product of the fancy, the feeling, the innate affection of the untutored but poetic mind of her mother combined with the gravity and poise which were characteristic of her father.

原来她的母亲虽然没受过教育,却有一种含有诗意的心情,富有幻想、感情和天生的仁厚;他的父亲呢,又独具一种沉着和稳重的性格,两方面结合起来就造成她这样一个人了。

显然,原文的主句为 She was a product of the fancy,在翻译成汉语时,将其置于最后,这是"以退为进"的最好体现。同时,原句是一个长难句,在翻译成汉语时将其进行了拆分,这样便于读者理解,因此又采用了"一分为几"。两种技巧的综合运用,使译文更符合汉语的表达习惯。

第三节　基于思维理论的语篇翻译策略

一、语篇衔接的翻译

在翻译语篇时,译者应正确理解原文语篇,注意通过衔接手段,将句子与句子、段落与段落按照逻辑组织起来,构成一个完整或相对完整的语义单位。在生成译文的过程中应对原文的衔接方式做必要的转换和变化。例如:

One the surface, many marriages seem to break up because of a "third party". This is, however, a psychological illusion.The other woman or the other man merely serves as a pretext for dissolving a marriage that had already lost its essential integrity.

从表面上看,许多婚姻好像毁在"第三者"手里。然而,这只是一种心理幻觉。第三者不过是一个表象,它瓦解了一个早就失却了其内在完整性的婚姻而已。

The human brain weighs three pounds, but in that three pounds are ten billion neurons and a hundred billion smaller cells.These many billions of cells are interconnected in a vastly complicated network that we can't begin to unravel yet...Computer switches and components number in the thousands rather than in the billions.

人脑只有三磅重,但就在这三磅物质中,却包含着一百亿个神经细胞,以及一千亿个更小的细胞。这上百亿、上千亿的细胞相互联系,形成一个无比复杂的网络,人类迄今还无法解开这其中的奥秘……电脑的转换器和元件只是成千上万,而不是上百亿、上千亿。

二、语篇连贯的翻译

连贯是指在信息发出者与信息接受者共同了解的基础上,通过逻辑推理的方式实现语义上的连贯。

在翻译语篇时,译者应充分地表达句内、句间或段间的关系,从而理解原语篇的意义和题旨,从中体会上下文的连贯意义,从而译出完美的片段。例如:

第四章　思维维度下的英语翻译策略

The chess board is the world, the pieces are the phenomena of the universe, the rules of the game are what we call the laws of nature. The player on the other side is hidden from us. We know that his play is always fair, just, and patient. But we also know, to our cost, that he never overlooks a mistake, or makes the smallest allowance for ignorance.

世界是盘棋,万物就是棋子。弈棋规则即所谓的自然规律,我们的对手隐蔽不见。我们知道他下棋总是合理、公正、有耐心。但输了棋后我们才知道,他从不放过任何误棋,也决不原谅任何无知。

该语篇引用了赫胥黎的一段话。在赫胥黎看来,人生好比一场漫长的弈棋比赛。因此,在对原文中的一些特定词汇 the game, the player, his play, to our cost 等进行处理时,要将"棋"贯穿整个语篇,从整体上符合这一语义的连贯性,将这些词汇的隐含意义也表达出来。

第五章　心理维度下的英语翻译理论

翻译属于一种心理活动,译者的性格、志向、翻译动机等都会在译作中呈现出来。翻译心理学又可以称为"心理翻译学",其是从认知心理学、文化心理学等多个学科发展而来,是基于应用层面进行的研究,其将文艺与科学的方法对翻译过程、翻译现象等进行分析和研究,从而将翻译活动的本质揭示出来,目的是获取翻译学意义上的理论总结。翻译心理学可以从宏观视角来理解,也可以从微观视角来理解。就宏观视角来说,翻译心理学主要依据文化心理学、社会心理学对翻译原理与翻译现象进行广义的研究。就微观视角来说,翻译心理学主要依据认知心理学、普通心理学对翻译过程与翻译行为进行狭义的研究。另外,翻译心理学除了与人文学科有着密切的关系,还与自然科学等密切相关。因此,从心理学视角对翻译学加以研究,能够更系统、全面地解析翻译现象与活动,并能够借助多个领域的研究成果进行多学科的交叉研究。本章就从心理维度下对英语翻译理论进行介绍与分析。

第一节　翻译心理学

翻译是人类古老的文明活动,是文化的产物。中国的翻译活动最早是从 3000 年前的周朝开始的,而西方的翻译历史开始于公元前 3 世纪。部落与部落之间要想进行往来、先民之间互通贸易,必须通过翻译来完成,这也是各国间历史、文学、艺术等能够传播与交流的关键。可以说,翻译对维护世界的和平与发展意义巨大。如果没有翻译,那么即便有伟大的成果与思想,也是徒劳的。

翻译不仅仅是人类得以生存的甘泉,还是人类传播精神与思想的一束阳光。通过开展翻译活动,各个民族才能摆脱故步自封的限制,扩大视野,增进彼此的交流与借鉴。同时,由翻译带来的世界文明成果与本国文明交汇,实现世界的和平共处与繁荣发展,其对不同文化人群心理的形成

第五章　心理维度下的英语翻译理论

也意义巨大。当然,在这之中,文化心理学发挥了不可小觑的作用,其使得翻译研究更加深入。

从本质上说,翻译一个复杂的思维、心理、生理过程,其是使得人们具备高级思维行为与能力的助推器。当然,这种思维活动跨越了语言与文化,是非常复杂与多变的,因此要想对翻译行为进行研究,必须将思维科学引入进去,即神经语言学、脑科学、符号学等多学科。

翻译是一门对语言进行运用的艺术。随着人类社会的进步与发展,人类语言更为细微与复杂,主要表现在结构与语汇数量上。因此,要想实现语际的纯熟应用,就必须掌握高超的技巧,且只有有了人类的灵感、动机等心理活动的参与才能真正实现。

除此之外,翻译是不同个人或群体间为了理解与沟通,借助语言进行交际与互动的行为,其功能决定了翻译在社会中的地位和作用。这也就凸显了翻译的社会性。翻译对社会群体行为、社会意识形态形成意义巨大,而翻译语言的运用也会受到不同地域、不同时期的制约。因此,社会语言学、社会心理学的原理也可适用于对翻译的研究,尤其是对其功用与目的的研究。

一、翻译心理学的研究对象

（一）翻译的文化心理

翻译心理学与文化心理学有着密切的关系。具体来说,翻译心理学是基于文化心理学的理论建构起来的。从本质上讲,文化与心理是相互依赖的关系,文化是人们用心理建构的图景,在心理建构的过程中,文化也会被建构。简单来说,依赖于自己的心理,人类才能去改造世界,同时人类改造世界的实践活动又赋予世界一个崭新的图景,使世界更富有文化,这时人们往往会从自身的文化规范出发,对自己的行为加以规范。作为本土文化的承载者,译者对原作的解读往往是从自身的文化语境出发的,他们对原作的理解往往不可避免地会将自身的文化因素注入进去,这样就容易导致原作文化信息的丢失。因此,文化心理学就对其展开研究,尤其是对人的文化行为与心理。其中,所谓文化行为与心理,即基于一定的语境对一定的文化刺激做出的规约反应,也可以说是一种解释或行为模式。

如前所述,由于译者对原作的解释是从自身的文化语境出发的,因此对于同一原文,不同的译者所赋予的意义完全有可能不同。这就要求翻译心理学要侧重研究或解释翻译中的文化丢失现象,并分析具体的原因及何种情况下发生。

从文化心理学的视角来看,翻译心理学主要对翻译过程中的文化因素如何影响译者展开研究。具体来说,就是对误译问题的分析。而误译与翻译的忠实性原则是相悖的,虽然在翻译中不可避免。也就是说,即便是再具有高超能力的译者,也不可避免地会出现误译情况。对于这种误译情况,翻译心理学认为可以划分为有意误译与无意误译。前者是为了迎合本族文化,对原作的文学形象、语言表达方式等进行大幅度的改变,具体可以从广义与狭义两方面来理解,广义上的有意误译就是对原作进行改写与删减,如欠额翻译、超额翻译等;狭义上的有意误译即运用其他词语而不是现成的对应词语进行的翻译。后者主要是指译者的疏忽或者对文化因素不了解而造成的错误翻译,这并不是翻译心理学研究的内容。

(二)翻译的认知心理

1. 翻译心理学与认知神经科学

翻译心理学与认知神经科学密切相关。认知神经科学诞生于20世纪90年代,是一门边缘性的学科,其是认知科学与神经科学相结合的一门学科。认知神经科学目的在于将人类认知活动的脑机制揭示出来,即阐明人类大脑是如何对各个层次的分子、细胞等进行调用的,以及全脑是如何实现自己的认知活动的。

通过与认知心理学的实验设计相结合,认知神经科学对大脑结构与功能展开了深入的研究。神经成像技术就是其中一个典型的技术,即通过生理属性研究,对大脑活动区域进行测定。换句话说,当大脑的一个区域活动逐渐增加,那么这一区域的含氧量、大脑供血也会相应增加。这项技术被广泛用于对人的语言与记忆系统的研究。

20世纪90年代,认知神经科学开始对译者与双语者展开研究,主要侧重于译者与双语者的双语表征、切换机制、翻译神经机制等,因此认知神经科学为翻译认知心理学的发展产生了重要影响。

2. 翻译心理学与心理语言学

心理语言学是心理学与语言学的交叉学科,其以言语产生与理解、语言习得作为主要的研究对象。如果言语理解是为了对语言解码,那么言语产生就是对语言进行编码。而翻译是一种在语言媒介基础上产生的心理活动,翻译理解就等同于言语理解,翻译表达就等同于言语产生。因此,心理语言学的研究为翻译心理学甚至是翻译认知心理学的诞生与发展奠

第五章　心理维度下的英语翻译理论

定了基础。

但是,心理语言学并不与翻译心理学/翻译认知心理学等同,因为心理语言学中的"言语"指代的是第一语言,就是我们所谓的母语,因此心理语言学中的言语理解与产生、言语习得都是针对第一语言(母语)来说的。相比之下,翻译是两种语言的转换,且两种语言分属于不同的语言系统,因此翻译中的理解与产生就是根据不同的媒介而建立起来的。

具体而言,翻译具有方向性,其包含两种:一种是正向翻译,另一种是逆向翻译。二者的言语编码的编码机制是完全不同的。翻译心理学更加关注译者如何将源语的外部言语转化成源语的内部言语,再将源语的内部言语转化成译语的外部言语。另外,翻译心理学还是心理语言学的拓展,其是译者展开的跨语言的心理活动。

总之,从认知心理学与心理语言学角度来说,翻译心理学对语言与思维的关系、译者双语思维加工模式、心理词汇组织与提取模型等进行重点研究。有的学者还指出,在翻译过程中,译者一般会采用两种加工模式:一种是横向加工;另一种是纵向加工。从译者的双语心理词汇提取模式来说,译者大脑中一般也会存在两种提取模式:一种是静态提取模式;另一种是动态提取模式。前者指的是译者从静态词库中对与源语词汇等同价值的译语词汇进行提取。后者指的是译者考虑语境的因素,从译语心理词库中对适合源语文化或译语文化语境的词汇进行提取。

(三)翻译的审美心理

审美心理学主要对审美经验进行研究,这也是研究的核心。所谓审美经验,是指当人们欣赏艺术品、自然等美的东西时,产生的一种愉快的心理体验。简单来说,审美心理学就是对人类审美过程中产生的心理活动规律进行研究的一门科学。一般来说,其中的审美主要是美感的产生以及对美感的体验,而心理活动指的是审美主体自身的感知、情感与想象。

美感包含审美感知、审美情感、审美想象。从广义上讲,审美心理学与心理美学是等同的关系;从狭义上讲,审美心理学与文艺心理学是等同的。因此,审美心理学还需要对人类从事的各项艺术以及在开展艺术活动时产生的各种心理特征等展开研究与说明。同时,审美的心理过程就是审美主体的逐渐外射与移动的过程,因此在进行审美时,人们会将自身的情感转移于审美客体上,然后再对审美客体进行欣赏。

翻译不仅仅是一种认知心理活动,还是一种审美心理活动,因此翻译与审美心理学密切相关。如前所述,译者的审美过程有感知、情感与想象这些要素,那么翻译中的审美主要是在审美创造活动中,译者能够敏锐、直接地捕捉客观对象,对客观对象进行特殊的认知的能力。

但是需要指明的一点是,在翻译过程中,审美感知非常重要,但除了审美感知,译者的移情也是不可或缺的,即译者将自身的情感移入作品中,注入原作没有的东西。当然,这种移入的过程也是为了更好地彰显原作,是为了与原作的情感相契合。

二、翻译心理学的未来发展

翻译心理学通过应用心理学部分科学原理的辅助,对无法定量、确定的语言交流行为进行解释,揭示出人类与语言相关的、无形的智慧活动,以构建一个相对科学的翻译学分制,促进我国翻译学的进步与发展。

英国著名的哲学家约翰·洛克(John Locke)在他的《人类理解论》一书中,对人类的心理活动展开研究,之后学者戴维·休姆(David Hume)在《人类理解研究》一书中,对人类的观念与思想进行研究,再后来美国心理学家威廉·詹姆斯(William James)在《心理学原理》一书中阐释与研究心理学的功能主义层面,这些都为心理学相关研究奠定了基础,也创新了视角,是心理学相关领域研究不可获取的源泉。

文化心理学家、人类学家也在不断做出尝试与努力,从狭义与广义两大层面对自身的"意义"进行解读。随着科技的发展与进步,人类对思维活动的探索逐渐成为翻译研究的根基,而随着应用心理学新理论的融入,翻译研究者们又不断开拓视角,使得翻译心理学的研究呈现更多新的研究成果。

(一)翻译心理学未来的研究思路

通过社会心理学、文化心理学等学科的辅助,翻译心理学对翻译现象与翻译活动进行宏观关照,总结出在某一时期产生的文化心理及具体特征,以及这些文化心理对翻译造成的影响。并通过认知心理学、普通心理学的辅助,翻译心理学对翻译过程、翻译行为作微观关照,从而探求译者在具体的翻译实践中所呈现的心理特征。

但是不得不说,虽然具体的翻译过程与翻译行为是个性化的,但是也会受到群体的影响和制约,不可脱离社会而存在。而翻译原理与现象虽然是广义层面的研究,但是其中也掺杂一些个体行为,即也会蕴含个体的特质,因此要想对翻译各种现象展开整体的讨论,就必须从宏观与微观多个层面展开探讨。

第五章 心理维度下的英语翻译理论

翻译心理学的研究思路是将应用心理学作为依托,并提出了一些翻译学的新的看法,目的是将翻译心理学视作一门交叉学科,从其他学科中汲取精华,对翻译心理学展开更深层次、更细微的探究,以挖掘出翻译本质与规律。

(二)翻译心理学未来的研究任务

1. 研究翻译思维

关于翻译与思维的关系、翻译思维的运行机制等内容已经在前面章节做了探讨,这里论述的主要是其他层面。

(1)思维的普遍性

语言符号具有任意性与约定俗成性,语言的这些特性使得不同的人群在交流思想时产生障碍,但是人们面对的客观世界是同一的,人脑共同的物质构造使得思维具有了全人类的特征,因此虽然人们所处的时空不同,但人们对客观世界本质的认识是相同的。这就是思维的普遍性,也是语言能够转化的重要条件。

在人类众多的思维中,翻译思维也是其重要的组成部分,通过人类普遍思维机制的辅助,翻译研究有了客观的基础,且是作为深层基础呈现的,对翻译思维的研究有助于人们探究翻译语言层面转换的问题。因此,虽然翻译思维的研究由于神经学、心理学等学科的局限,导致起步要比其他翻译研究晚,但是非常可行。

(2)思维是翻译过程的本质

在翻译研究的所有范畴中,对翻译本质过程的研究是众多学者都关注的层面。众所周知,翻译不仅仅是一个作品,而是一个复杂的过程。苏联翻译理论家巴尔胡达罗夫在《语言与翻译》一书中指出,将翻译理解为两种语言的转换包含如下两层含义。

其一,呈现译作,即经过一定的思维过程的结果。

其二,一种行为,且能够产生译作这一结果。

那么,到底翻译是一个怎样的过程呢?就表面上说,翻译源于语言,以另一种语言结束,这样看似就是转换。但是,从深层上说,这些转换是在译者大脑的指挥下产生的。就个体而言,译者的思维方式、知识结构等会对翻译结果产生直接的影响,对于同一部作品的翻译,不同的译者所呈现的作品的风格也会不同。就整体而言,无论是对何种作品进行翻译,译者的思维是语言得以转换的保障,并且由于大脑具备共同物质基础,因此这些思维往往具备共性。这就表明,翻译的过程实际上属于思维的过程,并且是与其他任何语言思维活动相区别的一种思维过程。可以说,无论是从跨文化交际学来说,还是从语言学上来说,思维过程可以看成是翻译过程的本质与核心。

(3)翻译思维在研究中的重要地位

在众多学者建构的翻译学理论框架中,翻译思维都占据重要地位,即作为翻译活动的本质与基础呈现在人们的视野中。例如,刘宓庆(1999)将翻译思维置于翻译基础理论中;董史良(1988)认为,作为人脑的思维活动,翻译离不开思维,如果离开了思维,那么就称不上翻译了。因此,从思维科学的角度看,翻译研究的一个重要途径就是思维,这也是最基础的层次。

如前所述,译者思维机制在翻译中起着本质性作用。人的大脑如何进行两种语言的转化看似非常浅显,是合乎常识的,实际上是一个非常复杂深奥的东西,也是翻译学研究中不可或缺的东西。

(4)语言符号对翻译思维研究的作用

事实上,人类的思维过程是语言与思维间的转换,即人脑中语言符号的编译机制发生的作用。在人类的多元符号系统中,语言符号是最复杂、最常见的。在对翻译思维研究中,这些语言符号起着如下两点作用。

其一,对于翻译思维而言,语言符号是其重要的工具与材料。人类之所以能够进行思维,主要是因为语言符号的存在,正在进行的思维就是语言符号的操作活动。人们以思维为前提得出结论,实际上就是一种符号的转换与再生。当然,翻译思维也是如此,当语言符号通过听神经、视神经等传送到大脑后,大脑的某个部位会对这些语言符号进行加工与处理,将这些符号转换成大脑思维可用的材料。借助这种符号手段,人们才能进行编码与解码。

但是,翻译思维要比其他思维更为复杂与特别,因为在从源语创作到译语表达中,要经过两次符号转换,即首先将源语符号传入大脑进行编码,再经过思维加工之后转换成译语符号表达输出。如果源语文本也是翻译过来的,那么这个原始文本的语言符号转换过程就不止两次了。

其二,语言符号也是翻译思维的具体化与外在表现,二者是统一的。作为语际转换的过程,翻译首先需要考虑的就是语言问题,且语言符号的角色非常活跃。语言是思维的外在表现,英汉语言符号转换就是翻译思维的外在表现。

(5)翻译思维研究的成果

当今,思维科学是一门新兴科学,在我国仅有三四十年的历史,如果要从美国认知科学的兴起来算,也仅有六十年的历史。同时,语言与思维

第五章　心理维度下的英语翻译理论

的关系并没有固定的结论,翻译思维科学的研究也比较晚。

总之,目前我国对翻译思维的研究主要呈现如下几方面成果。

其一,在翻译学理论框架中融入翻译思维,并确立翻译思维在翻译学研究中的重要地位。

其二,认识到翻译思维研究需要与其他学科相结合,属于一门跨学科研究。

其三,确立翻译是信息转换的过程,而大脑在信息处理过程中起重要作用。

其四,总结翻译思维中包含的三个方法,即感知思维、形象思维、抽象思维。

(6)翻译思维研究的进步空间

对翻译思维的研究还有很大的进步空间,还需要进一步的思考。

其一,在翻译思维层面,需要更加细致地对翻译思维内在机制进行挖掘,并提出一套模式与方法,同时运用双语符号转换,对翻译思维机制的作用进行合理的验证。

其二,在语言符号转换层面,试图将符号学与翻译转换两大理论结合起来,从句法、语义、语用三个角度出发,对字、词等展开探讨,并基于符号学提出语言符号转换的四大模式。这四种模式在第三章已经有了具体探讨,这里就不在多加赘述。

2. 读者集体心理与翻译活动的关系

进入20世纪80年代,翻译研究向多学科的方向发展,通过人类学、心理学等学科理论的辅助,从而开拓了翻译研究的新思路。同时,新兴的文化学派、功能学派等日益重视读者在翻译中的地位与作用。

虽然国内外学者对翻译学与心理学结合的研究已经很关注,也将读者的意义纳入研究之中,但对于翻译活动与译者读者心理的作用问题,其研究至今还没有形成一个典型的体系。

(1)探讨读者集体意识和翻译的关系的意义

翻译活动不仅是语言交流的媒介,还是不同文化建构的媒介。换句话说,翻译对读者大众文化心理的建构意义非凡。同时,作为文化的一种体现,读者的心理也在一定程度上对翻译活动起着促进作用。从不同国家历史的发展中可以看出,重要的文化发展都与翻译有着密切的关系。从宏观上看,探讨翻译与读者的心理之间的关系也意义巨大,具体可以从如下几点理解。

其一,文化心理学、文艺心理学理论指导下的翻译活动对翻译研究领域予以扩充,并提供了新的研究方法。

其二，从宏观角度对翻译活动与过程进行梳理，可以避免微观角度上翻译研究的片面性。

其三，对翻译活动与读者心理关系的研究意义巨大，可以根据二者的关系对源语文本进行有效选择，从而翻译出与大众读者心理需要相符的译作，当大众获得了自己心仪的作品，会不断提升整个民族的心理水平。

（2）文化和心理的联系

文化心理学是应用心理学的一个重要分支，其认为文化与心理有着十分密切的关系。文化心理学是基于文化学、心理学等相关学科建立起来的，具有跨学科的性质。文化心理学也对符号与心理的关系进行研究，探讨文化符号在心理发展中所产生的作用与意义。文化心理学研究的主要问题在于心理如何对文化产生影响，以及文化如何对心理加以塑造。

著名学者荣格提出了集体无意识理论，这一理论可以用于翻译文学作品中产生的集体意识的分析与探讨。所谓集体无意识，指对个人经历收集与整理，其方式与该群体中每一位成员的方式呈现一致的特点。在荣格看来，集体无意识是由原型构成的，其不直接在意识中加以体现，而是为某种心理内容划定具体的范畴。①换句话说，集体无意识是不构成体系的，是杂乱的状态，间接在意识中得以体现。从荣格的理论中可以看出，集体无意识属于人类心理的一个重要组成部分，其不同于个体无意识下对个体经验的依赖，因此不属于一个人的心理财富。

个体无意识主要是从那些曾经被意识到的，但是经过一段时间而被遗忘之后，从意识中消失的内容构成。集体无意识的内容并不在意识中呈现，因此并不为某个个体所单独拥有。简单来说，个体无意识之所以存在，是因为遗传的存在。因此，个体无意识的内容与"情结"有着密切的关系，而集体无意识的内容主要与"原型"有关系。集体无意识的现实表现形式就是集体意识，是对某一种或者某一类行为的认同与接受，且这种结构是无条件的或者自然而然的接受。

3. 翻译实证类型研究

对于翻译心理学来说，实证类型研究也是非常重要的一个研究层面。由于翻译文本的目的、功能等往往是不同的，翻译实证往往有各种形态与类别，且每一种类别都会受到应用功能心理学的影响与制约而产生一些共性特征。从应用心理学出发分析与判断这些共性特征，有助于准确地展开翻译。

---

① 陈浩东. 翻译心理学[M]. 北京：北京大学出版社，2013：24.

第五章　心理维度下的英语翻译理论

在翻译实证类型研究中,误译现象是非常常见的,对于翻译中的误译现象,可以从普通心理学、文化心理学等视角进行研究,从而获取让人能够相信的结果。由于译者与读者处于不同文化背景或不同时代,因此他们不可能以完全相同的心态对不同文化背景与时代的文学作品进行传递与接受。如果对译作进行改动,就会认为是误译,然后将这些错误归结到译者对原作的理解不当或者自身修养不足。

当然,很多误译情况的确有这些方面的原因,但是并不是所有错误都是由这些原因造成的,有可能是译者出于某些原因而采用了一些并不适合该译作的翻译策略,导致无意识犯下错误。虽然人们认为翻译应该保证忠实、准确,但是误译情况仍旧很多。这是因为,很多语言文字文化有着悠久的历史,且随时历史的发展也在不断发生改变,因此与原作不是同一个时代或者不是同一种文化的读者,很难对另外一种文化中每一个字词得以准确的把握。除了那些不负责任的译者出现的误译情况外,很多译者的无意识的误译情况是值得研究的,也是极具研究意义的。因为这些无意识的误译情况生动地展现了不同文化背景或不同时代的摩擦,反映的是文化交流过程中的误读情况。

从译入语文化心理的角度对误译现象进行分析与考察,从而探究误译现象出现的根源,并且更好地解析中西方文化差异及差异对翻译的影响。在人类生活中,人们面对同一自然因素,中西方的人可能会有相同或相似的感受,也可能会有差异的感受,这都是由于文化心理因素导致的。因此,文化心理因素也会引起误译情况。

总而言之,翻译心理学这门学科具有跨学科的性质。国内外学者对其的研究还未成体系,还需要进一步的研究与探讨。学者们需要加强翻译学与心理学之间的合作,展开大范围的实证研究,从而推进翻译心理学研究的进步与发展。

第二节　译者翻译心理研究

如前所述,翻译活动是一项复杂的智力活动,无论是翻译成何种语言,也不管是何时何地展开翻译,亘古不变的一条就是:翻译是一种交流活动,也是人类所独有的,主体始终归结于人。随着智能化技术的发展,机器翻译逐渐崭露头角,但就目前的发展情况来说,电脑很难替代人脑。可见,用人脑翻译的地位还是非常重要的。但长期以来,译者并没有获得与作者同等重要的地位,译者往往并未受到学者的重视,也未得到肯定与评价。但是,译者的重要性是不能忽视的,作为一个有个性与思想的人,他的心理因素会直接影响翻译。因此,对译者的心理研究也非常重要。译者的意志、兴趣等会在翻译活动中打上烙印,影响着翻译动机与翻译过程,最终左右翻译结果。在之前的研究中,翻译语言学派与翻译文艺学派仅关注翻译的具体方法,并未探讨译者这一翻译主体的作用。但是随着研究的深入以及人本主义思潮的融入,译者的作用凸显出来,译者翻译心理的研究也成为人们研究的重点话题之一。因此,本节就对译者翻译心理展开探讨。

一、中国译者的翻译心理研究

(一)翻译理论研究的语言学与文艺心理学途径

翻译理论研究中两个最大研究途径是语言学途径和文学途径,这两种途径分别形成了语言学派的翻译理论和文艺学派的翻译理论。

1. 语言学途径

语言学派对翻译进行研究主要是从语言学理论出发的,但是其会给人造成误导,即认为只要学好了语言学,那么就必然可以翻译出好的作品。语言学派的翻译理论将艺术事实还原成语言事实,注重源语与译语在语言层面上的等值,忽视了译者的心理活动。

另外,语言学派将翻译视作一门科学,这门科学集中对语言差异、语言形式转换进行分析,目的是最大限度地实现翻译对等,但是其并未考虑翻译动机、文化差异等问题。在语言学派看来,机器翻译能够代替人工翻译,但是事实并不是这样的,因此语言学派的翻译理论研究实际上走入了一个死胡同。

2. 文艺心理学途径

在翻译理论研究中,语言学派与文艺学派的研究占据了较长的历史,且难分高下。很多翻译理论家就翻译是科学的还是艺术的这一问题展开了长期的争论。随着科技的迅猛发展,自然科学与社会科学两大学科交叉,内部的各个学科也出现交叉的情况,而心理学与翻译就是其中的一个表现。20世纪以来,心理学的研究成果突飞猛进,并与其他学科交叉进行研究,翻译理论家也将研究视角转向心理学领域。

在对译者个体心理的研究中,文艺心理学派首当其冲。1908年,著

第五章　心理维度下的英语翻译理论

名的心理学家弗洛伊德(Sigmund Freud)发表了《创作家与白日梦》一书,自此文艺心理学得到众多学者的接受与认可。在该文中,弗洛伊德阐释了创作者在创作作品时的灵感来源。弗洛伊德的理论可以用于对作家的创作动机的分析,也可以用于对译者的分析,因为译者的工作几乎与创作者是接近的。

文艺心理学派的翻译理论主要对译者的心理进行研究,但大多仅限于对译者经验的论述上,因此还是有着某些局限性的。

(二)国内有关译者心理研究的观点

关于译者的地位问题,翻译文艺派内部各位学者也持有不同的观点。杨武能(1998)通过自身的翻译实践,对译者的翻译心理活动进行了分析,并指出文学翻译活动是一种艺术再创作的活动,其不仅是语言信息、语言形式的转换,还意味着一种限制,且限制与创造本身就是矛盾的。在这种矛盾中,译者需要不断地自我张扬与否定,从而才能达到彼此的协调,避免出现"一仆二主"的情况。在杨武能看来,译者应该置于作者与原作、译作与读者中间,且只有认识自己在创作中所形成的心理规律,才能获得创造的乐趣,才能创作出自由的作品。杨武能将翻译过程划分为两个阶段:一是理解,二是表达,这两大阶段会贯穿译者的判断与选择,因此文学翻译就是译者判断与选择的艺术。同时,他还阐释了译者所存在的社会心理,认为译者应该提升自身的文学修养,要努力克服社会对译者产生的各种偏见,努力树立自身的形象,这样才能真正地实现平衡。

颜林海(2015)主张从学科建设上对译者的心理活动加以系统的科学研究,即建立翻译心理学。

二、西方译者的翻译心理研究

(一)翻译认知过程研究的理论基础

认知心理学的核心在于信息加工,其主要是对注意、感知觉等展开研究。认知心理学将大脑与计算机加工系统作对比,并指出大脑就相当于计算机的 CPU。

贝尔认为,"翻译过程论"主要是运用认知心理学、认知语言学等对知觉、记忆等展开研究和探讨。他否定了杜布瓦(Dubois)的"完全等值"概念。他指出,语言中涉及不同的符号,且符号的不同规则构成语言不同的形式。

贝尔对翻译过程的研究是基于信息论的,他认为翻译是一种交际。对于这一观点,他运用斯坦纳(Steiner)的话来验证,即意义往往或纵或横地在某一个层面上发生转移,或纵或横指的是意义具有多重性,但任何交际都只能对部分意义进行传达,有些意义会在传达的过程中被舍弃或者损失掉。当然,到底是取舍纵还是取舍横,这要看译者自身的选择。因此,在翻译活动中,译者的心理活动及大脑活动起着关键的作用。

(二)翻译认知过程研究的主要内容

1. 翻译策略

洛舍认为,要想反映翻译策略的本质,描述式的研究方法是必不可少的,通过对译者认知心理活动的观察与分析,他将翻译策略定义为:译者为了解决翻译中出现的问题而采用的一系列步骤,既然是步骤,那么必然存在起点与终点。在这一过程中,译者的心理活动可以视作翻译策略的要素。这些要素构成翻译的分析模型。一般来说,当译者遇到翻译问题时,不一定立即找到解决方法,往往需要从大脑记忆中进行搜索,对大脑中的相关信息进行激活,从而找到临时的方法,并进行优化,以达到最佳。

洛舍认为,翻译策略可以由以下多个要素组成,如图5-1所示。

在乔姆斯基理论的影响下,洛舍还将翻译策略的要素组合成三类结构模式,即基本结构、扩展结构与复杂结构。其中,扩展结构是在基本结构的基础上增加一个或一个以上的策略;复杂结构是由几个基本结构构成的,或者由几个扩展结构组成。

2. 翻译单位

长期以来,对于翻译单位的探讨都是基于语言学理论来论述的,如将翻译单位定义为源语向译语转码过程中所涉及的语言层面。

苏联语言学派翻译理论家巴尔胡达罗夫(Barkhudarov)这样定义翻译单位:在目的语中存在与源语对等的最小的单位。但同时指出,翻译中的音素、词、句子等都可能是翻译单位,单位过小,往往导致直译;单位过大,往往导致意译。与语言学派的研究路径不同,翻译认知研究者侧重从记忆加工取向层面对翻译单位展开研究和探讨。

有的学者指出,翻译单位即注意力单位。指译者的无标记处理活动因为受到注意力的转移影响而中断的那部分语段。其中的无标记处理即译者能够在试验中流利地说出大脑所思考的内容。而有标记处理与之相反,指译者从发现问题到解决问题中大脑中所形成的思维活动。

第五章 心理维度下的英语翻译理论

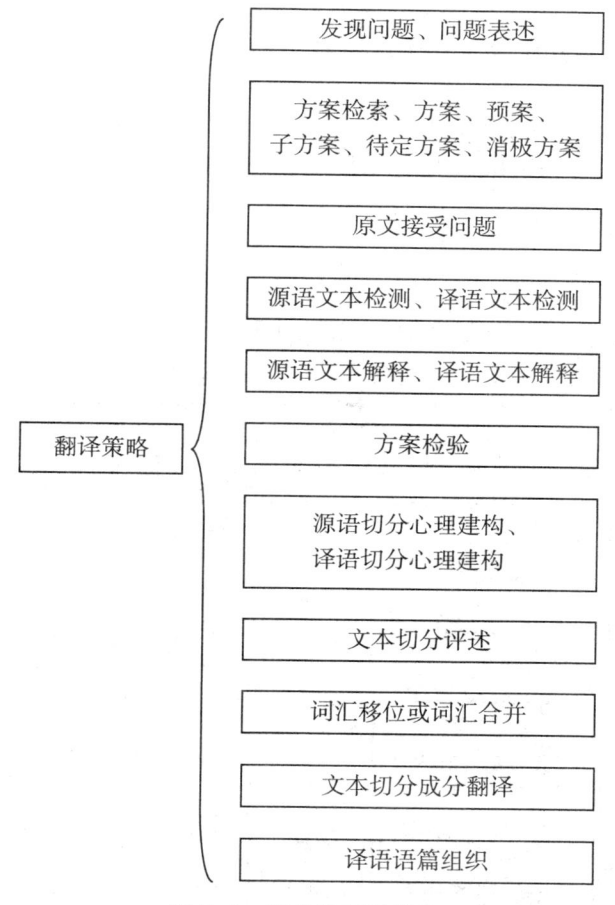

图 5-1 洛舍的翻译策略

（资料来源：颜林海，2015）

当然，翻译单位可能是大的，也可能是小的，但是无论大小，其都因人而异。

第三节 翻译心理学的运行模式

翻译是一项思维活动，也是一种认知心理活动与审美心理活动，因此翻译心理学的运行模式要将思维、认知、审美都考虑进去。翻译心理学中的思维模式已经在前面章节有详细的探讨，这里仅从认知与审美两个层面进行分析。

一、翻译认知心理学的运行模式

翻译认知心理学的运行模式非常复杂,是一个加工系统,其不仅具有单语加工模式的特征,还具有双语加工模式的特征。下面主要从两大层面进行分析。

(一)翻译信息加工系统

如前所述,翻译认知心理学将信息加工过程比作计算机信息加工过程,因此翻译信息加工模式可以用图5-2的翻译认知加工模型来描述。

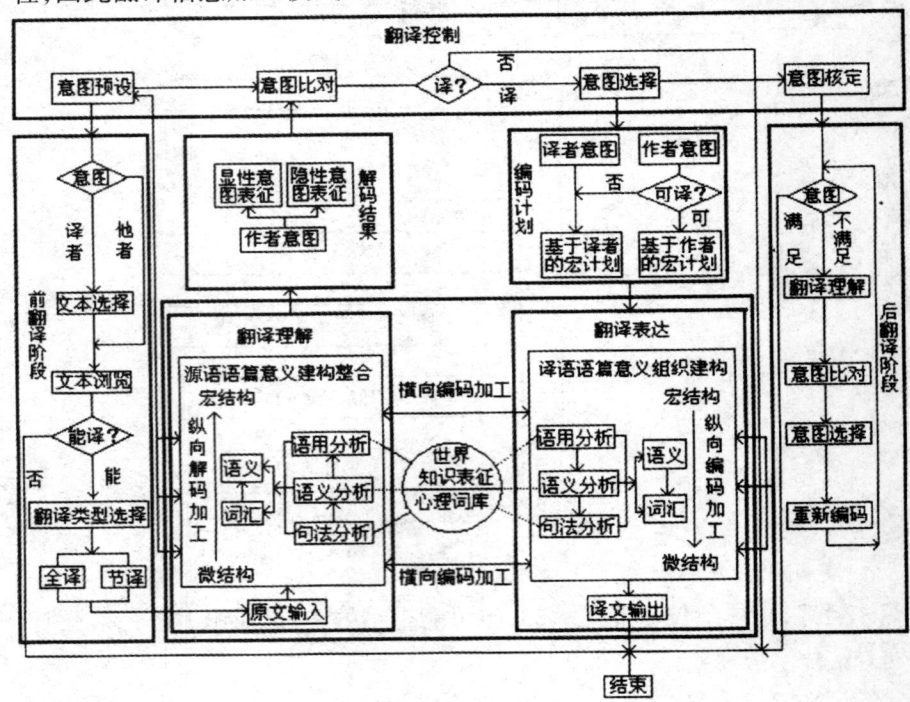

图 5-2 认知加工模式

(资料来源:颜林海,2015)

对图5-2进行分析,可以将翻译过程划分为三个阶段:前翻译阶段、语码转换阶段、后翻译阶段。这三大阶段都是根据信息加工模式来对信息进行加工,但是各自所承担的任务是不同的。

第五章 心理维度下的英语翻译理论

（二）翻译图式加工模式

翻译理解与表达都与译者的固有知识有关，而固有知识往往以图式的形式在人的大脑中存在，如同网络一般，相互包含与缠绕。因此，翻译过程就是大脑图式进行加工的过程。

1. 翻译理解中的图式加工

基于图式理论，译者的理解是作者、作品、译者相互发生作用的结果，译者如果想与文本进行互动，需要在内容图式、语言图式等层面与文本共通。语言图式是译者的基础部分，是其他图式的外在表现。译者如果想与作者进行互动，语言图式是必不可少的。具体来说，如果没有语言图式的存在，译者即便有丰富的内容图式等其他图式，也很难完成与作者的互动与沟通，如图 5-3 所示。

图 5-3 缺乏语言图式的翻译理解

（资料来源：颜林海，2015）

这主要有两大原因。

其一，译者与作者之间不仅没有共同的语言图式，还没有内容图式等。

其二，译者与作者有内容图式，但是没有共享语言图式。

无论是上述哪一个原因，都不能使译者与作者建立互动与沟通，也就无法进行自上而下或者自下而上的加工。

完美的理解应是译者和作者/文本在三种图式上完全重叠，如图 5-4 所示。

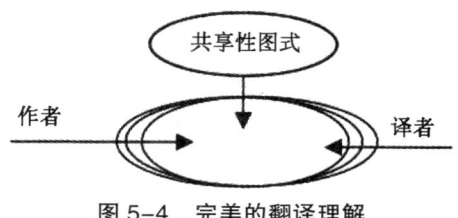

图 5-4 完美的翻译理解

（资料来源：颜林海，2015）

由于在理解过程中，译者与作者是一种互动过程，因此完全重叠只是一种理想。绝大多数情况如图 5-5 所示。

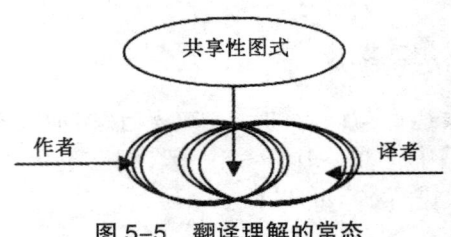

图 5-5　翻译理解的常态

（资料来源：颜林海，2015）

实际上，从某种程度而言，译者的任何理解都与作者/文本存在或多或少的出入，因此在翻译时，译文也是存在内容的伸缩性的。

2. 翻译表达中的图式加工

在翻译表达中，译者需要根据自己对原作的理解获取信息，并通过译入语进行表达。翻译中的表达与写作并不相同，其不仅需要译者对原作的表达意图进行考量，还需要译者了解译语的表达形式与读者的接受程度。而写作只需要将自己的想法表达出来即可。具体而言，译者需要解决如下问题。

其一，译者是否具备能够对某一命题进行表达的词汇量。

其二，译者是否具备充足的句法知识。

其三，译者是否能够谋篇布局。

其四，译者是否能够获取与主题相关的信息。

这些信息都是以图式的形式在译者的记忆中存在的，如同网络一样，但是网络中的图式可能是大的，也可能是小的，包罗万象且相互关联。

具体来说，在翻译表达中，如果输入信息与译者大脑中的记忆是一致的，那么译者就会很自然地表达出来；如果是不一致的，译者需要从大脑中抽取与之相关的记忆，然后进行重组，构成新的图式，得出最佳的结果。

二、翻译审美心理学的运行模式

翻译审美心理学的运行模式主要可以从三个阶段来分析。

（一）原文意图分析

无论是说话，还是写作，都是人们在某些意图的驱使下产生的言语行为，因此通过分析这些言语行为，就可以获得发话人或写作者的意图。从写作的角度来看，写作者的意图不同，对字、词的选择与篇章设置也会不同。从赏析的角度来看，通过字、词、篇章等可以分析出发话人或写作者

第五章　心理维度下的英语翻译理论

的意图。

在整个翻译过程中,意图有着非常重要的地位,因为意图对行为起着决定性作用。一般来说,意图划分为两种。

（1）预设性翻译意图,即在进行翻译时,受他人约定或自身爱好影响而产生的意图。

（2）操作性翻译意图,即译者根据前面一种意图而设定的意图。

一般来说,在翻译时,译者应该将作者的意图作为自己的意图,但实际上译者往往是将作者意图与自身意图相结合。因此,意图的解读与再现显得尤为重要。

在翻译过程中,译者不仅要做到"设身处地",还要做到"字斟句酌"。"设身处地"有如下三重含义。

（1）将自己想象成作者来探讨为何这样写。

（2）将自己想象成作品中的人物来体验他们所经历的事情。

（3）将自己想象成译语读者,来体验他们是否能够了解写作的意图。

（二）理解与翻译阶段

翻译过程是一个理解和表达相互交织的过程。

（1）理解即顺着条理与脉络来分析。

（2）表达即将头脑中的画面进行符号化转化。

（3）相互交织即理解和表达在源语和译语中交替出现。

（三）后翻译阶段

后翻译阶段指从审美意图出发,对翻译表达能够再现原作审美信息进行核定。无论是在翻译过程中还是翻译完成后,译者都需要调用自身的意图对作品进行核定。如果译语表达不准确或者与自身设定的意图计划相违背,那么他们就需要再次进行润饰与加工,直到满足自身的意图计划,也只有这样才能算作翻译的完成。

第六章 心理维度下的英语翻译审美解读与表达

翻译审美解读是为了获取作者及其文本所承载的审美意图和审美属性。而翻译审美表达是译者在一定的审美意图的控制下用译语将源语文本的审美意图和审美属性再现出来。那么，翻译审美解读与表达的心理机制是怎样的呢？熟悉了翻译审美解读和表达的心理机制，接下来就要转向具体的操作问题，即翻译审美解读和表达的过程。为此，本章就在探讨翻译审美解读与表达的心理机制基础上，详细研究翻译审美中解读与表达的具体过程，具体包括对音、字、句、篇的解读和表达。

第一节 翻译审美解读与表达的心理机制

一、翻译审美解读的心理机制

翻译审美解读的过程是"译者在审美意图控制下对原文文本进行'观''悟''品'的审美过程"[1]。

在审美解读过程中，要审出文本的审美属性，译者需要做到以下几点。

译者首先应摒除杂念，保持内心虚静，审美需要无功利的审美心境，从而快速地直观到文本的审美属性（妙悟）。

同时，译者应充分发挥想象力（神思），达到神与物游、思与境活的境界。要达到这一境界，译者还需要设法调动自己内在的情感（入情），将自己置身于作者或人物之境地，从而实现缘境探情。

除此之外，要透彻解读原文文本的内容，相对于"外形"，译者还应对原文进行知人论世和附辞会义式的理性分析，也就是"品"。

可见，翻译审美解读的本质就是译者通过"观"—"悟"—"品"文

---

[1] 颜林海. 翻译审美心理学[M]. 北京：科学出版社，2015：67.

第六章　心理维度下的英语翻译审美解读与表达

本外形的审美属性,解读出文本内实的审美属性的过程。

(一)翻译审美解读中的观照

翻译解读中的审美观照指的是"译者通过眼与耳对原文承载的审美属性做出的感性反应和认识"[1]。

1. 静观

翻译解读中的静观指译者"澄怀"(即抛弃私心杂念和功利事务),虚静观原作之美的心理状态(颜林海,2015)。

在翻译解读的过程中,译者的心理活动非常复杂。译者对原作之美的观照不是在任何情况下都会发生的。译者要想观照出源语所承载的审美属性,必须保持一种审美心境。也就是说,译者只有处于"虚静"状态时,才可能发现源语的美。

需要提及的一点是,"虚静"状态并不意味着译者可以完全无所思、无所想,而是在"翻译过程中,没有任何世俗的功名利禄,只有纯净的意象世界"(欧内斯特·布莱索,2010)。

2. 神思

翻译审美解读中的"驰神运思"指的是译者将源语语言符号所表示的事物在头脑中依据时空的关系进行形象化。

译者的驰神运思有以下两点体现。[2]

(1)译者既要以语言感知理解的准确性为基础,又要以平日对事物形态及其象征意义的亲身感受作为前提。

(2)译者在解读时的情感投入,与原作的思想情感产生共鸣,在进行翻译时,译者的心灵"必须飞到遥远的历史时代,飞到遥远的异国,看到那里的人民的生活和劳动,看见他们的风俗人情,生活状况,看见他们内心的思想和秘密和他们一起为真实的生活问题喜悦、悲哀、交际、忧愁。只有当译者像原作及其同时代的读者一样感到这种历史时代的精神,和当代人民同呼吸、共命运的时候,他们才能真实地、生动地把历史生活的画面描绘出来"[3]。

(二)翻译审美解读中的体悟

翻译审美解读中的体悟是译者通过物以情观和切身体验来对美进行

---

[1] 颜林海.翻译审美心理学[M].北京:科学出版社,2015:67.
[2] 同上,第67-68页.
[3] 张今.文学翻译原理[M].开封:河南大学出版社,1987:68.

的领悟。

1. 情观

在翻译过程中,译者以"情"观原作,使译者在情感层面与作者产生共鸣,实现交融的目的,这就是翻译审美解读中的"物以情观"。正如张今(1987)所说:"从美学上讲,这就是把译者的审美经验和作者的审美经验最大限度地统一起来,深入到原作艺术环境中去。用文学家的语言来说,这就是译者和作者心神交融,合为一体,达到心灵上的契合。"[①]

对译者来说,"物以情观"是译者与作品之间产生的一种心灵交融、一种心灵体验。换言之,译者在翻译时使自己置身于所译作品中人物所处的环境中,将自己当作作品中的人物,甚至可以达到忘我的境地。

译者的"物以情观"是译者的知情意融入原作之中。

译者的知情意融入原作的过程是指译者的情绪通常会随着原作的变化而发生改变,或者是译者的知情意与原作所呈现出的知情意基本一致。对于翻译,尤其是文学翻译而言,入情是必不可少的。

茅盾曾说:"更须自己走入原作中,和书中人物一同哭,一同笑。"译者要做到"物以情观",必须"设身处地"体悟原作。

2. 设身

译者在对原文文本审美解读时,"设身而处当时之境",即翻译审美解读中的"设身处地"。

其中,"当时之境"指译者不仅应使自己置于作者所处的时代背景与创作的时代背景,而且需要使自己置于作品人物所处的典型环境。例如,若译者对莎士比亚的作品进行翻译,就应将自己"设身作莎士比亚",回到莎士比亚的时代。

译者在进行翻译时需要将自己设想为原文作者、原文文本中的人物,置自己于作者的时代、文本人物所处的环境中,从而使译文忠实地再现原文所承载的理、事、情、象,使其融会于译者的心里。

对于译者而言,"设身而处当时之境"是审美理解一个重要的方法。"翻译过程中,译者就是作者,是作者的心,想其所想;是作者的口,言其所言;是作者的眼,见其所见;是作者的手,书其所书;是作者的腿,行其所行"(欧内斯特·布莱索,2010)。

翻译解读中的审美感悟是译者对原文文本审美属性的"耳闻"(口译中)和"目睹"(笔译中)。通过"耳闻"和"目睹",译者对原文的审美属性(即

[①] 张今. 文学翻译原理[M]. 开封:河南大学出版社,1987:33.

第六章　心理维度下的英语翻译审美解读与表达

妙)形成一种快速而直观的有感而悟(悟)。"妙悟"对于翻译审美解读是不可或缺的。"妙悟"本质上是一种审美直觉心理机制。在翻译审美解读过程中,译者的直觉主要体现在"译者对原文文本的音、字、句、篇及其构成的艺术形象有一种敏感的相识认同感"[①]。

(三)翻译审美解读中的品藻

翻译审美解读中的品藻指的是译者透过源语文本音、字、句、篇所承载的审美属性,对源语文本理、事、情、象进行领会的过程。原文文本的审美属性主要涉及三个方面:原文的审美形式、审美内容及二者之间的相互关系。

1. 论世

在前翻译阶段和翻译审美解读阶段,"知人论世"要求译者要清晰地了解自己的能力,同时要求译者要了解对所译作者及其作品的相关信息。这信息主要包括以下几个方面。

(1)作者的生平、历史背景以及写作风格。
(2)所译原文的意图和风格。
(3)作品中涉及的人物、地名和事件等细节信息。

需要指出的是,译者无论怎样对作者进行知人论世,他的审美解读最后要落实到对原文文本的审美属性的解读上。

2. 附会

附会是审美表达的方法,也是审美理解的方法。强调文本的整体观和结构观是附会的核心所在。因此,在文本的整体观和结构观的关照下,译者应对原文文本进行解读。

附会作为中国传统文论中的创作原则,注重文本创作的整体观和结构观。创作是这样,审美理解也不例外。

翻译审美理解指理解原文文本在外形和内实及二者关系上的整体性和结构性。就审美理解的对象而言,译者的审美理解主要涉及以下三部分。

(1)原文文本音、字、句、篇等外形的秩序、节奏和辞格。
(2)理、事、情、象等内实的秩序、节奏和辞格。
(3)外形与内实的有机联系。

所以,附辞会义包括两个层面的内容。

---

① 颜林海.翻译审美心理学[M].北京:科学出版社,2015:69.

（1）文本外形的附辞会义。
（2）文本内实的附辞会义。

这两个层面的理解均要考虑文本的整体观和结构观,也就是"统首尾""总文理"。

总之,翻译审美解读,既要求主体在虚静的审美心境下倾情投入,也要求译者驰神运思,对作品体悟;既要求译者对作者及其作品进行知人论世的分析,也要求译者对文本在表层结构和深层结构中表现出的审美属性(即秩序、节奏和辞格)进行"附辞会义"。

翻译中的审美解读实际上是译者对原文美学属性进行寻找的过程。美学属性体现理、事、情、象和音、字、句、篇上的有机结合。就解读过程而言,译者通过对原文音、字、句、篇的审美属性来对原文的理、事、情、象加以解读。所以,解音、解字、解句和解篇是翻译审美解读的主要内容。

二、翻译审美表达的心理机制

翻译审美表达是译者在一定审美意图控制下使用译语将源语文本的审美意图与审美属性再现出来的过程。由此可见,翻译审美包括"在一定的审美意图的控制下"的审美构思和"再现原文文本的审美意图和审美属性"的审美表达。

但是,语言不同,审美意图与审美属性呈现的方式也不同。翻译审美创作过程本质上依然是"意有所指"的过程,即译者通过译语文本外形(即音字句篇)来"意有所指"源语文本内实的过程,即意—理、意—事、意—情、意—象的过程。

从翻译本体论角度来看,译者的任务应是再现原文文本所承载的审美属性。但是,在具体的翻译实践中,译者不同,其审美意图、审美标准、审美定势乃至审美方法都可能不同,所以译者在"意有所指"的过程中通常会将自己的审美理念赋予译语文本。翻译审美创作包括两个阶段,即审美构思和审美表达。

（一）审美表达过程概论

如果说翻译审美解读要化"字"为"境",即将原文文本所描写的境在译者大脑中进行呈现,那么,翻译审美表达就是要把原文呈现在大脑中的"境"用另一种语言描写出来。换言之,翻译审美解读的本质是"胸有纸中竹",而翻译审美表达则是"成竹跃纸上"。翻译审美表达就是要使原文的境象得以再现。

第六章　心理维度下的英语翻译审美解读与表达

1. 翻译审美构思

一般而言,译者在翻译审美表达前会依据审美意图拟定自己的审美标准来构思译文文本。在审美构思的过程中,译者应考虑以下问题。

(1)翻译审美意图与审美构思计划的选择性问题

翻译审美意图与审美构思计划的选择性问题是翻译审美构思需要考虑的第一个问题。在审美再现中,译者可以选择译者的意图,也可以选择作者的意图。以译者意图进行构思时,译者会在结合自己的意图基础对原文文本内容及其审美属性做出取舍。译者一般首先会选择作者的意图来设计构思计划。但是,在选择作者意图进行构思计划时,译者应当对原文文本的审美属性的可译性或可译性程度问题予以考虑。若作者意图和源语文本审美属性不可译,译者选择依据译者意图来设计构思计划。若源语文本的审美属性可译而只是出现了可译性程度问题,这时译者还是会根据作者意图来设计构思计划,且选择合适的翻译策略,使译文再现原文文本的审美属性。

(2)译语文本谋篇布局的问题

译语文本谋篇布局问题是翻译审美构思需要考虑的第二个问题。

审美意图不同,译语谋篇布局的详略也不尽相同,这是因为意图控制着谋篇布局。依据作者的意图构思计划时,译者可根据源语文本的谋篇布局进行构思,保持源语文本各要素(题材、人物、情节、场景等)完美和谐,形成统一的整体。

在译语文本外形上,谋篇布局涉及炼篇、炼句、炼字和炼音。译者通过音、字、句、篇等层面的锤炼,将译语文本外形与源语文本内实加以整合,从而形成一个和谐的整体,也就是使源语文本的审美风格得以保留。

(3)源语文本和译语文本的风格问题

翻译审美构思还要考虑源语文本和译语文本的风格问题。

作家在作品中所表现出来的格调特色即为风格。作家的风格受多种因素影响,作家的个性、思想、感情、生活知识、选择的题材、运用文学语言的习惯与特色等。所以,要理解风格,应考虑文本外形和内实所构成的和谐整体。翻译理应使作者在原文文本中体现出来的风格得以保留。

然而,在翻译审美构思中,如果以作者意图为翻译意图来设计审美构思计划,谈论保持源语文本风格问题才有必要探讨。同时,若将作者的风格仅理解为文本的语言形式,翻译则永远不可能了,自然保持源语文本风格也就无从谈起。

翻译中源语文本和译语文本的风格问题是"译语文本外形与源语文本内实所构成的整体格调特色,以及源语文本外形与内实所构成的整体格调特色是否相符的问题"[①]。

（4）再现原文文本审美属性的翻译手段问题

除了上述几个问题之外,翻译审美构思还要求译者考虑再现原文文本审美属性的翻译手段问题。

2. 审美表达策略

翻译表层编码其实是通过一系列翻译策略来实现的。虽然译者不同,采取的翻译策略也可能不同,但都离不开"译"。

"译"指可通用于任何两种语言之间的翻译策略。"译"的内容主要包括"宜""异""易""移""益""遗""刈""依"。其中"宜"和"异"既指包括其他六种策略的宏观性策略,也指与其他六种策略并行的微观性策略。微观性策略是译者用译语表达原文内容时使用的手段;宏观性策略是译者利用其他六种策略使译语达到的某种效果。

（二）翻译审美表达心理机制

1. 审美观照

（1）静观

在翻译解读时,译者应保持"虚静";翻译表达时,译者也要保持"虚静"。

具体而言,译者经过自身对源语的分析与理解,并结合自己的审美构思之后,在审美表达前所保持的一种非功利、非世俗的审美心境,是译者荡漾在"胸有成竹"的审美意境中的一种宁静的状态。

（2）神思

翻译表达要求译者进行驰神运思。正如茅盾所说:"好的翻译者一方面阅读外国文字,一方面却以本国语言进行思索和想象;只有这样才能使自己的译文摆脱原文的语法和语汇的特殊性的拘束,使译文既是纯粹的祖国语言,而又忠实地传达了原作的内容和风格。"[②]因此,译者对源语进行解读过程中,先将源语转化为一种情景或现实,再用译语再现出来。在用译语再现的过程中,译者沉浸在译语所呈现的情景或现实中,并穿梭于两种情景中,找到契合点。

[①] 颜林海. 翻译审美心理学 [M]. 北京: 科学出版社, 2015: 91.
[②] 罗新璋. 翻译论集 [M]. 北京: 商务印书馆, 1984: 513.

第六章　心理维度下的英语翻译审美解读与表达

2. 审美体悟

（1）情观

原文是作者真情实感的艺术表现形式，这种真情实感的艺术表现即为作者的审美体验。作者的审美情感是个人的情感，同时是整个人类的情感。

从本质上来看，翻译审美活动是译者对原文审美内容和审美属性的一种体验，这包括原文所呈现出来的审美情感。也就是说，译者只有充分体验到了原文蕴含的情感，才能结合审美意图将原文所蕴含的情感再现出来。需要提及的是，译者要体验原文蕴含的情感，需要与自己的审美心境达成共鸣，只有这样翻译才能算作审美翻译。

翻译作为一种审美活动，译者一般会随着情感的融入，使自己与原作人物实现认同。这一认同是以译者自己的审美态度为基础的。

翻译表达过程中，"披文入情"要求译者要像作者一样对原文蕴含的情感有一个"入情"式的领悟，又要从译语读者的角度"入情"式地选用每一个字词、设置每一个句式及布局每一个篇章，还应结合译语读者所处的时代背景对源语文本中的审美信息进行取舍，并进行适当的调整。

（2）设身

翻译表达时，译者的"设身处地"涉及以下两个层面。

"设身"做作者，即译者以作者的身份将审美内容传递给译语读者。

"设身"做读者，即译者以读者的身份，在译语意境中与作者对话、与作品中的人物对话。

由此可见，译者既要以作者的身份斟酌每一字词、句式和篇章来传递和描写特定的意境，又要以读者的身份体味译语的每一字词、句式和篇章所呈现的意境，同时要对比这两种意境。在进行对比的过程中，译者的两种身份常常会相互冲突，这使译者结合翻译的审美意图来进行取舍。

悟的最高境界是妙悟。在审美表达的过程中，妙悟是译者对所用的译语字词与源语字词之间在匹配性上的一种直觉性的领悟。这种妙悟与译者对源语和译语的修养有很大的联系。

3. 审美品藻

（1）论世

这里的论世指知人论世。在翻译表达和后翻译阶段，要做到知人论世，译者需要对下面的问题进行核实比对。

所选字词、句式、篇章与源语文本的总体风格是否一致。

源语文本的意图在译语文本中是否有所体现。

若有象征意义,译语文本是否再现了源语作品的人物、地名以及事件的象征意义。

（2）附会

这里的附会指附辞会义。在翻译审美表达过程中,附辞会义指"译者字斟句酌译语的每一个字词、句式和篇章使其文理总为一体、首尾统一、前呼后应,而不是孤立地使用字词、句式和篇章"（颜林海,2015）。

第二节　翻译审美解读与表达的具体过程

一、翻译审美解读的具体过程

（一）翻译审美中对音的解读

1. 解读音的过程中需要参照的标准

在翻译审美中,对音的解读需要参照一定的标准,具体包括解音实和解音形两个方面。

（1）解音实

所谓解音实,是指解读源语语音配置所表达的"内实",具体涉及解音理、解音情、解音象。通过对源语语音的解读,弄清源语语音的意义,就称作"解音理"。译者通过对源语语音的解读,弄清源语语音所表达的内心情感,并在情感上与作者产生共鸣,就称作"解音情"。译者通过对源语语音解读,在大脑中唤起发出该语音的事物形象,就称作"解音象"。

（2）解音形

解音形就是对源语语音配置的秩序性、节奏性和修辞性进行解读。首先,语音的秩序性主要体现在音律上,所以应对源语语音秩序的意图进行解读。其次,语音的节奏应该做到句式中各个字词之间错落有致。最后,还应该解读出源语语音修辞的意图。

2. 解读音的过程中可以采用的方法

在翻译审美中,解读音时可以采用的方法有因音求义、因音求象、因音求情。

（1）因音求义

顾名思义,因音求义,是指译者通过原文语音来解读出语音所代表的

第六章 心理维度下的英语翻译审美解读与表达

象征意义。例如,/s/,/z/等摩擦音主要象征静寂,代表着某种自然的声音,如蛇等动物的噢噢爬行声、水的沙沙声、风的嘘嘘声等。sloth, serpent, snake, scorpion 等都包含 /s/ 音。英语中带这个音的词有很多,如 rustle, hiss, brush 等。柯斯林(Collins)的 To Evening 中的诗句 "Now air is hush'd, save where the weakey'ed bat, With short shriek flits by on leathern wing." 其中 /s/ 音的频繁出现充分展现了黄昏时分万籁俱寂,唯有蝙蝠细声尖叫的情景,让读者感受到一种幽静之美。

（2）因音求象

因音求象就是译者通过对原文语音的解读,在大脑中唤起发出该语音的事物形象。例如:

Hey, diddle, diddle,

The cat and the fiddle.

The cow jumped over the moon,

The little dog laughed to see such fun and the dish ran away with the spoon.

（资料来源:颜林海,2015）

这是一首流传于北美的儿歌——Hey, diddle, diddle。从外形上看,这首儿歌一共有四行。从语音字词上看,这首儿歌采用了 aabb 的押韵方式。音节逐行递增,但读起来仍然很上口。从句式上看,儿歌的第一行使用了叠音叠字 diddle,成功地引起了读者或听众的注意;第二行引出了主语 the eat 和 the fiddle,形成了倒装句式,最终制造了一种悬念;第三句和第四句使用正常语序,并且句式越来越长,这也体现了儿歌的特点,即随着儿童对儿歌越来越有兴趣而逐渐增加信息内容。从内容上看,这首儿歌的语义十分有趣、意象杂但不乱。儿歌中经常出现双关语或谐音词,如这首儿歌中的 diddle 和 fiddle,不仅押韵而且语义双关。diddle 既可以表示"骗",又也可以理解为"玩";fiddle 既可以表示"琴",又可以表示"拨弄""玩"和"骗"。这两个词均有"骗"的含义。这两个词除了字首辅音不同,其他音素全都相同,从而构成了谐音——"以讹传讹"。第二行中的 and 是并列连接词,其在逻辑上显得很奇怪。因为在通常情况下,人们是不会将猫和琴并列起来的。然而,经过认真分析和揣测就可以理解了。首先,在儿童心里,世间的一切都是有生命的。所以,采用这种语义内容上的"倒置之乖"反倒可以产生奇特的意趣。其次,如果将这两个词看成两个意象并在它们之间增加一个 fiddle 就可以构成另外一层意思。按照这种逻辑,第三行的母牛与月亮,第四行的小狗、碟盘和汤匙构成就构成了奇特有趣的情景模型。因此,这首儿歌可以翻译成:

嗨,骗啊骗,玩啊玩,
猫儿拨弄琴声乱,
母牛跳过月弯弯,
狗狗见了,脖笑弯,碟盘私奔,汤匙转。
（3）因音求情

因音求情是指译者通过对原文语音进行解读,可以在心灵上与作者产生情感共鸣。例如:

Break, Break, Break,
Alfred, Lord Tennyson

Break, break, break,
On thy cold gray stones, O sea!
And I would that my tongue could utter
The thoughts that arise in me.

O, well for the fisherman's boy,
That he shouts with his sister at play!
O, well for the sailor lad,
That he sings in his boat on the bay!

And the stately ships go on
To the haven under me hill;
But O for the touch of a vanished hand,
And the sound of a voice that is still!

Break, break, break,
At the foot of thy crags, O sea!
But the tender grace of a day that is dead
Will never come back to me.
（资料来源:颜林海,2015）

  1835年,丁尼生写成了这首诗。诗人丁尼生到梅布尔索普旅游,并与朋友相聚,之后同朋友一起到林肯郡看望自己的妹妹埃米莉,并且发现了她曾在一封信中描写的碎浪,于是有感而发写成了这首诗。这首诗主要描写了丁尼生的失落之情和孤独感,文风细腻。

  这首诗是丁尼生为朋友海拉姆之死而写的。早在1829年,海拉姆和

第六章　心理维度下的英语翻译审美解读与表达

丁尼生就成了朋友,并且爱上了丁尼生的妹妹埃米莉,但受到了海拉姆父亲的反对;但是,海拉姆仍然坚持维护这段爱情,并正式对外公开了自己非常爱埃米莉。但没过多久就离开了人世。

这首诗的特别之处在于,题目就是诗的第一行——Break, Break, Break。三个词的简单重复却有着多种内涵。首先,三个词表示拟声词,模拟的是大海波涛撞击海岸的声音;其次,暗指大海波涛吞没了诗人的好友;最后,表达了诗人为好友的坠水而亡而感到伤感。

Break, break, break 虽然只有三个音节,并且是一个音节的重复,但其中的长元音 /i:/ 和逗号共同构成了六个音节,从而形成三个音步。其中,break 既是动词,又是拟声词;一方面可以指海浪声让人心碎、痛苦欲哭泣;另一方面指撞击岩石的声音。

第五句和第六句被分成两行,引出了此诗的主题思想——大海波涛勾起了诗人的万般思绪。这两行诗也是整个诗的中心句。I would=I wish。Utter 属于拟声词,thoughts 为宾语,复数表明作者将在下文逐一回忆过去所经历的事情,that arise in me 是定语从句。

第七句到第十句主要是对过去欢乐场景的回忆。比如,第九句和第十句被拆分为两行,原来的 boy 如今成了 sailor lad,描写 sailor lad 欢快的水手生活。

第十一句到第十四句也是对过去时光的回忆,但是预示着朋友的离去。其中,第十三句和第十四句被为拆分为两行,主要描写了作者的祈愿,其中 a vanished hand 和 a voice that is still 表示死亡。

第十五句至第十八句再次呼应主题。Break, break, break 用 /i:/ 来押韵。长音象征着忧伤绵长、痛苦不绝。

(二)翻译审美中对字的解读

1. 对字实的解读

解字就是译者除了要正确地解读源语字词的意有所指,还要精心提炼和正确地使用译语字词将源语字词的意指表达出来。

(1)解字理

人类经常会用一些符号表达某些意图,使得语言字词承载着很多意义。解字理要求译者解读作者的语言字词在特定语境下的意图,其意义包括概念意义和引申意义。例如:

妈,不要像老鼠一样走路,来,马路很平,我牵你手,不会跌倒的。

· 111 ·

Mom, don't walk like a mouse.Come on, Morn.The road is even.I'm holding your arm, and you will not tumble.

这句话是作者在陪母亲散步时所说的话,因为母亲患有脑萎缩,所以走起路来十分小心,生怕跌倒。所以作者告诉母亲"不要像老鼠一样走路"。

（2）解字事

因为人的经历十分丰富,所以人们经常会用一些字词将所经历的事情浓缩下来。历史典故很丰富,其含义也很深刻。因此,译者需要弄清作者或说话者使用某一字词时想表达的事情或所蕴含的典故事义。例如:

I felt the Pyrrhic sadness of having done to him what he'd done to me.

例中的 pyrrhic 是一个典故词,出自 after Pyrrhus, king of Epirus who sustained heavy losses in defeating the Romans。

（3）解字情

因为人类属于情感动物,所以在使用有限的符号时,习惯赋予其特定的情感,这样才能打动他人。因此,译者需要弄清作者在特定语境下的赋予字词的情感。例如:

He was a regular, lingering at the counter after I gave him his coffee, smiling and trying to hold my gaze.

例子中的 lingering 可以表明说话者"他"有些厌烦。

（4）解字象

人类生活的世界是丰富多彩的、形象化的。世间的一切都有各自的形象。人类一旦将这些形象用字词表达出来时,这个词就有了意象性。因此,在进行审美解读时,译者必须透过作者所用的字词在大脑中再现出意象来。例如:

告别时,照例拥抱,我的头只能贴到他的胸口,好像抱住了长颈鹿的脚。

虽然汉语中的"脚"与英语 foot 有着相同的概念意义,但在实际运用中,汉语中的"脚"的外延要大于英语 foot。根据这句话的语境可以推断出,这里的"脚"是指方言"脚杆",有"腿"(leg)的意思。然而,英语中的 foot 与 leg 所承载的"意象"是完全不同的。

2. 对字形的解读

对字形的解读具体要从如下几个方面入手。

（1）字词的形状

字词的形状除了包含其形状本身,还涉及句子是否重复使用。例如:

夫得言不可以不察,数传而白为黑、黑为白。

第六章　心理维度下的英语翻译审美解读与表达

As for rumor, it should be verified, because from "hear" to "say", "white" probably gets "black", or "black" probably gets "white".

原诗中的"言"指谣言,英文可以用:rumor, gossip, hearsay, tattle 等来表示。译者在选词时,除了要区分词的细微差别,还应考虑其放在句子中的效果。该例句的译文从语法上看是没有错误的,但从审美上看,它就没有考虑到译语的字形和修辞,如 rumor 的字形与后文的 from "hear" to "say" 不相称, probably gets 的简单重复,如果用英语互文修辞,那么译文就会更加简洁。

（2）字词的理据

一些字词在理据上具有很强的文化色彩,而有的文化色彩意义逐渐消失。译者在对这些字词进行解读时,要弄清作者是否强调其中的文化色彩。例如:

Her constitution was sound as a bell—illness never came near her.

她体质极好,从来无病无痛。

原句中的 was sound as a bell 是一个习语,表示身体健康;西方人有一个迷信,认为教堂的钟声可以辟邪。

（3）字词的修辞

字词的使用手段有同义连文、同义配置、字词互文。译者在解读原文信息时,需要注意这些问题。例如:

What emerged with the beginning of the millennium in Russia was part Tsar, part General Secretary, part CEO, part patrimonial lord.

随着千禧年开始,俄罗斯发生的一切,有部分沙皇、有部分秘书长、有部分公司总裁,还有部分家长。

原文中的 part 用的是重复修辞格。然而,译文仅进行了简单的字译,未能充分表达作者的思想。

（三）翻译审美中对句的解读

1. 对句实的解读

（1）解句理

对句理的解读就是对源语句子所表达的或所象征意义。例如:

The feeling (a) of loss (b) transformed the (c) bad memories (d) into (e) not, so-bad, the (f) not-so-bad memories into (g) good, and (h) committed the (i) good ones to my mind.

这段文字主要描写的是作者"我"的释怀感,作者没用 change...into...,

而用了 transform...into...，因为 transform 的词形和意义表示 to change the nature, function, or condition of [《美国传统词典》(双解)]，即改变事物的性质或状态，并且朝好的方面发展，其既表示改变的过程又表示改变的结果，而 change 则主要指改变事物外形的过程和改变这个动作本身。句子中的 The feeling of loss transformed 表示失落的感觉消失了，即作者得以释怀。

（2）解句事

解句事就是对句子体现出来的意识流动的主次之分（主旨性和附带性）加以解读。"主旨性"即说话者或作者的主要意图或目的，"附带性"即说话者或作者伴随主旨性意图而附带补充的信息。例如：

(a) I stood in the doorway (b) between the house and garage and (c) wondered if the sunlight would ever again penetrate the memories packed inside those boxes.

(a)和(c)属于主旨性描写，其中(a)是客观描写，(c)是心理描写；(b)为空间描写，译者在理解时应注意："我""门口""房子"和"车库"之间的空间关系。

（3）解句情

解读原文句子所表达出来的情感色彩，从中观察作者的情感世界和作品人物的内心世界，即"披文入情"。例如：

The greatest example (a) of democracy (b) the world has ever known, (c) of openness, (d) of people of different nationalities and faiths (e) coming together as one, (f) would be no more.

这是一个不常见的头重脚轻的句子，其中主语包含了三个介词短语定语(of..., of..., of...)，目的是强调主语。

（4）解句象

解句象就是对源语句子承载的意象或画面感以及画中人物所具有的属性和时空关系进行解读。例如：

The sunlight (a) pushing its way (b) through the window (c) splattered (d) against a barricade (e) of boxes. (f) Like a (g) fluorescent river, it (h) streamed (i) down the sides and (j) flooded (k) the cracks of the (l) cold, (m) cement floor.

译者在对这个句子进行解读的过程中，需要先弄清 sunlight, window 与 boxes 之间的空间关系，特别要弄清 boxes 与 window 的关系。由作者用了介词 against 而不是 on 以及使用 barricade 的意图可知，boxes 是垒放在窗子旁的，而且挡住了外面的阳光。

第六章　心理维度下的英语翻译审美解读与表达

2. 对句形的解读

对句子外形的解读也是非常重要的。句子的外形主要涉及句子的语法、句式、结构、辞格和节奏。例如：

A year later my fiancee (a) told me she was (b) pregnant with another guy's kid. She (c) had done nothing wrong. We (d) had stopped fighting, almost (e) stopped speaking. (f) We had been on a break. (Timothy Braun)

一年后，未婚妻(a)告诉我说，她(b)怀上了别人的孩子。她(c)并没有做错什么。我们(d)不打不闹，(e)几乎连话也都不说。(f)我们处于分手的边缘。

原文中(d)(e)(f)三个小句均采用了过去完成时，说明这几个动作都发生在(a)句 told 之前，主要对(b)的原因进行解释。然而，译文中的(d)(e)(f)却成了(b)的结果。

(a) Youth is not a time of life, (b) it is a state of mind; (c) it is not a matter of rosy cheeks, red lips and supple knees; (d) it is a matter of the will, a quality of the imagination, a vigor of the emotions; (e) it is the freshness of the deep springs of life.

这段文字是由五个 SVC 句型组成的排比句段。前四个句子都用的是"否定 + 肯定"的对仗句式。其中每个句子中的表语部分都带有后置定语。因此，整段连起来看结构匀称，节奏明快。

(1) Will the reader please to cast his eye over the following verses, and see if he can discover anything harmful in them?

(2) "Conductor, when you receive a fare,

(3) Punch in the presence of the passenjare!

(4) A blue trip slip for an eight-cent fare.

(5) A buff trip slip for a six-cent fare,

(6) A pink trip slip for a three-cent fare,

(7) Punch in the presence of the passenjare!

CHORUS

(8) Punch, brothers! Punch with care!

(9) Punch in the presence of the passenjare!"

(10) I came across these jingling rhymes in a newspaper, a little while ago, and read them a couple of times.

(11) They took instant and entire possession of me.

(12) All through breakfast they went waltzing through my brain; and when, at last, I rolled up my napkin, I could not tell whether I had eaten anything or not.

根据(12)句中的 went waltzing 得知,(2)至(9)句的节奏都是华尔兹节奏,即每小节多为三步,也有二步或四步。三步节奏为"嘣—嚓—嚓",二步节奏为"嘣—嚓",四步节奏为"嘣—嚓—嘣—嚓"。(2)至(9)句中每句都为九个音节,三步节奏,所有诗行末尾音节都押同形同韵。

(四)翻译审美中对篇的解读

1. 对篇实的解读

(1)篇理

译者在翻译语篇时,首先应弄清源语语篇作者要表达的义理,即弄清各个句子之间的逻辑关系。例如:

(a) I slowly extracted myself; (b) it was hard for me to accept (c) that it had mostly been about sex for him, (d) that and some damsel-in-distress fantasy (e) I seemed to have dispelled, (f) because I think (g) it's possible (h) that he did care for me at some point.

(a)我慢慢走出了那一段感情;(b)我很难接受我们之间只有性事,(c)也很难接受爱只是一些(d)苦恼少女的幻想的说法。(e)我似乎已经不再幻想,(f)因为我想(g)他可能(h)真的曾经在某些地方关心过我。

这段文字中的(b)句与(f)句构成了因果关系,所以翻译时应将(b)句和(f)句靠在一起,否则(f)句所表示的原因就会出现歧义。(c)句和(d)句属于(b)句 accept 的宾语从句;(e)属于定语从句,(g)属于(f)think 的宾语从句。然而,译文将(e)和(f)设置为一句,二者文理不通。

(2)篇事

译者在翻译语篇之前还应对其中的字词词源的意图进行解读。例如:

The United Kingdom would be no more. No UK pensions, no UK passports, no UK pound.

英国将不会存在,没有英国的养老金,没有英国的护照,没有英镑。

译文中出现的"英国"和"英镑",说明译者并没有理解说话者用 United Kingdom 或 UK 的特殊意图,先前英国是由英格兰、苏格兰、威尔士和北爱尔兰构成的联合王国。在这段文字中,说话者用动情的演讲,劝导苏格兰不要独立,一旦独立,联合王国的一切都没了。原文 United Kingdom(UK)在强调该词的字面意义(联合王国)。

第六章　心理维度下的英语翻译审美解读与表达

2. 对篇形的解读

（1）体裁

篇形首先体现在体裁上。因此，译者在解读源文本的篇形时首先应对其所属文本类型进行解读。语篇文体主要有两种：文学文体和非文学文体，其中文学文体主要有诗歌、散文、小说和戏剧。不同类型的文学文体，均有各自较为稳定的体裁样式。原文通常都是作者"因情立体"的结果。文体不同，写作的技法也就不同。每个体裁的文本都具有结构性，其体现在条理性和照应性上。因此，在对原文进行解读时既要解读源语语篇的条理性和照应性，又要解读原文文本的体裁性。

（2）节奏

语篇节奏的产生主要体现在事理发展、言者情绪的详略、张弛、断续、复沓、顺逆、抑扬、擒纵等技巧的出现，从而形成文势流动、摇曳多姿的效果，还体现在构成意象、意境的要素在层次上的配置。因此，在对原文进行审美解读时，译者必须解读文本的节奏。

二、翻译审美表达的具体过程

（一）掌握翻译审美表达策略

翻译策略指译者用译语的形式来表达源语内容时，为解决某一问题所采用的一系列步骤和一切手段。一般而言，译者在遇到翻译难题时不可能马上就找到最佳解决方案，往往要通过记忆搜索，激活大脑信息网络，寻找临时方案，再加以优化而最终找到最佳方案。

翻译表达实际上是通过一系列翻译策略来实现的。有学者详尽地描述了译者信息加工过程中策略的运用，比较真实地记录了译者的心理活动，也同时说明了译者信息加工延时的原因，但未能揭示译者到底是怎样设计译语文本重新措辞的具体方案。

翻译审美表达策略是译者在表达原文审美内容时所采取的审美表达手段。翻译表达时的审美策略与认知表达策略一样都可以用八个字来概括，它们是"宜""异""易""移""益""遗""刈""依"。

其中，"宜"和"异"既可以指包括其他六种策略的宏观性策略，也可以指与其他六种策略并行的微观性策略。

1. 宜

宜,会意字,从宀之下一之上,甲骨文字形,其意为"宜得其所也"(《苍颉篇》)或"宜其室家"(《诗·周南·桃夭》)。可见,"宜"的本义指合适、适宜。作为一种翻译策略,"宜"在意义上有广义和狭义之分。

广义的"宜"是指译者以译文读者为旨归并采取一切手段而达到的效果;这里的一切手段也就是使用其他六种策略的熟练程度。熟练程度越高,宜化现象就越高。最高程度的宜化是译语看不出任何翻译的痕迹,仿佛是译者如从己出。

狭义的"宜"是专指译者在保持原文意义的基础上对原文独特的言、象、意做出的适宜译语读者习惯的表达手段和效果的调整,即对原文中的字词句式(言)、意象形象(象)、文化信息做出适宜于译语读者的调整。

"宜",作为翻译策略,强调译文的可接受性、可读性、流畅性。所以,译者,宜也。

2. 异

异,会意字,"具",甲骨文字形,象有手、脚、头的人形。本义为奇特、奇异、奇怪。异者,有别于寻常也。作为一种翻译策略,"异"也有广义和狭义之分。

广义的"异"是指译者以原文作者为旨归而采取一切手段而达到的效果。这里的一切手段也就是指后面六种策略使用的熟练程度,熟练程度越低,异化现象就越高。

狭义的"异"是专指译者保持原文独特的言、象、意而采取的表达手段。具体体现在,译者在采用下面六种措施时在程度上有别于"宜"的处理方式。简言之,"异"指保持原文独特(异)的言、象、意。

"异",作为翻译策略,强调译文保持原文的独特性、唯一性。所以,译者,异也。

3. 易

易,象形字,象蜥易之形,因蜥蜴色易变,引申为换、交换、替代、改变。作为翻译策略,"易"即易说法,就是变换一种说法,包括易词法、易句法和易象法。其中易象法与宜化法同义。易词法又分为易类而译、易辞而译和易格而译。易类而译指词类变易式翻译;易辞而译是指变换措辞式翻译;易格而译是指变换辞格式翻译。易句法指变换句型,如肯定否定变易、陈述疑问变易等。所以,译者,易也。

第六章　心理维度下的英语翻译审美解读与表达

4. 移

移,形声字,从禾,多声;本义为移秧,泛指移植。《说文解字》曰:"移,禾相倚移也。"《六书故》:"移秧也。凡种稻先苗之后移之。"《韵会》:"今迁徙之透借作移。"移,即移动、转移、变动。

作翻译策略讲,"移"指移置,既可以指成分位置移动也可以指成分性质转移。由于语言之间的差异性,翻译时,必然要对源语句子中的某些语言单位进行移位。译者,移也。

5. 益

益,会意字,从水;字形像器皿中有水漫出。《说文解字》曰:"益,饶也",引申为水涨。《吕氏春秋·察今》曰:"人或益之,人或损之,胡可得而法?"可见,"益"有"增加"的含义。"益"或增益,作为元翻译策略,是指对源语进行适当的增加。至于增益什么,须根据译者意图和译语的约束机制而定,因此,增益之前必须对源语和译语进行对比分析,了解二者之间的差异。

增益法的基本原则是增词不增义。增益法可以分为语法性增益、审美性增益和效果性增益。所谓语法性增益,是指译者翻译时根据译语的语言约束机制来增益语法词汇,使译语读起来更加符合译语的语法习惯。审美性增益是指译者根据原文的审美意图而采用的译语审美艺术手段。效果性增益是指译者为了让译语读者更好地理解原文的内容而在译语中进行的附加性信息增益。语法性增益包括结构性增益和词类增益。审美性增益主要有同词增益和同义增益。同词增益指原文的某一个字词翻译时在译语中的重复性增益。同义增益指原文的某一个字词在译语中用不同的同义词来翻译,又称同词异译。效果性增益包括增益释义词、音译加注、脚注夹注,增益对象包括背景知识、专名(包括人名和地名)、术语、典故等。

增益并不意味着译者可以随意增益原文并不具有的内容。在翻译过程中,译者应当避免增量翻译(又称"超额翻译",即 over-translation)。所谓增量翻译,是指译文承载的信息量大于原文的信息量。在翻译实践中译者经常有意识地采用增量翻译策略。

6. 遗

遗,形声字,丛也,从走贵声。《说文解字》曰:"遗,亡也。"《列子·说符》对"遗"注释为"弃也"。《左传·成公十六年》对"遗"注释为"失也"。可见,遗的本义是遗失。作为翻译策略,"遗"是指对源语进行删除、遗弃、舍弃。遗弃什么,怎样遗弃,受译者意图、译者的翻译标准和译语约束机制的制约。有时,"遗"会导致欠额翻译。所谓欠额翻译,指译文承载的信息量小于原文的信息量。所以,译者,遗也。

7. 刈

刈,形声字,从刀,乂(yi)声。本作"乂"。本义为割草、修枝剪叶。《广翻译审美心理学雅》曰:"刈,断也。杀也。"作为翻译策略,"刈"是指对原文进行刈分,因为语言不同,其组词造句和篇章结构也往往不同,翻译不可避免地要根据译语的组词造句和篇章结构的规则对源语进行刈分。刈分对象可以是词、句或段。具体地说,词可以刈分成句,句可以刈分成句组,段落还可以重新刈分。刈分以信息单元即命题为单位、为标准。所以,译者,刈也。

8. 依

依,形声字,从人,衣声,甲骨文字形,像人在衣中,本义指靠着。《说文》曰:"依,倚也",引申为依靠连接。

作为翻译策略,"依"指对语言单位之间的"依附"关系进行分析组合,既可以指合词而译,也可指合句而译,还可以指句子重新组合。所以,译者,依也。

从以上论述,可以给翻译策略"译"定义为"译者,宜、异、易、移、益、遗、刈、依也"。

(二)利用翻译策略体现审美意图

翻译策略是在翻译标准的控制下用来实现翻译意图时所采用的一切手段和技能。但是译者的翻译手段和技能,并非天生就有,而是取决于他对两种语言的掌控能力。我们知道,没有差异,也就没有翻译。译者不仅要精通源语和译语,同时还要有意识或无意识地弄清二者的异质性,并在二者之间寻找最佳转换手段和技能。这个最佳转换手段和技能就是翻译表达策略。一般而言,对两种语言的把握能力越强,其翻译手段和技巧就越娴熟。下面,以杨自伍先生所译培根的一篇散文为例,分析翻译审美表达策略如何体现译者的审美意图。

Narcissus or Self-Love (Sir Francis Bacon)
杨自伍译:那喀索斯——论自恋

(1) Narcissus (a) is said to (b) have been a young man of wonderful beauty, but (c) intolerably (d) proud, (e) fastidious, and (f) disdainful.
那喀索斯,(a)人称(b)风度翩翩美少年,唯(d)心性高傲,(e)锱铢

第六章 心理维度下的英语翻译审美解读与表达

必较,(f)蔑视一切,(c)令人不堪。

审美策略分析：

易说法：第一，易句法，即变换一种句式来翻译。易句法强调根据源语的审美意图和译语的审美习惯对源语句型(式)加以变通处理，而非语法上的句型对应式翻译。比如，英语被动句的汉译常常采取易句而译，即英语被动易为汉语主动，因为汉语多习惯于用主动句，如果易为主动句后找不到动作发出者，则可以增益泛指主语"人(们)""大家"。(a)为被动句，译文采用汉语主动句，并增益泛指人称代词"人"。第二，易词法，即将源语字词的词性变为译语中的另一种词性。英语派生词还原为词根词来翻译。如(f)disdainful 由 disdain 派生而来，而此词根又有动词含义，故译为动词词组"蔑视一切"。

增益法：英语形容词的汉译时，为了上下文的节奏，往往增益形容词所修饰的隐含名词，如(d)中 proud 翻译时增益"心性"，这不仅仅是为了文言句法要求，更主要的是为了使其与后面的四字译文保持相同的节奏。

宜化法：用译语已有的意象性字词来翻译源语所表达的意义。比如，fastidious 译为"锱铢必较"，其中"锱铢"为汉语中的意象性字词，不仅表达了原文所表达的意义，而且形象生动。

移位法：原文(c)intolerably 由 intolerable 派生而来，而且属于互文修辞，即同时修饰后面三个形容词，故译者将 intolerably 还原为形容词 intolerable 来翻译，并将其后置。

(2)(a)Pleased with himself and (b)despising all others,(c)he led a (d)solitary life (e)in the woods and hunting grounds;(f)with a few companions to whom he was all in all;(g)followed also wherever (h)he went by a nymph (i)called Echo.

(a)自我陶醉,(b)目无余子,(e)常年出没于林泉猎场,(c)优游岁月,(d)与世人不相往来;(f)有侪侣二三,(f)如鱼得水;(h)行踪所至,(g)仙女跬步不离,(i)芳名厄科。

审美策略分析：

遗省法：此句翻译时根据汉语积句成篇的原则，承上遗省主语(主语代词 he)。此句(c)(f)(h)中的三个主语代词 he 均遗而不译。遵循了汉语代词的使用原则"若要明白，不如名词重复；若要简洁，不如索性不用"。简言之，英语中的代词只要没有特殊意图，汉译时只要不产生歧义能够遗省则统统遗省，这样译文就能不拖泥带水，达到简洁的效果。

易词法：此句(e)中介词 in 译为汉语动词短语"出没于"，属于介动互易法。

移位法：包括位置移位和成分性质移位,此句除了(e)和(h)属于位置移位外,(d)属于成分性质移位,即定语形容词 solitary 首先通过易词法译为动词从而移位于谓语位置,即"与世人不相往来"。

增益法：增益(f)"如鱼得水",增益原因估计是原文(f)小句内容过短,汉语句意不足,难以收句。

(3)(a)Living thus,(b)he came by chance one day to a clear fountain, and[(c)being in the heart of noon](d)lay down by it;(e)when beholding in the water his own image,(f)he fell into such a study and then(g)into such(h)a rapturous admiration of himself, that he(i)could not be drawn away from(j)gazing at the(k)shadowy picture, but(l)remained(m)rooted to the soot(n)till sense left him; and at last(o)he was changed into the flower(p)that bears his name; and(q)a flower which appears in the early spring;(r)and is sacred to the infernal deities,——(s)Pluto, Proserpine, and the Furies.

(a)朝夕如此,一日(b)偶至清泉一泓,(c)时值晌午,(c')天气炎热,(d)遂卧躺泉边;(e)俯观水中倒影,(f)始而不觉凝神观照,(g)继而自我恋慕,(h)如痴如狂,(j)谛视自家面貌(k)若隐若现,(i)良久不去;(l)出神入定,(m)有如树木扎根,(n)直至感觉消失;(o)终于变作水仙,(p)名曰那喀索斯;(q)水仙早春开花;(r)遂为冥府诸神之祭品——(s)普路托、普罗塞耳皮娜、复仇三女神。

审美策略分析：

移位法：英语"定语(形容词)+名词"结构译为汉语"名词+谓语(形容词)"结构。比如,(b)中 a clear fountain 译为"清泉一泓",虽然与"一泓清泉"结构不同,但意义相同,且前者更符合文言句式。

增益法：将(d)lay down by it 译为"卧躺泉边",将英语代词 it 还原为名词,此种现象我们称为代词还原增益法。同时,增益概括词,如(s)汉译时增益了概括词"三女神"。

遗省法：代词遗省：he(b)(f), himself(h), him(n), his(p)均遗而不译。连词遗省：when(e), such...that(f)(h), but(k)遗而不译。虽然有遗省,但做到了刘勰所说的"字去而意留"。

易词法：(h)admiration of himself 名词短语易为动词短语"自我恋慕"。

移位法：(h)中英语(a rapturous admiration...)"形容词(定语)+名词(中心语)"结构译为汉语"谓语+补语"结构。

· 122 ·

第六章　心理维度下的英语翻译审美解读与表达

异化法：人名翻译采取名从主人的原则翻译，如(s)中的人名。

(4)(a)In this fable (b)are represented the disposition, and the fortunes too, (c)of those persons who from (d)consciousness (e)either of beauty (f)or some other gift with which (g)unaided by any industry of their own (h)has graced them, (i)fall in love (j)as it were with themselves.

(d)尔辈自觉(h)造化赋予(e)美貌，(f)或别具天赋，(g)故不假自身勤奋，(j)煞有介事(i)自恋自爱，(c)此辈中人性情命运，(a)寓言之中(b)暴露无遗。

审美策略分析：

刈分法：此句中的定语从句(c)~(j) "those persons who...fall...themselves" 刈分为独立子句。

移位法：译文根据文言的审美习惯对原句中的各个命题小句进行了大幅度的移位。

宜化法：those persons 以及下面句(6)中的 they 译为汉语"尔辈"，虽然这种转换不宜提倡，但从转换的效果看，此句译文更能体现原文作者句中所体现出来的辛辣讽刺的语气。

(5)(a)For with this state of mind (b)there is commonly joined an indisposition (c)to appear much in public or (d)engaged in business; (e)because business would expose them to many neglects and scorns, (f)by which their minds would be dejected and troubled.

(a)如此心境者，(b)每每无意(c)出现于大庭广众，(d)或以营生为务；(e)因营生未免多受冷落鄙夷，(f)怀抱如此心境则沮丧烦恼。

审美策略分析：

易词法：(b)中名词 indisposition 易为动词"无意"。

移位法：(c)不定式定语移位于汉语宾语位置。

刈分法：此句定语从句(f)by which...troubled 刈分为独立子句来翻译。

依并法：将(f)dejected and trouble 依并为四字短语"沮丧烦恼"，读起来简洁流畅。

(6)Therefore they commonly (a)live a (b)solitary, (c)private, and (d)shadowed life; with a (e)small circle of (f)chosen companions, (g)all devoted admirers, who (h)assent (i)like an echo to everything (j)they say, and (k)entertain them (l)with mouth-homage; till being (m)by such habits (n)gradually (o)depraved and (p)puffed up, and (q)besotted at last with self-admiration,(r)they fall into such a sloth and listlessness that they (s)grow utterly stupid, and (t)lose all vigor and alacrity.

故尔辈(a)一生(b)独来独往,(c)与世暌离,(d)黯然无光;(f)交游挑剔,(e)门户狭隘,(g)彼此五体投地,(j)一呼(h)众和,(i)同声相应,(1)口角春风,(k)应酬同好;(m)习性相染,(n)久而久之,(o)品性沦丧,(p)趾高气扬,(q)最终沉迷于自我崇拜,(r)坠入懒散萎靡之境地,(s)从而变得绝顶愚蠢,(t)活力锐气丧失殆尽。

审美策略分析:

易词法:(a)live a...life 动词短语易为名词短语"一生"。

增益法:增益概括词"之境地"。

移位法:将定语(b)(c)(d)移位于谓语。原句中的"动宾"结构(t)lose all vigor and alacrity 译为汉语"主谓"结构"活力锐气丧失殆尽"。

遗省法:commonly, and 遗而不译。

宜化法:将原句中形容词或动词(a)~(p)译为适合于文言句法的四字格式。译者追求文丽的译风意图极为明显。

(7) And (a)it was a beautiful thought (b).to choose the flower of spring as an emblem of characters like this: characters which (c)in the opening of their career (d)nourish and (e)are talked of, but (f)disappoint (g)in maturity the promise (h)of (i)their youth.

(b)以春天水仙为同类性格之标志,(a)堪称妙想,(c)事业开创之际(d)一帆风顺,(e)为人称道,(i)风华正茂时(h)豪情满怀,(g)盛年时则俱为(f)泡影。

审美策略分析:

移位法:译文对原句中的命题(b)和(f)分别进行了前移和后移。

刈分法:将 disappoint in maturity the promise of their youth 刈分成四个命题小句翻译,并处理成对比结构翻译。译文结构紧凑,节奏明快。

(8) The fact too that this flower is (a)sacred to the infernal deities (b)contains an allusion to the same thing.

(a)水仙成为冥府诸神之祭品,(b)寓意亦在于斯。

审美策略分析:

遗省法:遗省语法字词 fact, that。

(9) For men (a)of this disposition (b)turn out utterly useless and (c)good for nothing whatever;(d)and anything that yields no fruit,(e)but like the way of a ship (f)in the sea (g)passes and (h)leaves

第六章　心理维度下的英语翻译审美解读与表达

no trace,(i)was by the ancients held sacred to the shades and infernal gods.

（a）如此性情者,（b）终于毫无用处,（c）一无所能;（d）凡事无所结果,（e）犹如沧海(f)行舟,（g）飘然而过,（h）不留痕迹,（i）古人遂奉为阴魂与地狱神明。

审美策略分析：

移位法：译文之中,能够保持原文各个命题的顺序尽量保持,此句译文各个命题与原文各命题顺序一致。

易句法：(i)被动句易为主动句。

遗省法：遗省句首逻辑字词 for 和(e)中 but,遗省语法字词,如冠词,以及关系词,如(d)中的 that。

培根散文的语言特点是优美古朴、简洁凝练。自然译文也要基本达到优美古朴、简洁凝练。正因如此,杨自伍采取了文言风格体来翻译,译文显得典雅文丽,颇受今日学者、学子的青睐。具体体现在三个方面：用词上,雅俗共存;句式上,四字句为主,主动句为上;篇章上,意合原则为本,逻辑词或其他虚词多遗而不译。

由此可见,译者若想体现原文或译者的审美意图,非但要精通两种语言,熟谙写作之道,而且需掌握八种翻译审美策略且要达到娴熟自如的境地。唯此方可实现翻译的审美意图。

（三）实现文与质相区别的效果

文与质是中华民族最早的一对审美范畴。前者是指对事物外部形式的审美感受,后者是指对事物内部的审美感受。但在我国翻译界,文与质都演变成了仅仅对事物外部形式的审美感受,即语言形式的文丽与质朴。文与质翻译审美活动中的一对范畴,是就译文的语言效果而言的。自古以来,我国译者对其都有论争。

1. 质派

质派译者认为翻译的本质在于"尽经微旨",而"尽经微旨"的衡量标准为"质",实现"质"的方法为"直"。所谓"质",《说文解字》曰："其义为朴也。"

在质派翻译家看来,要达到"质"的标准,必须采用适当的方法,也就是"直"的方法。所谓"直",许慎曰："正曲为直。"质派译者认为,"今传胡义,实宜径达"。所谓"径达",就是"直接翻译"的意思。质派的这种"实宜径达"的翻译方法遭到支谦的严厉批评,认为这种方法必然导致译文"其辞不雅"。具体体现在"或得胡,或以义出,近于质直"。"质"既为翻译标准,同时又指翻译效果,"质"的效果来自翻译方法"直"。由于质派译者采用的"直"或"径达"之法,所以译文多胡音,言辞质。

质派强调的"实宜径达"或"直"的翻译方法来"尽经微旨",但忽略了"通顺—畅达"的要求。质派强调"尽经微旨"都符合翻译本质核心要点,同时,"实宜径达"的翻译方法也正好体现了质派译家对翻译本质的认识。可见,翻译的本质决定了翻译标准的厘定和方法的选择,翻译方法的选择又体现了翻译家对翻译本质的看法。这也可以用来解释文派的翻译标准和方法。

2. 文派

文派译者继承了质派"尽经微旨"的观点,但也意识到质派的不足,因此,提出了自己的翻译标准和方法,即"曲得圣义,辞旨文雅"。其中,"雅"为标准,"曲"为法。所谓"曲"就是"不直曰曲"。可见,"曲"与"直"相对,作为翻译方法,指"变通"之法。

文派强调译文要遵循汉语习惯,这本无可厚非。但他们过分地强调译文"颇从文丽",对原文进行删繁就简,"削胡适秦",必然就会导致"以文应质,则疑者众",译文让人"迷其旨"的结果。

3. 翻译审美实践中的"文与质"分析

译文的文与质是译者审美活动的结果。但我们知道,凡行为必有意图,换句话说,人的行为都是受控于意图的。同样,人的审美活动也是受审美意图控制的。译者亦然,他的翻译审美活动同样受控于自己的审美意图。译者的翻译审美意图包括两种:一是以原作者的审美意图为翻译审美意图;二是以译者的审美意图为翻译审美意图。一般情况下,译者应以作者的审美意图作为自己的翻译意图,但事实上,译者往往有时要以自己的审美意图作为翻译意图。

而任何人都是生活在特定的时代或社会中的,他的审美活动也自然受控于他所处的时代或社会。译者也不例外。以我国著名翻译家水天同的翻译为例。他所处的时代正是我国新文化运动昌盛时期,而此时正是倡导白话文时代,他所译的《培根随笔》也响应时代的审美需求,"译文以白话为主",但他又并非一意孤行而采取"以裁厥中"论,他说:"间亦用文言者,培根之文时而平易朴直,时而雍容典雅之故也。译者既抱定传达原作意思口吻之宗旨,自不必墨守一格,禁于一隅也。"

译文的文与质主要体现在两个方面:一是指译语字词的雅俗,二是源语与译语在语法结构上的对应程度。

质:用词上强调口语性,浅显通俗;句式上吸收西方语法结构;篇章

第六章 心理维度下的英语翻译审美解读与表达

上保持原文句际逻辑关系。三者体现在翻译方法上就是"亦步亦趋"的"径达",即强调成分对应式翻译。

文:用词上强调书面性,典雅文采;句式上强调结构的灵活简洁,节奏匀称;篇章上既可意合隐含,也可形合明显。三者体现在翻译方法上就是"颠倒其词序,拆裂其长句"的"曲得圣义",简言之,并不强求成分对应式翻译。

下面,以《培根随笔》中的《论美》为例,对比分析两个版本(水天同译本和曹明伦译本)文质追求上的差异。

(1) Virtue is (a) like a rich stone, (b) best (c) plain set.

水译:才德(a)有如宝石,(b)最好是(c)用素净的东西镶嵌。

曹译:善犹如宝石,以镶嵌自然为美。

译析:水译用词通俗易懂,汉语译文句法结构"才德……是……镶嵌"是英语被动句直译过来的。基本转换程式是:

英语:S+Be+V+ed

汉语:S+ 是 + "V"(+ "的")

曹译遗省了(b)best,在句式上比水译显得更具文采,不过(b)的省略是否恰当,则属于智者见智、仁者见仁了。

(2) And (a) surely (b) virtue is best, (c) in a body (d) that is comely, though not of delicate features; and that hath rather dignity of presence, than beauty of aspect.

水译:(a)无疑地,才德如果是(c)在一个(d)容貌虽不姣丽,然而形体闲雅、气概庄严的身体内,(b)那是最好的。

曹译:而善附于美者无疑最美,不过这美者倒不必相貌俊秀,只需气度端庄。

译析:水译几乎是质朴式成分对应翻译,最典型的是定语译为定语,即将 a body 的两个定语从句都直接译为汉语的定语,构成了一个长定语句式,"一个……的身体"。曹译对原句中的定语进行了重新划分,并未采取成分对应式翻译。仅从句式而论,曹译更具文采。

(3) Neither is it almost seen, that very beautiful persons are otherwise of great virtue: as if nature were rather busy, not to err, than in labor to produce excellence.

水译:同时,很美的人们多半不见得在别的方面有什么大的才德,好像造物在它的工作中但求无过,不求十分的优越似的。

曹译:世人难见绝美者兼而至善,仿佛造物主宁愿专心于不出差错,也不肯努力创造出美善兼备之上品。

译析：水译"很美的人们"（very beautiful persons），"多半"（almost），"不见得"（neither is...seen），"有什么大的才德"（are...of great virtue），"好像"，均为浅显易懂的通俗字词或质朴的表达方式。而曹译中的"绝美者""仿佛"用词较之水译更具文采。

（4）And therefore (a) they prove accomplished, (b) but not of great spirit; and (c) study rather behavior, than (d) virtue.

水译：因此，那些很美的人们多是容颜可观而无大志的。他们所研求的也多半是容止而不是才德。

曹译：故世间美男子多有身躯之完美而无精神之高贵，多注重其行而不注重其德。

译析：此句文质差异主要体现在虚词的使用上，水译中的"因此""的"属于白话语，曹译中的"故""之"属于文言词。

（5）In beauty, that of favor, is more than that of color; and that of decent and gracious motion, more than that of favor.

水译：论起美来，状貌之美胜于颜色之美，而适宜并优雅的动作之美又胜于状貌之美。

曹译：至于美女，天生容貌胜过粉黛胭脂，而优雅举止又胜过天生容貌。

译析：此句原文采取了并列结构的省略句的形式：相邻几个句子如果基本句型相同而且部分字词相同，那么相同部分字词多采取省略形式，这样可以使得语句简洁。水译句式文白兼有，如"论起美来"属于白话。另外在虚词的运用上，如结构助词"的"属于白话；"之"常见于文言，如"状貌之美""颜色之美""动作之美"就带有一定的文言色彩。而曹译"至于"属于书面语。

（6）That is the best part of beauty, which a picture cannot express; no, nor the first sight of the life.

水译：美中之最上者就是图画所不能表现的，初睹所不能见及者。

曹译：优雅之态乃美之极致，非丹青妙笔所能绘之，亦非乍眼一看所能识之。

译析：水译句式文白兼有，如"美中之最上者""初睹所不能见及者"属于文言句式，而"就是……"属于白话语。曹译更强调文采，体现在虚词上就是使用"之"而不使用"的/底"；体现在句式上，曹译运用文言判断句式"……乃……"和递进句式"非……亦非……"。

（7）(a) There is no excellent beauty, (b) that hath not some strangeness (c) in the proportion.

第六章　心理维度下的英语翻译审美解读与表达

水译:没有一种至上之美是在规模中没有奇异之处的。
曹译:绝色者之形体比例定有异处。
译析:水译译文句式"……是……"属于典型的白话语体,曹译句式带有一定的文言色彩。

(8)(a)A man cannot tell (b)whether Apelles, or Albert Durer, were the more trifler:(c)where of the one, would make a personage (d)by geometrical proportions; the other,(e)by taking the best parts (f)out of divers faces,(g)to make one excellent.

水译:(a)我们说不出(b)阿派莱斯和阿伯特·杜勒究竟哪一位是更大的戏谑者;(c)他们两位之中一位是要(d)根据几何学上底比例来画人,另一位要(f)从好几个不同的脸面中(e)采取其最好的部分(g)以合成一个至美的脸面。

曹译:(a)世人难断(b)阿佩利斯和丢勒谁更可笑,(c)后者画人像总是按几何比例,前者则将诸多面孔的最美之处汇于一颜。

译析:水译用词上,几乎全部采取白话语,如将原文泛指名词 a man 译为泛指代词"我们",cannot tell 译为"说不出",将前指代词 the one 和 the other 分别译为"一位"和"另一位";句式上译文基本保持原文句式秩序[除了(e)和(f)命题句顺序移位以外],因此,显得较为质朴。曹译中的"世人""难断""后者"和"前者"更具书面语色彩。

(9)(a)Such personages,(b)I think,(c)would please nobody,(d)but the painter that made them.

水译:(a)像这样画来的人,(b)我想是(d)除了画者本人而外(c)恐怕谁的欢心也得不到的。

曹译:(b)笔者以为(d)除画家本人之外,(a)此等画像(c)谁也不会喜欢。

译析:两相比较,水译几乎按原文秩序翻译,而曹译更为灵活。

(10)(a)Not but (b)I think a painter (c)may make a better face than (d)ever was;(e)but he must do it (f)by a kind of felicity (g)as a musician (h)that make than excellent air in music, and (i)not by rule.

水译:(a)并不是我以为(b)一个画家不应当画出(c)一张(d)从来没有那么美的脸面来,(e)而是他应该(f)以一种幸运做成这事,(g)如一个音乐家之(h)构成优美的歌曲一样(i)而不应该借助于一种公式。

曹译:(a)虽说笔者(b)认为画家(c)可以画出(d)比真颜更美的容貌,(e)但他必须得(f)靠神来之笔,而(i)非凭借什么规则尺度,(g)这就像音乐家(h)谱写妙曲得靠灵感一般。

· 129 ·

译析：水译用词上代词译为代词，如源语 I、he 分别译为"我""他"；句式上完全"亦步亦趋"；而曹译将代词 I 译为"笔者"，he 承前遗省；句式上对原文中的（g）（h）（i）进行灵活的处理。

（11）（a）A man shall see faces, that（b）if you examine them part by part,（c）you shall find never a good, and（d）yet altogether do well.

水译：（a）我们一定会看得见有些脸面，（b）如果你把他们一部分一部分地来观察，（c）你是找不到一点好处的，（d）但是各部分在一起，那些脸面就很好看了。

曹译：（a）世人可见这样的面庞，（b）若将其五官分而视之则（c）一无是处，（d）但合在一起却堪称花容五颜。

译析：在用词上，水译将泛指名词 a man 译为泛指代词"我们"而曹译为"世人"。水译将代词 you、them 对应式译为"你""他们"而曹译采取承上省略，符合书面文采的审美要求，即简洁。句式上，两种译文都采取"亦步亦趋"式翻译。

（四）达到雅与俗凸显的审美目的

雅与俗是中国古典美学史中彼此对立的一对美学范畴。作为美学范畴，雅是指作家个人的审美习尚、审美趣味。刘勰说："夫情动而言形，理发而文见，盖沿隐而至显，因内而符外者也。然才有庸俊，气有刚柔，学有浅深，习有雅郑。并性情所烁，陶染所凝，是以笔区云谲，文苑波诡有矣。"换句话说，情有所动则发于言，发表义理则成文章，这是一个由隐藏到显露、由内到外的过程。人的才能有庸俊之分、气质有刚柔之别、学识有深浅的区分、习性有雅郑的不同，但所有这些都是个人的性情所致。作家性情不同，他产出的作品自然也就各不相同。其中，"雅郑"本指周天子辖区内的标准音乐和郑国靡靡之音的音乐，"雅"为标准，正确；"郑"为淫靡，低俗，不正确。用曹顺庆先生（2009）的话来说，"雅"与"俗"，意指审美意趣与审美境界上的高雅别致、典雅庄重、超凡脱俗与通俗浅显、质朴粗犷、自然本色等。简言之，在刘勰看来，诗文的雅与俗就是个人的审美趣味的标志。

其实，雅与俗并不仅仅体现在个人的审美趣味上，也体现在不同民族审美趣味上。不同的民族，其审美趣味既有相同之处，也有差异之处。一个民族具有的审美趣味，另一个民族并不一定能接受。一个民族看来是雅正的作品对另一个民族来说可能就是低俗的东西。因此，在翻译过程中，译者必须对原作的审美趣味加以鉴别。

在审美解读时，译者要鉴别出原文内容是否符合译语读者审美的习

第六章　心理维度下的英语翻译审美解读与表达

惯和主流意识形态,符合则为"雅正",反之则为"低俗";在审美表达时,译者要根据译语读者的审美习惯和主流意识形态对原文内容做出变通性处理。在审美表达时,译者不仅要鉴别出源语和译语在表达原文内容时的差异,而且还要根据对原文内容的"正"与不"正"的取舍来确定译语的形式。

无论原文内容是雅正还是低俗,译者都会根据自己的翻译意图、译语读者的审美习惯和译语文化中的主流意识形态在译语形式上做出变通处理:或遗而不译,或易辞而译。

1. 遗而不译

不同国家、不同民族、不同时代,甚至不同个人都有自己的审美习惯。因此,在对原文进行审美解读时,译者应以原作者的审美习惯去解读原作的内容,只有这样才能了解原文的情思,即"入情"。然而,译者毕竟有自己的审美观,因此,在对原文进行审美表达时,译者会根据自己的翻译意图、译语读者的审美习惯在译语形式上和翻译策略上进行遗而不译。

译者在面对这种审美冲突时,不得不采取这种遗而不译的策略,但内心多少有一分愧疚。可见,内容不正,译者往往会采取遗而不译的翻译策略。

2. 易辞而译

内容不正时,译者除了可以采取遗而不译的翻译策略,也可以采取易辞而译,包括易句而译、易象而译,甚至易体而译。

第七章 语用维度下的英语翻译理论

随着语用学与翻译研究的不断深入,很多学者也从语用学角度对翻译理论进行研究,并将语用学理论用于翻译的具体实践之中,这对于翻译研究起着非常重要的作用。因此,本章从语用维度入手,对语用学与翻译之间的关系及其应用进行论述。

第一节 语用及语用翻译研究

语言运用即语用,是一门科学,对语用进行分析和研究,才能更好地进行翻译与交际。因此,本节首先分析语用的几项相关内容,并进一步探讨语用与翻译的融合及语用翻译观。

一、语用

语用使用的目的在于交际,在于传达思想、交流情感。因此,人们在运用语言时会选择适合的语境,采用不同的语言手段,传达自身所要表达的内容,并保持人际关系。

需要指出的是,要想保证交际的顺利展开,仅依靠基本的词汇、语法是远远不够的,还需要掌握一些非语言知识,如百科、文化背景等。另外,发话人还需要在交际的过程中不断合理调整语言形式与策略。可见,语用交际是一门学问,且基本的能力与恰当的策略对于交际的进行是不可或缺的。

在日常交际中,一些信息可以直接被理解,一些信息却隐含于语言之中。例如:

Teacher: what's the time?
Student: My bike was broken.

上例是教师与学生之间的对话,学生迟到了,教师非常生气,学生并

第七章 语用维度下的英语翻译理论

没有给予直接的回答,而是说"车子坏了",言外之意就是说"因为车子坏了,所以才迟到的"。其实这样的回答已经提供了教师相关的信息,看似是答非所问的,但是教师转念一想就可以明白。

在交际过程中,语境条件也是影响交际的重要因素,也能够体现出交际人的能力。在日常交际中,一些话语看似不相关的或者关联性较差,但是从语用学角度分析其是可行的。例如:

Husband: How about ?

Wife: The data has been took away.

通过分析可知,上例中妻子和丈夫有着共知的信息,因此丈夫通过两个词就可以让妻子理解。对于外人来说"How about ?"仿佛句子没有说完,也不可能理解,但是对于拥有共知信息的妻子来说,是非常容易理解的,因此在说话时丈夫省略了后面的内容。

很多时候,尤其是与陌生人展开交际时,语境信息往往表现为客观的环境。这时,交际方需要根据推理来理解。例如:

Passengers: I want to check my luggage.

Flight attendant: The luggage office is in the west side of the second floor.

表面上看,上例中旅客是向服务员描述一种信息,但仔细分析,旅客是在向服务员寻求帮助,询问行李处的具体位置,服务员推测出旅客所要表达的意思,给予了旅客具体的位置,使得交际顺利完成。

另外,在日常交际中,很多话语并不是为了传达信息,而仅仅是为了维护人际关系。从语义的角度分析,这些话可能是无意义的,但是从人际交往的角度来说,这些话也是必不可少的。例如:

A: It's fine today, isn't it?

B: Yeah, really fine.

上例是英美人的一种常见的寒暄方式,类似于中国人所说的"吃了吗?"表面上看,两人是在谈论天气,实际上他们并不是出于对天气的关心,而只是作为交际的开场白而已,因此这些话并没有什么信息量,但是这样的开启方式有助于搞好人际关系。

总之,上述这些例子在日常生活中非常常见,这些都是语用的范畴,且类似的现象也都不是无缘无故产生的,与特定的语境有着密切的关系。

二、语用翻译研究

（一）语用与翻译研究的融合

对于语用与翻译研究的融合研究,有必要追根溯源,探究语言学与翻译学的研究。因此,本节首先分析语言学与翻译研究的融合,进而探究语用与翻译研究的产生。

1. 语言学与翻译研究的融合

就中外翻译理论的发展轨迹来看,中西许多翻译学家对翻译理论进行过深度研究和探讨,并划分了多种流派,其中有几个翻译理论流派较为突出。

美国著名理论家尤金·A.奈达(Eugene A. Nida)将翻译理论划分为四大派别,分别是语文学派、语言学派、交际学派以及社会符号学派,且四大学派各有侧重。[1]

美国翻译理论家根茨勒(Gentzler, E.)则将翻译思想视作标准,从翻译功能与目的出发,对翻译理论进行划分。在根茨勒看来,翻译理论包含很多流派,如结构主义研究流派、翻译科学流派、早期翻译研究流派等,且指出各个流派有各自的观点。[2]

我国著名翻译理论研究学者谭载喜也对西方的翻译理论展开探究,认为西方翻译理论可以划分为五大派别,即伦敦学派、布拉格学派、文艺学派、解构主义学派、交际学派。

通过上述分析可知,虽然当代翻译研究的理论流派众多,但是其也呈现如下几点特色。

（1）各个流派都有各自的侧重点,且彼此能够互做补充。

（2）各个流派的理论研究视角不同,但是其并未对翻译研究的多学科性研究成果造成影响。

（3）翻译理论家从多个角度出发,清晰地阐释了翻译理论研究的发展轨迹,并呈现了各个研究范式的演进、转化、替代等过程。

（4）各个流派的研究视角也在逐渐扩展与转移。

（5）各个流派的研究手段与思路也在逐渐更新与发展。

在这些研究中,有些学者侧重于从语言学角度研究翻译理论,这对于

---

[1] 转引自曾文雄.语用学翻译研究[M].武汉:武汉大学出版社,2007:30.
[2] 同上.

第七章 语用维度下的英语翻译理论

翻译理论研究而言大有裨益。虽然这一观点不免受到一些学者的批评，但是也并没有影响其发展。

语言学派对19世纪洪堡特、施莱尔赫等人关于语言学翻译观的观点进行了批判性的继承。到了20世纪，结构主义语言学诞生恰好将翻译理论与语义、语法结合起来，这意味着人们开始从语言使用的角度来阐述翻译问题。具体而言就是从词汇结构、语法结构层次来实现语义对等，因此翻译研究开始延伸到词汇、语法层面。

但是，这一研究也存在着一些缺陷，因为这些研究主要侧重于翻译的单位的研究，即词、词素、句子等的研究，而未扩大到语篇层面。在弗斯、韩礼德等语言学的眼中，他们更加看重语言学理论能否在翻译学研究中进行检验，并指出翻译现象对于语言学而言是一个大的挑战。而在威尔斯、奈达等法医学家的眼中，他们更加关注语言学理论是否能够推进翻译研究的发展。时代在变迁，之后的一些语言学家开始对译者的跨文化能力进行探讨，他们将研究视角转向文化与翻译的融合，并将社会语言学纳入翻译理论研究中。

就目前来说，语言学与翻译学的融合已经成熟。这主要有如下两点原因。

（1）由于现代语言学的领域在逐渐拓展，其不仅对语言符号进行了研究，还对语言的实际运用进行了多层次探讨。

（2）在语言学与翻译学的融合过程中，一些学者提出了批评建议，这些建议对于二者的融合也具有重大意义。

2. 语用与翻译研究的产生

在语言学与翻译研究的不断发展中，一些学者开始将语用学理论融入翻译研究之中。

翻译研究家莫娜·贝克（Baker M.）指出："从语言学视角研究翻译并不是完美无缺的，其也具有一些局限性，但是这些局限性会随着时代发展而逐渐变化。受跨文化的影响，如果非要涉及清晰的理论的话，那么语言学途径必然是首选的，也是最具有成效的途径。"[1] 简单分析这段话，就是告诉人们如果要想开展翻译研究，首先就需要弄清楚语言学，这是最具有说服力的，也是大部分翻译研究所必须做的。

正是由于语言学的参与，翻译研究才更具有灵活性。但同时，语用与翻译的融合能够使得各个因素加以平衡，最终推动翻译研究的动态发展，也使得语用解释更具体、更神话。另外，语用与翻译的融合也使得翻译研

---

[1] 曾文雄. 语用学翻译研究 [M]. 武汉：武汉大学出版社，2007：32-33.

究能够回归翻译的本质,实现翻译交往的过程,体现语言的本质与价值等。

总之,语用与翻译的融合不仅能够对翻译理论进行深度阐释,还能够为翻译学的重新建构提供新的依据。

(二)中西语用学翻译观

通过中西方翻译理论家的努力,语用与翻译的融合已经初见成效,并逐渐形成了语用学翻译观,这为语用翻译研究勾勒出了一个广阔的空间。以下就对中西语用学翻译观展开分析。

1. 西方语用翻译研究

对于语用翻译研究,国外学者可谓众说纷纭、见仁见智。下面就对几位学者的观点展开分析。

(1)哈蒂姆和梅桑的研究

著名学者哈蒂姆和梅桑(Hatim & Mason)最早从语用学视角来研究翻译,这在他们的《话语与翻译》(*The Translation As Communicator*)一书中可以体现出来。

两位学者从语境视角出发研究翻译问题,尤其对语用翻译中的言语行为问题、合作原则问题等十分关注。

另外,两位学者还认为译者应该对语境加以重视,并从具体的语境出发,对源语语言进行推理,把握住源语与译语、译文与读者的关联,并将译者与译文读者的文化语境考虑进去,最终准确地呈现作者的意图。

(2)贝尔的研究

英国著名语言学家贝尔(Bell)从认知视角出发研究不同语言的翻译问题。贝尔认为:"翻译往往要经历六大环节:一是视觉词汇识别系统与书写系统;二是句法处理器;三是语义处理器;四是语用处理器;五是思维处理器;六是计划器。"[1]

另外,贝尔还将翻译的这些环节划分为两大阶段:一是分析;二是综合,且分析阶段与综合阶段都包含三个层面的操作域,即句法、语用、语义。

翻译过程是从源语转向目的语的过程,且这一过程往往需要经过语用分析器的过滤与语用综合器的综合。其中语用分析器主要包含以下两个功能。

---

[1] Bell, R. T. *Translation and Translating*: *Theory and Practice*[M]. Beijing: Foreign Language Teaching and Research Press, 2001: 167.

第七章 语用维度下的英语翻译理论

其一,运用语义分析器,对信息的主位成分加以分离。

其二,将分离的信息从语域角度加以考量,包含信息的范畴、基调等内容。

语用综合器主要包含以下三个功能。

其一,对原作意图进行审视。

其二,对原作主位成分进行分析。

其三,对原作风格进行处理。

当然,无论翻译处于语用分析阶段,还是语用综合阶段,译者都需要对语义表征、语境等进行分析,提取其中的命题内容、语用信息,对原作的语域、主位成分进行恰当的选择,并准确把握原作的文体、目的等内容。

(3)格特的研究

著名学者格特(Gutt)是从关联理论视角出发研究翻译。在格特看来,关联是对翻译产生限制的基本原则,其将翻译观定义为以下四项内容。[1]

其一,翻译是一种交际双方进行语言交际的行为。

其二,翻译是与大脑机制构成关联性而产生的一种推理行为。

其三,翻译是一种实现最佳关联、寻找关联链的认知行为。

其四,翻译是一种对源语的"明示—推理"行为进行阐释的过程。

实际上,翻译过程被看作两个"明示—推理"的过程,译者的工作就在于将语境与读者的差异性关联起来,进而对二者进行分析与审视,从而将原作的意图挖掘出来,并且保证作者的意图与读者的想法的一致性。

另外,格特还提出了两个概念:直接翻译与间接翻译。直接翻译的目的在于使原作与译文实现语言特征的相似;间接翻译的目的在于使原作与译作实现认知效果的相似。因此,在格特看来,关联理论是从认知视角出发对翻译进行解释,而不是对翻译提出具体方法或具体规定。

2. 中国语用翻译研究

我国将语用学研究置于翻译研究之中是从 1987 年开始的,当时的香港大学举办了一场与翻译研究相关的研讨会,其中将语用与翻译问题视作重点问题对待,并在此基础上探究了英汉翻译中的语用对比问题。自此,我国很多专家学者开始对语用与翻译问题展开研究。

(1)赵元任的研究

中国著名的语言学家赵元任先生发表了《译文忠实性面面观》一文,

---

[1] Gutt, Ernst-August. *Translation and Relevance: Cognitive and Context*[M]. Shanghai: Shanghai Foreign Language Education Press, 2004: 24—46.

其中指出了译者要想确定语义,首先应该考虑话语产生的具体的语境。①
他还指出,功能与语用是对等的,且语用的对等要高于语义对等。例如:

wet paint

上例中,很多译者将其翻译为"湿漆",显然这样的直译翻译是错的,因为汉语中不存在这样的意义,其含义应该是"油漆未干",这才符合语用与功能的对等。

(2)曾宪才的研究

学者曾宪才(1993)也对语用翻译观进行阐释,并认为应该将语义、语用与翻译相结合。在曾宪才看来,翻译最凸显的任务在于对原作意义的再现。②

所谓翻译原作的意义,涉及翻译的语用意义与翻译的语义意义两个层面。而翻译的语用意义是翻译原作的意义的重难点,其包含很多内容,如表征意义、表达意义、联想意义、社交意义、时代意义、祈使意义、风格意义等。对于如此多的意义,译者应该采用多种翻译技巧,如变通法、字面法等。

(3)何自然的研究

著名教授何自然先生根据奈达的"动态对等翻译"理论,将语用翻译视作一种等效翻译理论。③何自然的语用等效翻译理论涉及如下两大层面。

其一,语用语言等效翻译。这一理论主要用于词汇、语法、语义等语言学层面的翻译,其翻译重点在于保留原作内容,翻译时不拘泥于形式,译者尽可能用于原作接近的、对等的语言来表达。

其二,社交语用等效翻译。这一理论是将等效翻译置于社交场合,尤其是跨语言、跨文化的场合中。

另外,何自然教授还认为,翻译活动中包含一种三元关系,即原作作者、译文作者、译文读者。因此,译者应该对语境与原作的最佳关联性予以注意,并采用各种语用策略来处理英汉语言差异问题,最终实现英汉两种语言在语用层面上的等效对等。

对于语用翻译对等理论,何自然教授给予了这样一个例子。

宝钗独自行来,顺路进了怡红院……不想步入院中,鸦雀无闻。

(曹雪芹《红楼梦》)

译 1:...The courtyard was silent as she entered it. Not a bird's cheep

---

① 转引自王宗炎.介绍赵元任《译文忠实性面面观》[J].中国翻译,1982,(3):14.
② 曾宪才.语义、语用与翻译[J].现代外语,1993,(1):23-27.
③ 何自然.语用学与英语学习[M].上海:上海外语教育出版社,1997:185-186.

第七章 语用维度下的英语翻译理论

was to be heard.

（霍克斯 译）

译2：...To her surprise, his courtyard was utterly quiet.

（杨宪益夫妇 译）

对比上述两个译文，译1中暗示着：院子中有鸟儿，只是听不到声音；而译2中并未提及鸟儿，但是与原作思想相近，即暗示着：周围一片寂静。因此，何自然教授认为译2就实现了与原作的语用等效翻译。

（4）钱冠连的研究

另一位著名语言学教授钱冠连先生于1997年也提出了语用翻译观，他认为翻译者应处理混成符号束、语境和智力干涉的参与和干涉之下的语义隐含。[①] 在对这些问题进行处理时，译者需要考虑三个问题。

其一，必须在译文中保留原作者写作的意图，尤其是隐含的意图。

其二，对这些隐含的意图进行处理时，需要将混成符号束、语境和智力干涉等考虑进去，并在保证忠实原作的基础上进行译文的再创作。

其三，要对"文化亏损"问题给予重视，实现更加完美的等值翻译。

第二节 宏观语用学与翻译

宏观语用学是语用学研究过程中一个重要流派，其研究包含很多与语言运用、语言理解相关的内容。宏观语用学除了研究语言使用语境等内容外，还扩展了非常前卫的视野。从宏观角度来说，语用学翻译研究已经向对比、词汇、语篇、修辞、文学、认知、社会等多个层面拓展。本节就从上述层次入手，从宏观层面来探讨语用翻译问题。

一、对比语用学与翻译

（一）对比语用学简述

语言之间的比较有着渊源的历史，自从语言研究诞生以来，语言之间的比较就已经存在了。只有通过对两种语言进行对比研究，才能揭示出不同语言在功能、形式、结果等层面的差异性。

[①] 钱冠连. 汉语文化语用学[M]. 北京：清华大学出版社，2002：249.

而随着对比语言学与语用学研究的深入,对比语用学诞生,其研究始于20世纪七八十年代,其研究方法为对比语言学注入了新的活力。语言学中的对比分析往往指的是在语法层面上,两种语言进行的比较,但在使用层面上,两种语言同样可以进行比较。这种比较就可以称为"对比语用学"。

著名学者陈治安、文旭(1999)指出,语用对比的内容包含如下几点。①

(1)英汉对比语用学的基础理论。
(2)在英汉两种语言中,语用原则运用的对比情况。
(3)在英汉两种语言中,社交用语的对比情况。
(4)在英汉两种语言中,语用环境与语用前提的对比情况。
(5)言语行为的跨文化对比研究。
(6)语用移情的对比差异及在各个领域的具体运用。
(7)英汉思维、文化、翻译中语用策略的运用。

对比语用学侧重于研究语言交际因素在多大程度上具备普遍性与特殊性,并分析如何通过语言运用来呈现语言的意义,还研究如果语言交际因素具有特殊性,那么语言的使用规则在多大程度上可以从第一语言转化成第二语言。事实上,对比语用学丰富和拓展了跨文化语用学,可以说是跨文化语用学的延伸,其比传统语言学的对比分析更为系统全面。

(二)对比语用学的翻译

英汉对比语用学性质上属于边缘学科,其主要源于对比语言学、语用学、跨文化交际学,三者交汇形成对比语用学。分析家将对比分析向多个层面拓展,他们将早期的对语音、语法的对比研究拓展到对行为分析、中介语分析、失误分析等领域。

作为跨语言研究、跨文化研究的手段,对比分析得到广泛运用。而关于对比语用学的研究,推动了语用学、语言学、跨文化交际学的发展,并不断提升中国人跨文化交往能力,提升国人的外语水平与翻译能力。

在具体的实践中,对比语用学对翻译有着重要的影响。具体来说,翻译理论、翻译方法等是基于原作与译作的对比建构起来的。为了完成自己的任务,翻译理论必须明确原作与译作对同一意义表达的异同,并基于此找出应对二者差异的方法。

---

① 陈治安,文旭.关于英汉对比语用学的几点思考[J].外语与外语教学,1999,(11):5-8.

第七章　语用维度下的英语翻译理论

作为跨文化交际的活动，翻译涉及两种语言的差异性，这不仅体现在语言层面，还体现在文化层面。从语言结构上说，译者需要探究英汉两种语言的结构、描写手段，对两种结构进行对比，如词汇、句子、语篇等，才能全方位、多角度地了解两种语言。例如，我们可以对语篇进行分门别类，如科技类、商务类、哲学类、文学类等，除此之外还应该进行同类语篇的对比，如题材、风格与语用等领域。由于中西方文化的差异性，导致中西翻译主体翻译观的差异，从而影响对翻译语言的选择。例如：

"My dear Mr. Bennet," said his lady to him one day, "have you heard that Netherfield park is let at last？"

（Jane Austin：*Pride and Prejudice*）

王一科译：有一天，班纳特夫人对她的丈夫说："我的好老爷，尼日斐花园终于租出去了。你听说过没有？"

孙致礼译："亲爱的班纳特先生"，一天，班纳特太太对丈夫说道："你有没有听说，尼日斐庄园终于租出去了。"

无论在英语还是汉语中，称呼语都是非常重要的部分，其是交际双方距离、权势的一种反映，代表着地位和身份。受心理、语境的影响，称呼的选择也不一样。在日常交际中，称呼不仅可以表明双方的地位与身份，还会因此表达出威胁、警告、命令、建议、讽刺等言外之意。在话语中，这种称呼表达出的言外意义就是语用的表现。在王一科的译文中，My dear Mr. Bennet 译成了"我的好老爷"，这与中国文化很适应，但是很容易产生文化误导，容易让人误解为18世纪的英国妇女对丈夫的称呼与中国妇女是一样的。实际上，在奥斯汀的英国，男尊女卑也是存在的，但是称呼上并没有达到"老爷"的情况。因此，按照原作直接翻译为"亲爱的班纳特先生"会比较好，即孙致礼的翻译会更符合原句表达习惯。

二、词汇语用学与翻译

（一）词汇语用学简述

词汇语用学，顾名思义就是将词汇意义作为研究对象，基于词汇层面并融入语境知识、语用机制，对词汇意义展开动态探讨，分析词汇意义在运用过程中的变化规律及运作机制。

在国外的语言学研究中，词汇语用学是非常重要的领域，其主要侧重于研究语言运用中的不确定词汇意义的处理问题。其研究的范围也非常广泛，如词汇休克、词义调整、形容词的语用属性、一词多义现象、词缀的语用特征、语用与词汇内部意义之间存在的关系等。

著名学者陈新仁、冉永平等人认为,在一些固定的语境中,本身明确的词汇意义却由于发话人表达意图的改变而不断进行改变,因此在话语理解时需要进行词汇信息的语用处理与调整,最终确定语用信息。

人们在探究词汇意义时,发现词汇不仅有本身意义的存在,还会涉及多种语用条件因素,它们给予词汇更深层次的意义,这就是所谓的语用意义。这些意义与本身意义存在明显的区别,且只有将其置于一定的语境中,人们才能理解这些深层的语用意义。

同时,词汇语用学强调词汇的动态性与语境依赖性,将动静因素相结合,从社交语用、语用语言等角度对交际中的词汇加以运用与理解,这正是体现了词汇的多维现象。运用词汇语用理论来研究词汇的语用过程,才能更好地揭示出词汇意义的本质特征。

冉永平(2005)认为,在交际中,很多词汇及词汇结构传递的信息往往不是其字面意义,也与其原型意义有别。[①]在语言运用中,人们往往会创造与合成新词,或者直接借用其他语言中的词汇。在这一情况下,要想理解话语,首先就必须借用具体的语境,从获取该词汇的意义。例如,英语中operation本身含义为"劳作",但是在工业机械中,其意义为"运转",在医学中,其意义为"手术",在军队活动中,其意义为"战役"。从这一例子可知,词汇语用学的最终目的在于解释话语理解汇总,如何对词汇与词汇结构的语义信息与其在具体语境间的信息差进行语用意义上的融合。如果脱离了语境,词汇的指向就会出现不确定性,容易产生模糊、歧义等现象,这就要求听话人必须了解具体语境环境下词汇的具体意义。

另外,对语用信息的加工有两个过程:一是语用充实,二是语用收缩。语言的变异就是基于一定的语境来理解语用充实与收缩。词义的延伸与词义的收缩都可以看成不同的语用认知推理过程,是人们基于一定语境对具体词义进行的扩充与收缩加工,从而明确词汇的含义。这对于词汇的翻译提供了重要依据。

(二)词汇语用学的翻译

根据词汇语用学,翻译过程中,译者需要对词汇运用的不确定性加以处理,如前面所说的词汇休克、词义调整、形容词的语用属性等问题,从而对源语的词汇语用意义进行合理的转译。例如:

看到别人赚了那么多钱,他犯了严重的红眼病。

[①] 冉永平.词汇语用学及语用充实[J].外语教学与研究,2005,(5):343-350.

第七章 语用维度下的英语翻译理论

When he knew others had made large amounts of money, he went extremely green-eyed.

源语中的"红眼病"看起来是一种病,但是与一般意义上的病又有所不同,其蕴含着"妒忌"的韵味。如果将其直接翻译为 red-eyed disease,显然是不妥当的,西方人也不能理解。因此,要想明确地表达源语,将源语文化信息传达出去,就只能进行转译。

语言是纷繁复杂的,但是无论多么复杂,其内容都会涉及词与词、句与句、篇与篇的关联与搭配。但是,如果一些语言单位是游离于一定的语境之外,那么其意义就很难确定。换句话说,读者要想了解语言单位的意义,靠死板的词典是解决不了问题的,必须通过语境去体会与推测。

三、语篇语用学与翻译

(一)语篇语用学简述

语篇语用学是基于语言类型学、语篇语言学等发展起来的。随着语篇语言学的发展,人们对语言的研究跳出了对传统语义学、语法学的研究,而是将重心转向语篇层面的研究。

语篇语言学有着悠久的历史,甚至可以追溯到古典修辞学与文体学研究时期,其不仅对语篇内部所涉及的语言现象进行研究,还对语篇外部的语言现象加以研究,如语言运用的场景条件等,这就使得语篇成为语用学研究的对象。

20世纪70年代初期,一些语用学家将注意力放在语篇的交际功能上,并将语用要素置于语篇描写中,提出语篇描写的目标应该是语用。之后,"语篇语用学"这一术语诞生。

随着语篇语用学的不断发展,言语行为理论、会话分析理论等都对其产生了大的作用,尤其是言语行为理论。这是因为,言语行为理论知名语言是用来实施行为的,这都为语篇分析提供了重要依据,因此对语篇语用学影响深远。

著名学者布朗等(Brown et al.)从语用的角度出发来分析语篇,他们指出语篇分析包含对句法与语义的分析,语篇不是一种产品,而是过程,是对交际行为展开的言语记录形式。甚至,他们还认为语篇是作者与读者间的互动,作者在互动中成为操纵者,且大多数言语在互动中产生,并贯穿于语篇生成与理解的始终。

此外,语篇语用学还将研究的重心置于特定语境下的话语意义,及在特定语境下,这些话语意义产生的效果,对语言的结构与功能、语篇与交际等展开分析。

(二)语篇语用学的翻译

作为语用学的一个重要分支,语篇语用学研究的最终目的在于交际的顺利开展。而语篇语用学的翻译也是研究者关心的一个话题,其存在是有一定的理据的。

1. 日常语言观

路德维希·维特根斯坦(Ludwig Wittgenstein)在前期的研究中,受伯特兰·罗素(Bertrand Russell)的人工语言学的影响,提出了形式化语言学。但是,随着自身研究的深入,维特根斯坦逐渐改变了之前的看法,转向对日常语言的研究,提出了一个著名的语言观——意义即用法。之后,这一理论对语篇语用学翻译提供了重要的依据。

在维特根斯坦看来,作为符号本身,语词是没有任何价值的,只有在具体的使用中,这些语词才被赋予具体的意义。同时,维特根斯坦也非常确定词语在具体语境中的使用情况,认为无论是词汇还是句子,将它们置于不同的语境中,就会呈现不同的意义。这就要求人们不能孤立地看待词汇、句子的意义,而是考虑这些词汇、句子存在的具体语境与具体的用途。也正是由于词汇、句子都十分看重自身的具体用法,因此研究它们的使用规则也就显得很重要,在一定的规则下,词汇、句子的用法才更有根据。同时,随着规则发生改变,词汇与句子一样也会发生相应的改变。

"意义即用法"这一观点是维特根斯坦的主要观点,即词汇的意义在于词汇的运用。但是,他所谓的运用并不是说对个人意义的运用,而是将范围扩大到社会层面,即社会意义的运用。同时,由于词汇的用法是多样的,因此词汇意义的运用也不是确定的。"意义即用法"这一观点对人们联系生活起着指导性作用,通过在日常生活中对词汇的含义进行探讨,能够让人们了解以语境为核心的语言分析的语用情况。

综上来说,维特根斯坦是日常学派的代表,是核心与关键人物。他在后期的《哲学研究》一书中,明确了日常语言分析的重要性,并对后人关于日常语言学的研究产生了重要影响。虽然,他从未说自己属于日常语言学派,但是西方学者们都将其看作创始人。

2. 符号学观点

20世纪30年代后期,著名学者皮尔斯(C. Peirce)提出了符号学的先关理论,而后查尔斯·莫里斯(C. Morris)对该理论进行了深入的研究

第七章 语用维度下的英语翻译理论

和分析,并提出了"符号三分说"。而正是由于"符号三分说"这一经典定义,"语用学"术语诞生。之后,莫里斯对语用学的定义进行了修正,指出语用学是符号学的一部分,其随着符号所在的行为活动中对符号起源、符号用法、符号功能等进行考察。

在《符号学理论基础》中,莫里斯指出:句法学主要侧重于研究符号与符号间的形式关系;语义学主要侧重研究符号与符号所指对象间的关系;语用学主要侧重研究符号与符号解释者间的关系。之后,无论发生什么改变,语用学中的两个要素是不发生改变的:一是符号,二是解释者。因此,语用学实现了从符号与符号间关系转向符号与符号解释者关系的目的。换句话说,如果人们抓住了符号与符号解释者这两大要素,那么语用学的研究就不会脱离轨道。

3. 功能文本类型

在《翻译批评的可能性与局限性》中,卡塔琳娜·赖斯(Kantharina Reiss,1971)首次提出了功能类别这一概念,作者从对等论的一些观点入手来分析和研究功能类别,其标志着翻译学术分析的开始。

在赖斯看来,翻译中不是保证词汇对等,也不是保证句子对等,而应该保证语篇对等。简单来说,词汇、句子不是翻译单位,而语篇则是。翻译的目标在于实现源语与目的语在思想、形式等层面的对等,只有这样才能更好地实现交际。因此,基于源语文本与目的语文本的关系,赖斯期待建立一种新颖的翻译批评模式。但经过研究,赖斯发现生活中并不是任何情况都能实现对等,有时候对等是不可能实现的,因此她在阐述翻译批评模式时提出了一些对等论之外的观点。并指出,这些例外的情况并不属于翻译的范畴,而应该属于转换的范畴。也就是说,那些不能完全实现对等的情况,要强调翻译的功能,其次再思考对等的标准。

基于卡尔·布勒(Karl Buhler)的语言功能论,赖斯又提出了文本类型的相关问题,她将文本类型划分为三种。

(1)信息型文本。

(2)表达型文本。

(3)操作型与视听媒体文本。

但是,很多学者认为视听媒体文本的划分过于勉强,因此在之后的发展中,很多学者强调的是信息型文本、表达型文本与操作型文本这三大类,并总结出三大文本各自的特点。

信息型文本一般具有简朴的文字,将内容作为文本的核心,所陈述的内容具有较强的逻辑性,且内容与话题是交际的焦点。

表达型文本属于创作类别的文本,即其中富含了创造力与想象力。

这类文本的内容非常具有审美价值,彰显出作者特别的传递信息的方式以及独特的审美特点。

操作型文本的目的在于促进行动,即通过要求或劝阻等让读者采取行动。

对于赖斯的研究成果,学者曼迪(Munday)给予了很高的评价,并认为其是对纯语言层面,即文字与意义层面的超越,其将事业拓展到翻译的交际层面。

4. 翻译质量评估

当代著名翻译家朱莉安·豪斯(Juliane House)对翻译质量评估方法展开分析和研究,提出著名的翻译质量评估模式,并根据研究的结果,提出"翻译分类学"这一概念。所谓翻译分类学,是指分析源语文本与目的语文本的相同点与差异性,将翻译划分为两大类:一类是显性翻译,另一类是隐性翻译。

豪斯在《翻译质量评估模式:一种重访模式》一书中,吸取了韩礼德等人的研究成果,创立了自己的翻译质量评估模式。这一新模式主要通过词法、句法、篇法等来分析源语与目的语的语域,语篇数段主要用于语篇衔接。这一模式主要包含如下几个操作程序。

从微观上说,对源语与目的语的语言与情境进行关注,即基于词汇与语法系统,对原作与译作的情态、衔接等展开评估,看这些层面是否与语言细节相符。

从宏观上说,对源语文本与目的语文本进行对比,及通过分析原作与译作的概念功能与人际功能,看是否能够保持一致性,同时研究译作能够对原作的风格与功能进行再现,以实现源语读者与目的语读者同等的感受。

此外,从匹配上说,评估相对的匹配,即将原作与译作在语域、翻译体裁等层面寻找对应点来加以匹配。

豪斯将翻译划分为显性翻译与隐性翻译两大类。显性翻译即翻译的文本专门供原作的读者使用。因此,在内容上,显性翻译以强调原作的文化、社会等,在对这类文本进行翻译时,译者寻求的是对等形式,目的语读者作为"旁观者"的身份出现。也就是说,翻译往往采用直译翻译策略。一般情况下,文学类作品、政治类演说需要显性翻译。隐性翻译即将原作的语言特点加以遮盖,实现功能上的对等即可,译者并未将读者带入原作的语境。当然,这种对等只强调是一些语篇功能或话语类型的对等,其跳出对原作的文化、语言等的依赖性,将原作文本与目的语文本都看作阅读对象。一般情况下,学术论文、计算机使用指南等都需要隐性翻译。

第七章 语用维度下的英语翻译理论

根据豪斯的分析模式,在显性翻译中,对等只能建立于语言或文本、体裁等层面,而不能建立在功能层面。实际上,豪斯认为显性翻译是不可能实现功能对等的,仅仅实现的是第二层次的功能对等。与显性翻译相比,隐性翻译的目的在于实现功能对等,当然这也导致语言或文本、体裁等层面对等的缺失。可见,从某种意义而言,豪斯的语篇翻译理论对翻译实践意义非凡。

四、修辞语用学与翻译

（一）修辞语用学简述

随着语言学的深入研究,修辞学也转向跨学科研究,而基于修辞学与语用学两大学科,修辞语用学诞生。就学科渊源上来讲,修辞学与语用学的结合源自于古希腊时期,学者亚里士多德就提出了修辞语用模式。

在亚里士多德看来,每个句子都有存在的意义,但是并不是所有的句子都是陈述型的,只有能够对真假加以判定的句子才属于陈述型句子。例如,"恳求"就属于一种句子,但是这种句子并不能判定真假。因此,对这类问题进行思考就属于修辞语用学的范畴。

在修辞领域,有两种修辞翻译观被人们重视和研究,具体分析如下。

第一种认为修辞学是对文字进行修饰与润色的手段,目的在于划分与使用修辞格。这类观点得到了西方学者的重视,并在中世纪以来占据重要的地位。但是,其也导致了明显的不良后果,使得传统修辞学走向没落。

第二种认为修辞学是对语言手段展开艺术性选择的一种手段,其侧重于研究词汇与文体、句子与文体等之间的关系等问题。这一观点在20世纪六七十年代在我国受到了重视和发展,我国著名的学者王希杰、吕叔湘等都推崇这一观点,并在其研究中效果显著。

将修辞学与语用学相结合恰好是第二种观点的体现。另外,这二者的结合还与哲学有着密切的关系,随着二者不断的交融,修辞学与语用学逐渐形成了一些相通之处。

（1）修辞学与语用学都将言语交际视作重要的研究内容,即研究方向、研究客体是一致的。具体来说,二者都研究语言在言语交际中的运用情况,并分析为了实现交际,两门学科应该采取的具体策略。

（2）修辞学与语用学在探讨研究对象时,都会将语境考虑进去,即将语境融入二者的研究对象中,以此分析言语交际中出现的具体问题。

当然,除了相通之处,修辞学与语用学也有各自的特点。
(1)修辞学主要研究语言的综合运用情况。
(2)语用学强调语言的具体使用情况,且对语言使用进行分析和探究时必定会涉及修辞。

总而言之,修辞学与语用学这两门学科有着相辅相成的关系,二者相互促进、相互借鉴,从而获取更大的研究成果。

(二)修辞语用学的翻译

作为一门学科,修辞语用学有着独特的审美观与文化观,这就要求在翻译时也应该注重这两大层面。

1. 审美观

修辞语用学具有独特的审美观,在特定的语境下,修辞语用学的审美观体现为对语言的感染力与表现力的凸显。当然,这需要借助一定的语境,还需要借助语调、词汇、句式等语言单位对语言进行推敲,从而使语言达到最佳的表现效果。

根据划分标准的不同,修辞格可以划分为两类。

第一类为描绘手段的修辞格,其是借助转义手段,对表情色彩加以补充与描写。一般借代、双关、比喻都属于描绘手段的修辞格。

第二类为表现手段的修辞格,其是将修辞色彩融入固定的语法形式中。一般,排比、回环等都属于表现手段的修辞格。

总体而言,修辞语用学就是运用各种修辞艺术手法来实现语篇相应的语用价值。在很大程度上,修辞艺术手法在修辞功能、艺术形式上体现得更为明显。换句话说,要想达到理想的表达效果,不仅需要修辞格的恰当运用,还需要词汇、句子等的恰当选择,只有这样才能展现语言的结构美与意境美。

语言要求内在美,而这一审美理念要求人们在语言活动中应该选择恰当的修饰性词语来彰显语言的表现力,且这些词语要求具有韵律美与节奏美,这样才能彰显出语言的优雅与美感。

一般来说,修辞语用学的翻译主要体现为如下两点,即形式美与内涵美。

修辞语用学翻译的形式美主要在声音层面体现得较为明显,即让听者/读者感受到听觉美或视觉美。例如:

None but the brave.

None but the brave deserves the fair.

第七章　语用维度下的英语翻译理论

显然,从形式上两句话中都包含"None but the brave",是一种反复修辞的运用,通过这一运用,使得句子更具有渲染力与烘托效果,也使得句子更为和谐,给人以亲切之感。

修辞语用学翻译的内涵美占有较大比重,其追求听者/读者美的联想。例如:

Thanks for that:

There the grown serpent lies; the worn that's fled.

这本身属于一个内心独白,当得知对手被害之后的一种喜悦,又得知被害儿子逃脱的一种担忧,这是一种复杂的情感,也让人体会到句子的内涵美。

2. 文化观

从很大程度上来说,文化决定着人们的思维定式与认知模式及与之相关的物质形式,如语言与修辞手段。无论是何种交际活动,修辞都属于文化的组成成分,并且是经过历史的变迁而逐渐产生和发展起来的。

同时,修辞不能脱离社会与文化而单独存在,否则修辞也就不能称为修辞了。这反映了修辞与文化之间的密切关系。语言是文化的一种主要载体,是人们开展思维的物质形式,因而语言的包含体裁、修辞在内的这些表达形式,反映着两个民族群体在历史、风俗等层面的差异,从而导致修辞表达与行文的差异。

除此之外,文化与修辞的关系还体现在文化的不同导致修辞的差异,即处在不同时期的同一种文化,其修辞也会根据时期而发生改变,因此时期不同,鉴赏标准也必然存在差异。

随着历史的不断发展,不同的民族为了保证交际的顺利开展,逐渐形成了具有特色的言语系统,尤其体现在语音、词汇、语篇等层面。同时,一些具有特色的修辞手法也相应诞生,这些手法与本民族的审美心理、行为习惯等相符,且修辞语言符号体现的也是文化信息与语用价值,这些都成为修辞语用学研究的内容。同时,通过对这些层面的研究,也更好地透视出修辞语用的意义与功能。例如:

Steven, be careful. Your boss is a piece of chopping block.

上例中,实体性隐喻修辞的运用使句子增添了别样色彩,其本体是由表达事物的名词充当,而作为隐喻联想思维基础的相似性特征包含于本体之中。本体为 your boss,而喻体为 a piece of chopping block,乍一看二者并无关联,但是如果仔细一想就可以得知,你的老板是一个"狡诈的或者八面玲珑"的人,这样的人如同切菜板一样,具有两面光滑的特点。也正是根据这一相似性,才能这样关联起来,因此在翻译时需要考虑这个句

· 149 ·

子本身所具备的修辞语用特征。

五、文学语用学与翻译

（一）文学语用学简述

随着文学与语用学两门学科的不断发展,文学语用学诞生,其是文学与语用学二者的结合。对于"文学语用学"这一术语,最早是由曹格特和帕拉特(Traugott & Pratt)于1980年提出的。1987年,芬兰科学园设立了"文学语用学"研究基地,并专门召开以文学语用学为主题的研讨会,至此文学语用学真正地进入人们的视野,很多学者对其进行了研究,并出版了很多相关的著作。至今,文学语用学的研究仍在继续,且在不断深入与拓展。

（二）文学语用学的翻译

文学语用学是对语用学研究对象的拓展,也将语言学与文学之间原本存在的割裂状态予以消除,具有明显的跨学科性。随着对文学语用学研究的深入,人们将研究的视角转入翻译领域。

学者霍姆斯(Holmes)是较早一批对翻译进行研究的学者,他将翻译学划分为描写、理论与应用三个层面进行研究。进入20世纪80年代,翻译学研究被广为关注,语用学也在这一时间得到迅猛发展,因此将语用学研究融入翻译之中也因此得以发展。

1. 文学语用学翻译的取向

文学语用翻译观不仅将原作与译作、译作与读者间的动态关系明确地展现出来,还将翻译的本质加以凸显。因此,文化语用学翻译观不仅将语言学前期的翻译观加以融合,还将文化学派的翻译理论进行结合。

温特司(R.J.Watts)认为:"文学语用学侧重于研究文学作品结构外所蕴含的语篇意义。"[1]另外,他还指出,文学语用学的研究可以采用内观法与外观法两种方法。

除了研究语用理论在翻译中的运用及各种关系问题,文学语用学翻译还研究语用学对文学的描述与解释问题,这可以将文学作品中隐藏的翻译哲学、翻译原则等揭示出来,并探索出文本深层的结构与语用意义、

---

[1] 曾文雄.语用学翻译研究[M].武汉:武汉大学出版社,2007:127.

第七章　语用维度下的英语翻译理论

语用价值等。同时,也能够将文学作品与心理、认知等融合,将文本、交际世界、交际对象作为整体来进行研究与探讨,阐释文学的交际功能与交际过程,为文学语用翻译的科学研究奠定基础。

需要指出的是,文学语用学翻译也具有跨学科的性质,其会涉及心理学、语言学、社会学、美学等多个学科,这样的跨学科性使得言语交际的认知更加全面与完整,还能够实现语言学与文学之间的合理对话,具有划时代的意义。

2. 文化阐释与语篇翻译

语言背后必然隐含着语用意象,而语言的这一特征决定着翻译的文化取向,而其中必然涉及文学翻译。众所周知,翻译是一种跨语言、跨文化的现象,其涉及各种认知语境与能力,因此其比一般意义上的言语交际更为复杂多变。无论是社交世界、物理世界,还是心理世界、语言内部的交际世界,都属于语用思维的世界。语用学可以引导人们运用语用思维的世界,对语言运用的干扰因素加以透视,从而获取文化翻译的实质。同时,从语用学的角度来分析翻译的影响因素,还能够避免"翻译文化转向"的过激倾向。

有些源语带有异域文化的信息,在对这类文本进行翻译时,译者要想将源语的语用价值、语用功能展现出来,就不能拘泥于原本的文字意义,而应该挖掘其内涵意义,采取多种手法加以变通,有时甚至需要取舍,这样才能保证译语容易被理解,且与源语的含义更为贴切。例如:

只见王婆推开房门,人来怒道:"你两个做得好事!"

西门庆和那妇人吃了一惊。那婆自便道:"好呀!好啊!我请你来做衣裳,不曾叫你来偷汉子!……"

(施耐庵《水浒传》)

赛珍珠的译本:…I did not tell you to come and steal a man!…"

杰无逊的译本:…and not to carry on this man."

沙博理译本:… "not to play adulterous games!…"

源语出自《水浒传》,其中将人物及人物语言的特点刻画得非常精妙。而对于下面三个译本,却各自显现出各自的特点。例如,在对"偷汉子"这一俗语进行翻译时,赛珍珠直接进行翻译,杰无逊则描摹了源语的结构,而沙博理则从中国文化背景出发来考量。根据三位译者的翻译可知,要想准确翻译源语背后的文化,彰显语言的语用功能与意义,就必须较好地展现出原作中的语用成分、语用结构以及语篇等,这样才能克服文学语用翻译的各种困境。

3. 语用价值与动态的翻译批评

翻译的目的在于跨文化交流，当然文学语用学的翻译也是如此，为了克服中西方的时空差距与价值观差异，准确将文学信息传达出去或传入进来，文学语用学翻译就必须对这些差异予以克服，使文学作品的意义能够在异国他乡得到延续。文学语用学翻译有着多层面的价值，如历史价值、社会价值、创造价值、文化价值等，这些价值的实现都需要作者、译者、读者的努力下才能真正地实现。

从形式上说，文学语用学翻译仍旧是语言的一种转换活动，但是除了转换这一形式，其中还蕴含了对源语思想、源语文化、源语语用等层面的传播，这些传播都或多或少地影响着读者的思想与情感，甚至会发展到对政治、经济等的影响。翻译活动是具有社会性的，因此文学语用学翻译的社会价值也体现得尤为明显。

对于文本的解读上，译者与读者具有历史性的特征。为什么这样说呢？这是因为，文明状态不同，文化需求也不同，而时代背景的影响，加之读者的接受能力对译语的产生有着重要的影响。也就是说，文本、译者、读者所处的时间或者时代不同，译者要想能够让读者理解，就必须对原作者的所想、所感进行挖掘，这样才能真正地与原作者进行交流，分析出原作者写作的意图，进而进行推断，将其历史价值体现出来。

另外，从美学的角度来说，文学语用学翻译还是一个美的创造过程，因为其体现了译者对审美客体加以认识的超越性。从本质上说，这种超越性也是一种创新的艺术活动。文学语用学翻译有着独特的内在规定性，其不仅展现了译者创作的技巧与才能，还展现了译者对原作的审美能力、鉴赏能力，以及对原作的思维创造力。在审美与创造的过程中，译者需要对文学作品的形式加以感知，进而深入分析文字背后所蕴含的文化信息，并从本民族读者的接受程度出发，对源语的意义加以透视，这样译者才能与原作者进行呼吸，进入到原作者写作的内心世界，在思想、情感上与原作者产生共鸣，最终增强译作的感染力。

文学语用学是一个新兴的边缘学科，其研究的热门话题就在于如何对文学语用学翻译进行解释与评价。随着翻译的语用学转向的深入，文学语用学翻译批评也受到众多学者的关注，尤其是诗学、意识形态、赞助者等学者将其作为文化语境因素，并指出应该将文学翻译的语用价值、社会文化价值等凸显出来，并从对文本的侧重转向对文本相关因素的侧重。

此外，文学语用学翻译批评对于译语能否实现源语在语言、交际、语用、文化等层面的统一性也是非常看重的，它将译语的接受程度作为前提，对交际者、文化、文本、语用这些对翻译起操作作用的成分进行合理假

第七章 语用维度下的英语翻译理论

设,从而揭示出译者的语用能力、认知假设能力等,评判译者能否揭示出译作的社会文化意义与语用意义。

六、认知语用学与翻译

(一)认知语用学简述

从诞生之日起,认知语用学就被视作认知科学的一项重要组成部分。要想了解认知语用学,这里首先来分析认知语言学。

认知语言学这一术语首先出现在1971年,其被认作对大脑中语言机制加以研究的学科。目前所提出的认知语言学指的是20世纪七八十年代的认知语言学,是一个新兴的语言学流派。

认知语用学是在认知语言学的基础上诞生的,出现于20世纪80年代中期,是一个新兴的边缘学科。1986年,以"语言使用的认知"为主题的研讨会在以色列召开,并吸引了众多学者参与,且提出从认知语用的角度对语言的使用问题加以研究。自此,认知语用学进入大众的视野。

那么,如何定义认知语用学呢?目前,对于认知语用学的定义还不统一,但是人们也不能否认其存在。例如,言语行为、指示语等语用现象的交际意义超越了语言的编码信息,这就是通过认知心理而产生的意义,这样的信息处理过程其实本身也属于认知过程。因此,有学者将认知语用学定义为:一门超符号学,即研究符号与交际意图在历时上逐渐固定化的关系。对于这样的定义,自然有其道理,但是这样的概括在其他学者看来又过于简单,且对于认知语用学的本质也未触及。之后,格赖斯、斯珀伯、威尔逊等人也指出,语用学存在认知基础,且对超句子信息的处理与研究意义重大。

在方法论、研究目的等层面,认知语用学也具有心理语言学的特点,尤其对于交际双方如何进行语言生成与理解给予了特别关注。认知科学是对感知、注意力、语言等认知现象的交叉研究,强调对信息的组织、处理与传递等的研究。认知语言学建立在体验哲学观的基础上,因此其包含的认知语用学也具有一定的哲学基础,即认知的无意识性、心智的体验性与思维的隐喻性。

另外,认知语用学近些年的研究成果也体现出,语言运用是受交际双方的相互假设与推理、特定语境的了解程度、关于语言运用的认知语境假设等决定的。不管是语言现象,还是非言语现象等的运用,都是非常重要的认知现象。例如,关联论就是一种交际与话语理解的认知理论,其将理解视作需要推导的心理学问题,并受到单一认知原则的制约。在西方语用学者眼中,关联论是认知语用学的基本理论框架,且为认知语用学的进步带来了生机。

(二)认知语用学的翻译

传统翻译理论的核心在于语言形式的转换,而从语言意义的视角来研究翻译问题就是认知语用学翻译研究的关注点,从而挽救传统翻译理论的一些弊端。换句话说,将语言与认知的关系融入翻译理论研究中,不仅可以提升翻译的科学性,还能够加深对翻译本质的了解与认知。因此,对文本、作者、读者三者关系进行分析显得不全面,也不完整,只有了解与之相关的认知与体验要素,才能使文本、作者、读者的交际过程加以贯穿,也才能建构合理的解释模式。简单来说,在进行翻译时,译者不仅要考虑各要素,还需要考虑译者的主体性地位,这样才能让译文更加通顺并忠实于原文。

认知语用学翻译将翻译视作一种认知活动,即认为译者应该即将关联理论运用到源语意义的理解之中,然后对源语的语用意义进行转述,揭示与传递出语言运用的本质与价值,让读者了解源语的现实世界与认知世界。

可见,认知语用学翻译深入剖析了交际双方的认知过程与心理活动,也分析了语言运用的意义与价值,探索了翻译的本质问题,因此对于翻译理论的构建意义巨大。

1. 认知语用学翻译观

在翻译过程中,译者需要基于认知语境,不断补充与语用推导。如果将翻译看作一个过程,并对其进行研究,那么了解翻译的认知机制、转换机制就显得十分重要。具体而言,在理解与产出译文的过程中,译者头脑中的语言知识与文化知识会逐渐被激活,并通过关联—顺应,运用一些认知策略,就会选择恰当的语言来组织与表达,从而展现译文的字面意义与语用意义的串联性。因此,翻译不仅是作者与译者的互动,还是译者与读者的互动,这就是明示—推理的过程。在这一过程中,作者与译者的交际效度会受到作者、译者、读者三者关系的制约和影响。

在具体的翻译过程中,译者不仅会考虑词与词、句子与句子等基本语言单位的转换,还会考虑认知心理单位与认知模式之间的转换。认知模式与认知心理密切相关,其是语言单位进行转换的心理依据,而认知模式形成的基础就是心理经验,由于不同民族,认知心理经验不同,因此不同

第七章　语用维度下的英语翻译理论

语言的认知模式也会存在明显差异,导致翻译方式与结果也必然会受到影响。

从认知语用学的角度来分析,人的认知、概念、推理、理解等都源自于对客观世界的经验。从这一角度来说,作为一种基本认知活动,翻译也必然具有体验性,且为了追求最佳的认知而不断付出努力。如果从处理的先后顺序,对理解时的假设进行审视,那么就应该将消除歧义、隐含、语境假设等包含在内。而当达到期待的关联程度时,这种理解往往会终止。而为了更好的理解,译者需要掌握词汇知识、百科知识等基本的认知语境知识,运用这些知识,译者才能进行推导与理解。当译者进行表达时,为了将原作者的意图传达出来,还需要对读者的认知语境加以预测,这样才能更好地对语码进行选择。

总之,在进行认知语用学翻译时,译者需要将个人能力与爱好与读者的接受能力结合起来,选择恰当的翻译方法,占据最大的主动权。但是需要指出的是,译者也需要考虑原作认知语境,这也是非常关键的要素。

2. 认知语用学对翻译的解释力

认知语用学翻译观对翻译现象的解释力非常强大,且取得了明显的效果,具体表现为如下几点。

第一,翻译的创造性。认知语用学翻译观本身属于一种认知活动,因此具有主观能动性与创造性。

第二,翻译的体验性。认知语用学翻译本身是基于体验哲学建立起来的,其除了作者的要素与创作灵感来自体验外,读者与译者的理解也来自体验。

第三,翻译的整体和谐性。翻译往往以语篇作为基本层面来传递整体意义,其中兼顾了文本、作者、读者各个要素,这样才能保证和谐。

第四,翻译的文化性。译者要想实现原作与译作文化的最佳关联,就必须了解和弄清楚原作的文化语境,因此文化因素也影响着翻译的质量,而且是非常关键的层面。

根据认知语用学的观点,一些经常出现的语言语用情况或者具体场合的语言运用,往往可以在大脑中通过结构化的处理而形成人的知识结构,即通过语用人的经验,具体语境可以被容纳为语用知识。如果场合不明朗,语用人可以借助认知语境与语用知识来进行推理。例如:

He wasn't fit to lick my shoe.

(*Great Gatsby*)

他连舔我的鞋都不配。

(巫宁坤 译)

在上例中,作者抓住了源语的意象图式,达到译者与之类似,这样实现双语的互通。也就是说,译语作者建立了与源语作者相似的认知基础,基于这一点,读者才能建构相似的认知意象与结构。上例中的 lick my shoe,译者将其直译为"舔鞋子",这便于译入语读者的理解,并很自然地将其转化为"屈尊、受辱"等含义,从而使源语文化概念全面地植入自身的文化认知中。

七、社会语用学与翻译

(一)社会语用学简述

20世纪上半叶,语言本体是语言学研究的主要对象,但是其忽视了语言运用与语言理论运用的研究。随着社会语言学、心理语言学、语用学等学科的逐渐兴起,语言学开始研究言语规律、言语机制。社会语用学就是在这样的背景下诞生的,其融入了语用学、社会语言学、修辞学等成果,对言语规律、语言运用加以关注,并采用社会学、语用学的理论与社会实际,对语言现象加以研究。社会语用学揭示出社会因素对言语过程的影响,其范围也非常广泛,涉及人际交往、新闻传播、社会命名等。

社会语用学的基本出发点在于将语言视作一种社会现象,而语言的根本属性之一就是社会性,语言随着社会的发展而产生与发展,并随着社会生活的改变而不断演变。

社会语用学对社会情景变体非常注重。学者利奇将语用语言学与社会语言学做了区分。语用语言学主要强调某一语言所提供的以言行事的具体材料,后者强调在具体社会条件下,语言运用及言语行为发生的变化。从侧面来说,社会语用学是语用学对社会学的研究,其研究语言的社会性本质,对语言结构、语言运用予以密切关注,并分析社会因素对语言产生的制约与影响作用。在研究方法的运用上,社会语用学基于传统定性研究,将定量分析与定性分析相结合。这种做法是对语言研究方法的改进,对语言研究而言意义重大。

总体来说,社会语用学的主要任务在于帮助人成为好的语言运用者。在道德层面,社会语用学更强调使用者应该注意自己的言行,提升自我意识,构建和谐的语言运用环境。

第七章　语用维度下的英语翻译理论

（二）社会语用学的翻译

翻译是一种语言现象是众所周知的,但是翻译还是一种社会文化现象,因此其属于社会语用学研究的范畴。这是因为,翻译受社会环境的制约,并且为社会意象提供服务,因此有必要将社会语用学引入翻译研究领域。同时,当前的社会语用学研究还涉及语言变异现象,因此在翻译中应该多加注意。

1. 语言变异的翻译

在社会语用学研究中,语言变异是非常重要的一项内容。语言变异,是指通过运用不同的语言变体呈现的语言运用层面的变化与差异。简单来说,由于不同群体在社会因素、人际交往等影响下,产生的语言行为变异即语言变异。

在对社会中语言现象加以分析和探讨时,变异是最基本的单位,且在语言学领域应用也非常广泛。变异也囊括了单个的语音、词汇、语法项目,语体、方言,职业与年龄等内容。

语体即语言的功能,很多因素都对其产生影响,如目的、动机等。就表现形式上说,语体的差别主要通过句子结构、用语等彰显。例如:

We know Eggsactly how to sell eggs.

这是一则某鸡蛋品牌的功广告,句子中使用 Eggsactly 一词,不仅使用了谐音手法,在语义上也与后文的 eggs 衬托。这种变异的运用使得句子充满风趣,也更容易吸引读者。再如:

食全食美,鳖来无恙。

这是一则饭店的招揽顾客的广告。这样的广告词让顾客感受到"食得满意,请君再来"的含义,且是对汉语中"十全十美"与"别来无恙"的套用。这样的变异更好地吸引了顾客,让顾客愿意去吃。

2. 语言文化的翻译

社会语用学侧重语言交际中社会因素对语言运用功能的制约与影响,并研究社会因素在语言结构中的具体的反映情况。受社会环境的影响,翻译超越了语言现象,更是一种社会文化现象。由于中西方思维模式、文化传统等存在明显的差异,语言使用也存在明显的不同。因此,在翻译的过程中,译者需要考虑文化因素,对源语文化进行转换处理。例如:

"这断子绝孙的阿 Q!"远远地听到小尼姑的带哭的声音。

（鲁迅《阿 Q 正传》）

译文 1："Ah Q, may you dies sonless!" sounded the little nun's voice tearfully in the distance.

译文2:"Ah Q, may you dies sonless (a curse intolerable to ear in China)!" sounded the little nun's voice tearfully in the distance.

在中国的传统文化中,没有子嗣是最不孝的表现,且这一思想深深存在于传统中国人的脑海之中。因此,"断子绝孙"是一个诅咒的话语,是非常恶毒的。但是,西方国家并没有这样的说法。因此,在翻译时除了直译外,还需要加入相应的注解。译文2的处理要比译文1更为恰当,也可以让西方读者领略到这句话的真正含义。

3. 语言风格的翻译

根据社会语用学翻译观,社会语用学翻译应该将源语的神韵、意境等充分展现出来。刘宓庆也指出,译者作为审美主体,应该对语言符号的音系标记、词语标记、修辞标记等形式进行标记,还应对语言符号的非形式标记的开放性、整体性进行识别,通过接受原则、对应原则的运用,对社会语用语码进行重构与转换,从而真正地传译源语的特色,再现源语的风格。例如:

To some scholars, instruction emanate from lecture or laboratory, too there radiates from with in.No scholars is so well thought a she who can help him.

学人中有受教于讲堂、实验室者,亦有教发之于内者,能自教自学,则学人中之最上乘矣。

通过分析原作可以看出,其属于古语体,阐述了学与用的关系,用词是非常严谨的,如 scholars, instructions, emanate 等。在翻译时,译者也遵循了其中的特色,展现高雅的文学特色,运用"之""则""受教于"等词语,是对源语风格的再现,也展现了源语的美。

第三节 微观语用学与翻译

除了宏观语用学,微观语用学也是语用学研究的一个重要层面。微观语用学主要涉及语境、预设、指示语、言语行为、会话含义、礼貌原则、关联理论、顺应理论等内容。本章主要对其进行分析,并探讨各自的翻译问题。

第七章　语用维度下的英语翻译理论

一、语境与翻译

(一)语境简述

语言的运用与语境有着密切的关系。马林诺夫斯基(1923)认为,要想理解发话人的意思,就必须将话语与语境相结合。从马林诺夫斯基的观点中可知,语境对于语言理解非常重要。

弗斯(Firth,1957)对马林诺夫斯基的观点进行了继承与发展,并提出自己的语境思想。在弗斯看来,语言与语境间、上下文间都存在着必然的联系,这就是上下文语境与情景语境。除此之外,语境还包括语用人的言语活动特征、语用人特征等。[①] 当然,除了交际双方共有的语用知识,语境还涉及语用人的地位、作用、语言发生的时间与空间、与语言活动相适应的话题等。

基于弗斯的观点,莱昂斯(1977)还提出,话题对于方言的选择、交际媒介的恰当有着至关重要的作用。[②]

韩礼德认为,语言会随着语境而不断发生改变,韩礼德对于语言与社会的关系非常重视,认为语境属于一种符号结构,是文化符号系统意义相聚而成的。这种观点呈现了语境的动态特征。同时,韩礼德还认为语境这一符号结构包含三个层面。

(1)语场,即发话人运用语言描述整个时间,是有意识的语言活动,也是话题的呈现。这也表明,交际双方处于不同的语境,他们谈论的话题也必然不同。语场对交际的性质、话语范围起着决定性的作用,同时影响着词汇与话语结构的选择。另外,语场也指引着话语的发展情况,语言不同,话语形式也必然不同。

(2)语旨,即语言交际双方在交际中或在社会语境下所扮演的角色,以及彼此之间的角色关系。当然,这些关系与人际功能呈现对应情况,并通过语气系统加以体现。对于交际对象,语旨是非常看重的,即如何向对方传达自身的所见所闻。

(3)语式,即语言在情境中的功能与组织形式,包含上文提到的交际双方的地位与交际关系,以及交际者的发话目的。语式对于话语的衔接与主位结构是非常注重的。

[①] Firth, J. R. *Papers in Linguistics* 1934—1951[M]. London: Oxford University, 1957: 12.
[②] Lyons, J. *Semantics*[M]. Cambridge: Cambridge University Press, 1977: 574.

除了西方学者,我国学者对语境也进行了研究。《辞海》(1989)中指出,语境即交际双方所面对的现实情境,也可以称为是交际的场合。①

我国学者郑诗鼎(1997)提出,从语言学的角度来说,语境可以划分为两类:一种为社会语境,另一种为言辞语境;从社会学角度来说,语境也可以划分为两类:一种为主观语境,另一种为客观语境。②

学者张志公(1982)认为,交际双方的场合及前言后语是对语义产生直接、现实影响的语言环境。从大的层面说,语境可以指代一个时代、一个社会的性质与特点;从小的层面说,语境可以指代某个个体的文化认知、生活经验等。

笔者认为,语境可以概括为三个含义。

第一,语境指语言产生的环境,可以是内环境,也可以是外环境。

第二,语境指从特定语境抽象出来的能够影响交际双方的各种相关的要素。

第三,语境指交际双方所共同存在的交际背景,可能是共同的知识,可能是共同的文化等。

分析了什么是语境,下面重点探讨语境的划分,因为这是认识语境本质的关键层面。从宏观角度来说,语境可以划分为如下六种,如图7-1所示。

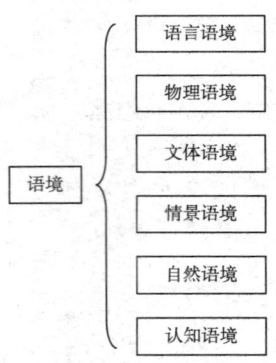

图 7-1 语境的划分

(资料来源:熊学亮,2008)

1. 语言语境

所谓语言语境,主要涉及词语搭配、前言后语及由此构成的工作记忆与短期记忆、关键词与话语出发的知识等。例如:

---

① 《辞海》编辑委员会.辞海[M].上海:上海辞书出版社,1989:1037.
② 郑诗鼎.语境与文学翻译[M].重庆:西南师范大学出版社,1997:7.

第七章　语用维度下的英语翻译理论

（语境：A 递给 B 一把螺丝刀，并指向洗衣机的后盖）

Open the washing machine !

在这里，open 的意思是打开洗衣机的后盖，这显然是通过前面的语境获得的，可能 A 对 B 就已经说过了：

The washing machine is making a loud rattling sound.

正是由于这一语境前提，B 很容易理解用螺丝刀去打开后盖来检查一下，也明确了 open 的范围。

在所有的语言语境中，上下文语境是最为常见的一种，使用范围非常广泛，即通过上文，就可以获知下文信息的意义。对于这种语境，主要包含短语语境、句子语境、段落语境、语篇语境。除此之外，还有一种最小的语言语境，就是搭配语境，其有助于落实字词的含义并将这些字词含义做具体化处理。例如：

这是一件浪漫而痛苦的事情。

她是一个漂亮而聪明的女孩。

对于汉语中这两句话，"而"的运用却意思不同，前者"而"的前后词是矛盾的，后者"而"的前后词是并列的，因此在翻译时应该多加注意。

2. 物理语境

物理语境属于一种语言系统外的因素，即在进行语言交际时，处于交际双方之外的，但是对交际双方的交际话语产生重要影响的一种语境，如交际场所、交际时的天气、空气中的气味、交际双方的身体情况等。例如：

（语境：A 与 B 在卧室一边看电视一边聊天）

A1：《越狱》与《吉尔摩女孩》哪一个更好看？

A2：我喜欢看《越狱》，因为每一集的结尾都会给人留下悬念，让人释怀。

B1：好像排到第二集或第三集就比较拖沓了。我比较喜欢《吉尔摩女孩》，是说单亲母女的事情，很注重细节，也很有人情味。

B2：那我有空……我现在要出去一下。

通过分析这段话，B2 显然是被某些情况干扰了，如图 7-2 所示。

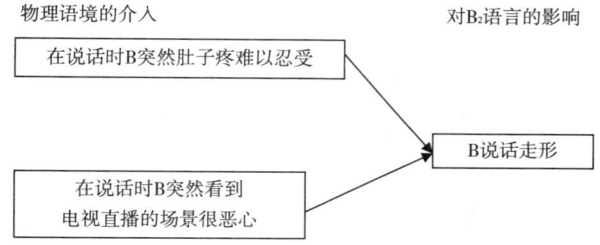

图 7-2　物理环境介入的情况示例

（资料来源：熊学亮，2008）

换句话说,物理预警会对发话内容、发话方式、他人理解产生影响。

3. 文体语境

文体语境主要从不同的语境角度对文体加以判断。具体来说,文体语境主要表现为三个层面。

第一,力求对语境进行详细、全面的介绍。

第二,在语境中凸显最主要的部分。

第三,采用折中手段。

4. 情景语境

所谓情景语境,是指在交际行为发生过程中的实际语境,具体包含如下几种。

(1)交际行为发生的时间。

(2)交际行为发生的地点。

(3)交际行为发生的范围。

(4)交际行为发生的正式程度。

(5)交际双方的具体风格。

5. 自然语境

交际行为的发生必然与自然环境密切相关,自然语境就是对这类环境的总称,具体包含如下三项内容。

(1)受自然风貌的影响形成的自然环境。

(2)受时令变化影响形成的自然环境。

(3)在交际时呈现的具体实物而形成的自然环境。

6. 认知语境

所谓认知语境,指语用人在知识结构中构建的知识单位、知识单位间的衔接习惯、知识单位衔接的逻辑方式。在对话语信息进行处理时,话语中相关词语会从语用人固有知识结构或认知语境中,将相关的记忆内容进行激活,从而提升对信息加以处理的效度,并得出与语用人话语相关的解释。

在日常话语中,对话语的运用与理解所包含的已经系统化、结构化的百科知识就属于认知语境的内涵,或者语用人已经认知化、内在化于头脑中的关系典型与概念典型。基于这些典型与认知,语用人在对这些信息进行处理时,就是先对语言符号的字面含义加以充实,然后从认知层面对其进行补充。换句话说,交际双方在交际过程中,话语的生成往往会受到经济原则的影响与制约,发话人产生的话语也并不是完整的。很多时候,

第七章 语用维度下的英语翻译理论

交际中的话语信息会超越其字面意义,是一种超载信息,且需要受话人经过分析才能推导出发话人的意图。这时的推导其实就包含了认知的性质。

如前所述,语言表达本身也具有信息的不完整性,其字面含义一般很难满足交际的需要,语用人必须经过推导才能真正地达意。当然,在对话语进行推导的过程中,语用人有时候并不需要依赖物理语境,他们可以自觉或者不自觉地采用已经认知化、内在化的语用知识来理解与解释。例如,当有人说道"他喝多了。"这句话时,如果没有具体的语境介入,那么一般人都会认为是他喝酒了,而且喝得很多,就理所应当地认为"喝"就是喝酒。

但是,当有具体的语境介入时,这种内化的常理解释往往会被推翻,如可以说:"他又喝多了,只见他总是跑洗手间。"这样的介入就可以将"喝"理解为喝水。

认知语境中的常规语用知识就是人们储存的知识状态。当人的大脑输入信息之后,那些有用的信息会被储存下来,但是这些储存往往会经过整理,并不是杂乱破碎的,而图式性的信息处理就是将知识系统化、结构化的过程。换句话说,知识的存储是以框架、脚本、草案、图式、表征等状态存储的,在语言运用的时候,这些知识就会被激活,从而让人们有效选择使用。

当知识被激活之后投入使用时,一般会采用两种方法。

(1)话语中的有关词语仅对固有知识的某一部分进行激活,但是通过这一部分,语用人可以激活其他部分,进而推导出整个知识所包含的信息。

(2)如果话语中的有关词语激活的固有知识不止是一个,甚至是两个以上,那么这些知识需要运用逻辑连接起来,而连接的方式往往先连接近的,再连接较为远的。

请看下面的几段对话。

A: Why didn't drive to work today?

B: I can't find my keys.

分析上述对话,"车"的知识使整个对话连贯起来。在"车"的图式中"方向盘""座椅""钥匙"都是其必备的部分,钥匙是点火的必需品。因此,B说找不到钥匙,那么A就很容易理解这个钥匙就是所谓的车的钥匙,而不是房子的钥匙或者办公室的钥匙等。因此,车的钥匙就说明了A与B具备了同一认知框架。再如:

A: I sprained my wrist.

B: Let's go to the hospital just now.

在这个段话中,"手腕扭伤"与"医院"将整个框架激活。为什么 A 说手腕扭伤,B 的回答是去医院呢? 显然,这是最常理的处理方式,也是根据人的经验逻辑自然形成的,且这两个连贯具有相邻性的特征,很容易被人联系起来。又如:

A:I sprained my wrist.

B:Let's go to the cinema just now.

乍一看,上述对话并无关联,甚至说关联认知较远,这时就需要更多的语境介入,如 B 知道 A 喜欢看电影,因此 B 的提议可以让 A 减轻手腕疼痛,是对 A 的一种安慰之情。这样,两个不相干的话语就贯穿起来。

除此之外,笔者认为语境可从两个方面来理解,如图 7-3 所示。

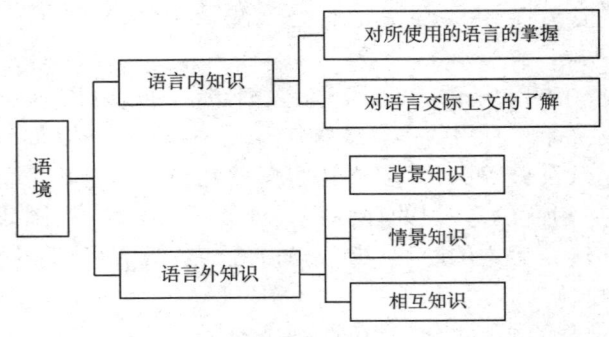

图 7-3 语境的内涵

(资料来源:曾文雄,2007)

从图 7-3 中可知,交际语境的内容比较复杂,且是动态性的,因此语用人需要用动态的眼光来理解与处理语境。

(二)语境的翻译

著名学者严明指出:"语用学主要对语言的运用与理解进行研究,即研究语用人如何采用恰当的语境对意义加以传达,同时研究对方如何对语用人的话语加以理解。"[①] 就这一意义而言,语用学并不是简单地对语言意义的研究,其研究重点在于交际双方在交际过程中,如何在特定语境下传达与理解意义。因此,语境翻译显得十分必要。

1.语用学翻译语境的意义

要想保证交际的顺利开展,交际双方不仅需要了解双方语言内的知识,还需要弄清语言交际的上文,即之前的交际。交际是动态变化的,交

---

① 严明.大学英语翻译教学理论与实践[M].长春:吉林出版集团有限公司,2009:110.

第七章 语用维度下的英语翻译理论

际双方也会随着交际内容的变化而不断产生新的话语,这时候就需要了解语境的重要性,这对于译者来说也非常重要。

(1)对原文等效翻译的意义

虽然对于语境的定义、划分等还并不统一,但是语境的作用是非常巨大的,是不容忽视的。而翻译是两种语言的转换,也是跨文化交际活动。在具体的实践中,语境有着重要的意义。如果译者对语境知识不了解,那么就会直接影响译文的质量。

在进行语用翻译的过程中,译者会受到多种因素的影响和制约,而语境在其中扮演着重要的角色。如果译者能够以语境为基础理解与处理翻译问题,那么有助于作者与译者之间的交际,从而便于读者理解原作。

但是,由于作者与译者所依靠的语境并不是完全相同的,因此如果要想保证等效翻译,使读者能够获得与源语读者同样的感受,译者就必须在忠于原作的基础上,保证译作与译入语语境的契合。这对于译者对原作较高的理解力,能够捕捉到原作者的内心世界,了解原作者在写作中的感受与思想,然后结合自身语境来翻译。

(2)对译者理解原文的意义

对于语用学翻译,语境还能够促进译者理解原作,不仅存在于字形上,还存在于句子、语篇上。在具体的翻译中,译者不考虑语境因素的话,很容易忽视原作的语言表达风格。很多时候,源语与译入语存在明显的差异,那么要想实现文本等效是非常困难的,这时候就需要译者从整体出发,对语篇加以分析,从而正确地理解作者的意图。

2. 翻译中的语境

前文的论述中体现出了语境对翻译的重要影响。译者翻译行为与不同语境因素息息相关,并最终在译作中有所体现。下面就对翻译中的语境进行分析。

(1)在上下文中确定词义

词汇翻译是进行翻译的基础。但是,英语中一词多义现象十分普遍。加之在特定表达效果的影响下,很多人对词汇的选择也是不拘一格,有着一定的特殊性。这就要求译者能够通过上下文语境对词汇含义进行判断与推导。例如:

……医生说只好等日子了。……想不到这么快亙生就殁了!

(朱自清《哀亙生》)

...The doctor said there was nothing he could do but to wait for the day to arrive...How quickly the day had arrived!

上例中,"等日子"是委婉语,指等待死亡。英语中不存在这种表达,译者对其进行直译,并与后文形成呼应,便于译入语读者理解。

(2)言外之意寓于语用环境中

语用学关注语言的运用,具体就是研究在具体的语境下话语的内在含义。在交际过程中,交际者会使用一定的语境来表达一些言外之意。译者也可以以此为突破点进行针对性翻译。

①传译人物性格。在具体的翻译过程中可能会涉及不同的人物。人物是表现文本中心的重要反映方面。为了使译文更好地传递原文思想,译者可以利用语境理解并传译人物性格,最终促进读者对原文的理解。例如:

"Do you think I can stay to become nothing to you? Do you think I am automation? — a machine without feelings, and can bear to have my morsel of bread snatched from my lips, and my drop of living water dashed from my cup? Do you think, because I am poor, obscure plain, and little, I am soulless and heartless? You think wrong! — I have as much soul as you — and full as much heart!"

(Charlotte Bronte:*Jane Eyre*)

"你难道认为,我会留下来甘愿做一个对你来说无足轻重的人?你以为我是一架机器?——一架没有感情的机器?能够容忍别人把一口面包从我嘴里抢走,把一滴生命之水从我杯子里泼掉?难道就因为我一贫如洗、默默无闻、长相平庸、个子瘦小,就没有灵魂没有心肠了?——你想错了!——我的心灵跟你一样丰富,我的心胸跟你一样充实!"

上述译文体现出了女主人公简·爱自强自爱的精神特点。同时在表达过程中,译者从句子结构、语气两个层面都力图与原文保持一致,这些都是译者在准确理解原文语境的作用下进行思考的结果。

②传译场景意境。场景意境也是原文作者进行思想表达的重要手段。作者一般利用一些象征性的表面事物、现象来营造一种特殊意境或运用语言进行交际的具体场合,从而将作品的主题提升至一个新的高度。

翻译过程中需要重视对场景意境的传译。译者需要根据原文文体重视译文词汇的选择与表达方式的优化,最终忠实还原原文意境。例如:

There was much traffic at night and many mules on the road with boxes of ammunition on each side of their packsaddles and gray motor trucks that carried men, and other trucks with loads covered with canvas that moved slower in the traffic.

(Ernest Hemingway:*A Farewell to Arms*)

第七章　语用维度下的英语翻译理论

夜间,这里运输繁忙,路上有许多骡子,鞍的两侧驮着弹药箱,灰色的卡车上装满了士兵,还有一些辎重车辆,用帆布盖着,在路上缓慢地行驶着。

上述英语原文出自海明威的《永别了,武器》。这篇小说以战争为背景进行场景表达。译者对原文语境进行翻译,并将原文中出现的词汇表达使用战争类词汇进行体现,从而传译出了原文的场景意境。

二、指示语与翻译

（一）指示语简述

在语用学研究中,指示现象的研究是比较早的,主要研究的是如何采用语言形式对语境特征进行表达,以及如何依靠语境对话语进行分析。对于指示语进行分析和探讨,有助于交际双方更好地开展交际。

指示语,英文为 deixis,指运用语言来指点与标识,对指示语进行研究,能够确定交际信息与所指示的对象,便于交际。当然,要想理解语言,就必然需要依靠语境,而指示语能够通过语言结构,将语言与语境间存在的必然关系体现出来。基于这一点,很多人认为语用学研究就是指示语的研究。可见,指示语研究有着十分重要的地位。

指示语与人们的生活密切相关。著名学者哲学家巴尔－希列尔（Bar-Hillel,1954）曾指出,在自然语言中,指示语是固有的,是不可避免的特征。人们在日常交际中,必然都包含各种指示语信息,明确了具体的所指,那么话语含义也就清晰了很多。[①] 例如:

Lily has put it there.

在上述句子中,Lily,it,there 是明显的三个指示语,要想明白这句话,就必须弄清这三个词,即 Lily 是谁,it 是什么,there 是在哪里。

可以看出,如果日常交际中,交际双方不明确这些指示信息,必然对交际产生负面效应。

弄清楚了指示语的内涵,下面重点来论述指示语的主要类别及各自的功能。指示语主要可以划分为五大类,如图7-4所示。

[①] 何自然,冉永平.新编语用学概论[M].北京:北京大学出版社,2009:31.

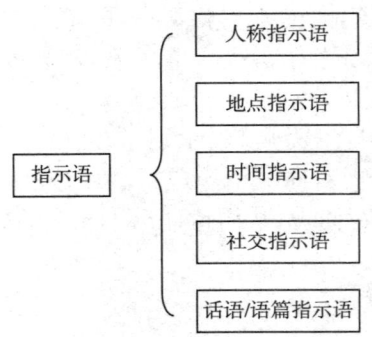

图 7-4　指示语的划分

（资料来源：冉永平，2006）

1. 人称指示

人称指示语即在语言交际者，参与者之间的关系。很多人将人称代词等同于人称指示语，这是不全面的，因为很多时候，语法意义上的人称代词不需要与语境相关联。

一般来说，人称指示语可以划分为三类，如图 7-5 所示。

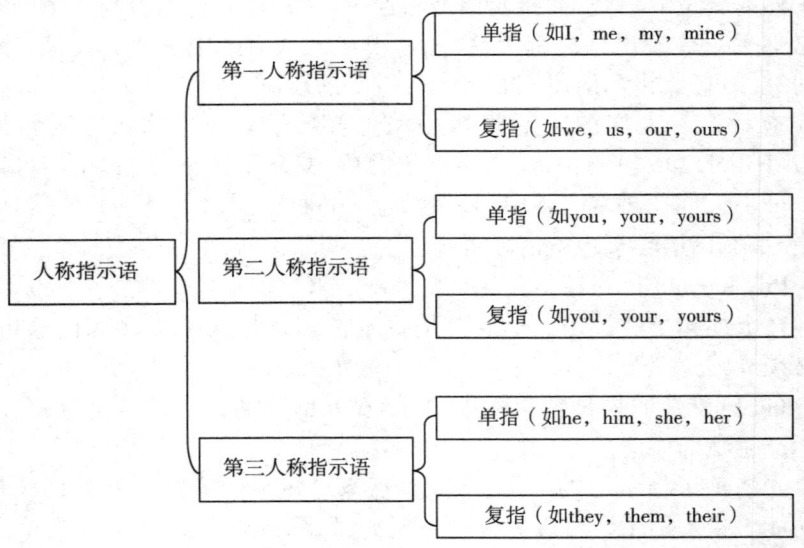

图 7-5　人称指示语的划分

（资料来源：冉永平，2006）

在语用学研究中，第一人称指示语有着重要意义，看起来是非常简单的，实则非常复杂。一般来说，第一人称指示语主要指的是发话人，可以单指，也可以复指。但是需要注意的是，有些第一人称从形式上是单数或

第七章 语用维度下的英语翻译理论

者复数,但是从语用角度上说,可能表达的并不仅仅是字面的意义。例如:

What are we supposed to do ?

这句话在日常交际中非常常见,很多人也认为 we 是复数形式,但是在不同的语境中,其语用意义是不同的。例如,这是班长代表全班对授课老师提出的作业意见,那么 we 就是不包含授课教师的其他人;如果这是一位母亲对弄脏衣服的孩子说的话,那么 we 仅代表孩子。

第二人称指示语的中心在于受话人。第二人称指示语的交谈对象可以是在场的,也可以是不在场的,而 you 既可以是单数表达,也可以是复数表达。例如:

I'm glad that all of you received my invitation.

上例中,you 显然为复数表达。

第三人称指示语主要指的是发话人与受话人外的其他人。第三人称代词常用于泛指或者照应,偶尔会用于指示。例如:

Let him have it, Chris.

在没有语境的情况下,上例中的 him 和 it 所指代的对象不能确定。him 可能指 Bob、John 或者其他人,it 也可能指一台照相机、一块巧克力等,而话语意思也就随着指代对象的变化而改变。

2. 地点指示

地点指示又可以被称为"空间指示",指的是人们通过话语传递信息与实施言语行为的位置或地点。地点指示信息源于话语中谈及的方位或交际双方所处的位置。从物理学角度来看,物体的方位具有客观性,但是由于交际双方的视角与所处位置不同,加上一些动态动词的参与,因此为了表达的准确,不得不根据语境采用一些地点指示语。例如:

(1) She is behind me.

(2) I'm in front of her.

对于上述两个例句,基本信息是相同的,但是由于不同主体的视角不同而导致差异。因此,只有结合语境,才能确定所指信息,只根据表面是很难确定的。

3. 时间指示

时间指示语,即人们通过话语传递信息与实施言语行为的时间关系,其往往将发话人的话语时间作为参照。英语中的 now, tomorrow 等都属于时间指示语。但是由于语境条件不同,发话人是运用时间指示语表达的指示信息也必然不同。要想准确理解时间指示语的内容,需要将多个层面的因素考虑进去。受话人也需要从发话人运用时间指示语的类别、

动词时态上加以理解与确定。例如:

Now it's 9:30 by my watch.

I'm free now.

对于上述两句话中 now 进行分析可知,两者的意义不同,第一个句子采用了固定含义"现在的时刻",而第二个句子指的是更大的范围,如这个月、这个假期等。

当然,为了更好地对时间指示语有所了解,对于历法时间单位和非历法时间单位的区分显得非常必要,如表 7-1 所示。

表 7-1　历法时间单位和非历法时间单位比较表

比较项目 \ 单位名称	历法时间单位	非历法时间单位
定义	在固定的历算系统中,按一定的规则所划分的年、月、日、星期等时间单位	一定进位制系统中的时间单位,可按照相应的进位制规则加减
特点	每一单位都有固定的称呼,表特定时间段。大时间由一定数量的特定小时间段组成。起点和终点约定俗成,不可随意改变	每一单位没有固定称呼,只表相应的长度。大时间长度由小时间长度累加而成。起点和终点不固定,可任意选择
表达方式	专有名词或普通名词	普通名词
例词	Year 2013, July, summer, September, Thursday, morning	5 years, 4 seasons, 1 day, 5 months, 8 weeks

(资料来源:李捷、何自然、霍永寿,2010)

通过分析表 7-1 可知,year 既可以指代历法时间单位"年份",也可以指代非立法时间单位"年",month 与 day 等也是如此。

4. 社交指示

所谓社交指示语,指在人际交往中,与人际关系有着密切联系的词语和结构。社交指示语的运用在于对发话人与听话人的关系进行改变与调节、对发话人与第三者间的关系进行改变与调节。社会指示语的参照点在于发话人本身的社会地位,听话人与被谈及的人的社会地位是基于发话人来说的。社会指示语传递着性别、年龄、职业等信息。社交指示语可以通过词缀、称呼等途径加以实现。例如,表 7-2 就是称呼语用于社会指示的例子。

第七章　语用维度下的英语翻译理论

表 7-2　用于社会指示的称呼语

称呼语类型	相关例词
名词的不同表达	e.g. James, Bond, James Bond, etc.
职业等级	e.g. Colonel etc.
头衔+名字	e.g. Professor White, Doctor Li, President Clinton etc.
职业名称	e.g. Doctor, teacher, architect, etc.
亲属名称	e.g. uncle, sister, aunt, grandfather, etc.

（资料来源：李捷、何自然、霍永寿，2010）

这些称呼所发挥的社会指示功能不同。例如，sir，madam 等泛化称呼可以表达出发话人对对方的尊重；Mr.＋姓氏等类型的称呼能够表达对方的社会地位较高。

5. 话语／语篇指示语

话语／语篇指示语，指在说话或写作中，发话人与写作者选择恰当结构与词语对某些知识信息加以传递。由于交际必然与时间、地点等相关，因此话语／语篇指示语与时间指示信息、地点指示信息等也有着密切的关系。甚至很多时候，话语／语篇指示语本身就是时间指示信息、地点指示信息，如 the next... 与 the last... 等。

在不同的语境中，话语／语篇指示语可能是前指关系的话语指示语，也可能是后指关系的话语指示语。例如：

综上所述，养鸟是对鸟的一种爱护，而不是伤害。

The following is from the received Robert Stevenson Production of Jane Eyre for Fox.

上述两句话中，综上所述就是一个前指关系的话语指示语，the following 为一个后指关系的话语指示语。

（二）指示语的翻译

在语用学的各个概念中，指示语是非常重要的概念，其在言语活动中意义巨大，其能够阐释出语言与语境之间所蕴含的密切关系，也能够根据语境的改变而不断发生变化。因此，要想翻译指示语，必须将发话人、听话人、语境等都考虑进去，同时还需要注意文化与背景，只有关注这些层面才能更好地进行翻译。[1] 例如：

---

[1]　彭慧．社交指示语的汉英翻译[J]．湖南人文科技学院学报，2007，(6)：125．

"我打扰黄兄是不妨的,请放心吧。"

（刘鹗《老残游记》）

译文1: If I impose myself on brother Huang, it won't matter. Please don't worry.

译文2: I don't mind troubling Mr. Huang, so don't worry about me."

在源语中,"兄"代表的是一个社交指示语,因此在句子中的语义也必然发生改变。受中西方文化差异的影响,brother在社交场合应用得极少,因此"兄"的翻译应该多加注意。译文1将"黄兄"翻译为brother Huang,虽然将手足之情呈现出来,但是未含有敬重的意思,是非常牵强的表达。而译文2将其译为Mr. Huang,虽然并没有表达出称兄道弟的情感,但是带有恭敬的意思,因此与西方人的称谓习惯相符合,是非常恰当的表达。

三、会话含义与翻译

（一）会话含义简述

要想了解会话含义,首先需要弄清楚什么是含义。从狭义上说,有人认为含义就是"会话含义",但是从广义角度上说,含义是各种隐含意义的总称。对于含义,可以划分为两大类,如图7-6所示。

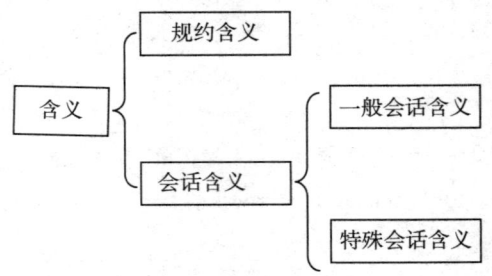

图7-6 含义的划分

（资料来源:姜望琪,2003）

通过分析图7-6可知,含义分为规约含义与会话含义。格赖斯认为,规约含义是对话语含义与某一特定结构间关系进行的强调,其往往基于话语的推导特性产生。

会话含义主要包含一般会话含义与特殊会话含义两类。前者指发话人在对合作原则某项准则遵守的基础上,其话语中所隐含的某一意义。例如:

第七章　语用维度下的英语翻译理论

（语境：A 和 B 是同学，正商量出去购物。）

A：I am out of money.

B：There is an ATM over there.

在 A 与 B 的对话中，A 提到自己没钱，而 B 回答取款机的地址，表面上看没有关系，但是从语境角度来考量，可以判定出 B 的意思是让 A 去取款机取钱。

特殊会话含义指在交际过程中，交际一方明显或者有意对合作原则中的某项原则进行违背，从而让对方自己推导出具体的含义。因此，这就要求对方有一定的语用基础。

提到会话含义，就必然提到合作原则，其是对会话含义最好的解释。

格赖斯（1975）提出，交际双方在交际过程中不论文化背景的差异性，都应对合作原则进行遵守。即"根据会话的目的或交流的方向，使自己讲出的话语在一定的条件下是交际所需的"。

合作原则包括下面四条准则。

（1）量准则，指在交际中，发话人所提供的信息应该与交际所需相符，不多不少。

（2）质准则，指保证话语的真实性。

（3）关系准则，指发话人所提供的的信息必须与交际内容相关。

（4）方式准则，指发话人所讲的话要清楚明白。

（二）会话含义的翻译

在会话含义的翻译中，译者必须基于合作原则展开针对性翻译，因此下面着眼于四项合作原则来探讨会话含义的翻译问题。

1. 数量准则与等效翻译

数量准则要求发话人的话要详尽但不累赘。因此，在翻译时，译者需要尽可能传达原作的信息，同时不能自作主张增加或减少不必要信息。例如：

……以致眠花卧柳，吹笛弹筝，所无不为。

...but he was not averse to gentler pastimes: he frequented the budding groves and could play on both the flute and zither.

该例中，译者将"眠花卧柳"其翻译为 frequented the budding groves，其实际含义是狎妓的委婉说法，如果这样翻译，很难让英语读者理解，这是违反了质准则的体现。

2. 质量准则与等效翻译

质量准则要求发话人要选择正确、真实的词语。因此,在翻译时,译者需要尽可能保证与原文形式与语义的统一。例如,有的文章在表达上可能会有些话语模式,根据质量原则,译者需要将其忠实地传达给读者,从而将原作风格展现在读者面前。

莫向临邛去!

译文1:But that another steals your heart away.

译文2:Than your heart being stolen away.

原作中,"临邛"一词源自于司马相如与卓文君的故事,表达一种夫妻离别之后,妻子期待丈夫对家庭一定要顾念,不要舍弃自己。通过对比发现,译文1很容易让读者想到丈夫有了外遇,因此是对信息量的增加,与数量准则不相符。译文2则保证了这一原则,是比较好的表达。

3. 关联准则与等效翻译

关联原则要求发话人语言要贴切、有条理,避免晦涩难懂。因此,在翻译时,译者也需要保证这一点,保证译文与译语的规律相符,便于译语读者理解。例如:

别学他们猴在马上。

Don't ride a horse like those men.

Don't copy those apes on horseback.

原作中,"猴"用得非常贴切,彰显了王熙凤的性格,译文1并未表达出来,是对信息的丢失,而译文2则将源语发话人的特点再现出来。

4. 方式准则与等效翻译

会话含义对语言形式有较大的依赖性,译者在翻译时,也需要保证与原作的形式对等。例如:

呵呀,你们踏着人家的菜地哪,那是才撒下种的两个牵着带子在量的人,都穿着短装的,并没有理睬她,只是在菜地走上走下的。先生们,你们是有耳朵的哪!石青嫂子气得大叫起来,咋个这样不听招呼?你们那样踏了,还长得出来啥子!

Don't tread on the seeds I've just sown! But the men with the measuring lines went on tramping up and down, paying no attention to her at all. Are you deaf? She sang out furiously. Why don't you do as you reasked? Do you think seeds will grow after you've trampled them like that?

会话含意十分重视语言的形式,因此译者应尽量使用含意对含意的

第七章　语用维度下的英语翻译理论

翻译策略按原文形式进行对应翻译。上例译文中"Are you deaf?"一句虽然已基本上译出了原文的语用含意,但却显得太直白、刺耳,与原文中说话人的身份不符,同时也不能体现出说话者的心情,从而大大减低了原文中语用修辞的表现效果。

第八章 语用维度下的英语翻译策略

对待语用维度下的翻译,译者必须结合具体的语境,从语言的表层推导出语言的意义以及原作者的意图,这样才能正确地用译语再现源语的内容。语用学翻译关注的不只是语言转换,还有意向、心理和社会因素的转换。为了实现准确的转换,译者就必然要掌握语用翻译的几种策略。

第一节 保持文化内涵

一、文化保持的前提

(一)文化意识觉醒

在当代西方文化研究中,翻译研究学派具有越来越强烈的文化意识,并且多元系统理论在翻译学中不断强力渗透,翻译学文化逐步转向。

翻译学文化转向真正被大众认识并接受,是从巴斯奈特和勒弗维尔出版论文集——《翻译、历史与文化》开始的。该论文集包括许多个案研究,从多方面对翻译学的"文化转向"给予了详细的论述。

就巴斯奈特和勒弗维尔两位创始人而言,其实是后者在学理上发展了翻译学文化转向,从而使得翻译学的文化转向走上了一个新的台阶。因为勒弗维尔的论文《西方翻译谱系考》对西方翻译活动的考察已广泛涉及"赞助人""诗学观""意识形态"等因素,由此为其日后全面提出"赞助人、诗学观、意识形态"学说埋下了伏笔。

(二)对翻译文化转向的认识

就人文社会科学领域而言,20世纪经历了从语言转向、解释转向、后现代转向,直至文化转向的过渡。翻译学的文化转向是在当代西方众多人文社会科学领域都经历文化转向的背景下发生的。

第八章　语用维度下的英语翻译策略

1. 优点

（1）揭示了翻译的文化属性

这其中既有在概念层面上对翻译文化属性的界定，也有在实证层面上对翻译文化属性的剖析。

第一，概念层面。翻译用一种文化表现另一种文化，国际交往活动的增多以及全球化进程的加快，都得益于翻译，翻译帮助人们认识和消除文化差异，这一点似乎越来越清晰。译本是译语文化中的一种客观存在，人们可以借助译本认识自己。

第二，实证层面。翻译与文化之间的互动关系，得到了越来越多的研究的证明。翻译既受制于文化又依靠自身的力量反作用于文化。随着文化研究对翻译学影响的加深，翻译学的文化转向在其后的发展和衍化过程中越发显现出翻译的文化属性。

（2）构成了翻译学关键的外部研究

翻译与文学多元系统如此紧密地联系着，以至于翻译过程的外部制约因素成为翻译学研究的关注对象。多元系统论的倡导者佐哈将翻译作为一个子系统放到文学多元系统，乃至大的文化系统中来考察。图里倡导语境化翻译研究策略，勒弗维尔所考察的"赞助人""诗学观""意识形态"等都是对翻译活动产生影响的外部制约因素，这种外部研究在勒弗维尔的推动下成为翻译学文化转向后的一种主流研究模式。

翻译学的文化转向越来越意识到形式主义研究模式的局限性和劣根性，因此转而研究翻译功能，巴斯奈特和勒弗维尔的"重写""操纵"等学说就是最好的例证。重写意味着出于特定的意识形态和诗学观对翻译进行操纵，而操纵的目的是使翻译发挥特定的功能。其后的女性主义翻译研究和后殖民主义翻译研究更是注重对翻译功能的考察。

2. 不足

（1）对外部研究的夸大

翻译学的文化转向误将外部研究夸大为翻译学研究的全部，这相当于否认了翻译学内部研究的存在。翻译学的内部研究所涉及的范围仅仅是源语和译语文本及其相互联系，并且也重点关注了语际转换机制，这恰好是整个翻译学研究中最为核心、最为隐秘的一个问题，但是此类研究还非常肤浅，想要揭开语际转换机制的神秘面纱，需要与心理学、生命科学、医学（尤其是神经内科学）、物理学、计算机科学等其他学科相互协作。

（2）忽视翻译的语言属性

翻译之所以成为翻译，在于其以语言转换为基本手段，这也决定了翻译的语言属性。翻译学文化转向的研究也是分阶段进行的，有着鲜明的阶段性特征，在不同的阶段呈现出不同的重点和特色。在翻译学文化转向的酝酿阶段，翻译研究学者特别重视翻译语言属性。然而，当文化研究越来越强烈地制约着翻译学时，翻译学文化转向研究原来的重点关注对象已经落到次要地位，并且将研究目光重新聚焦于翻译的文化属性上。当翻译学文化转向研究进入衍化阶段，翻译的文化属性直接取代了翻译的语言属性。

（三）对译者的认知

1. 译者角色

谈到译者的角色，第一个要提的就是中介者。精通两种语言和文化的译者，成为不同语言和文化的桥梁。译者作为中介者，最基本的行为就是传达，在被许可的范围内将原文用目的语再现出来，以便实现两种文化相互关照。

译者第二个角色就是颠覆者。因为翻译是用另外一种语言再现原文，字词或语篇势必有和原文不同的地方，这些扭曲是有原因的，也是不可避免的。

译者第三个角色是揭露者和掩盖者。之所以说揭露，是因为用目的语表达原文内容时，会产生预料之外的效果，这也是原文的潜能。此处的掩盖，是指用另一种语言表达原文，势必会出现扭曲的现象，译者需要认真思考如何掩盖这种扭曲。

另外，译者还承担了重置者与替换者的角色。对于重置，是指译者将原文用另外一种语言和文化重现。至于替换，译文替换了原文，成为译语读者了解原作思想的唯一通道。

2. 译者能力

译者的翻译能力并非语言能力所能概括，举个很简单的例子，人们可以很熟练地用两种语言进行流畅交流，但是他们不一定能将一种语言翻译成另一种语言。国内外许多语言学者都对翻译能力进行了剖析和探索，以下是他们的一些观点。

（1）有关翻译能力的传统研究

①笼统的翻译研究

阿伯尔（Hurtado Albir）对翻译所作的定义比较笼统和简单，他认为

第八章　语用维度下的英语翻译策略

翻译能力是指如何翻译的能力。当然,该定义并没有将翻译能力进行解剖和分解,读者就不知道他所认为的翻译能力究竟是个什么事物,或者由哪些成分组成。

②详细的翻译研究

相比之下,其他一些学者对翻译的界定就更加详细,他们对翻译的结构进行了解剖。

第一,阿里森·毕比(Allison Beeby)认为在翻译能力里面有两个很重要的元素,就是转换和对比,对比的对象是语言学和语篇,当然翻译能力还包括超语言能力。

第二,玛莉安娜·奥罗兹科(Mafiana Orozco)同样认为转换是翻译能力的核心要素,转换又可以进一步地被解剖为理解、重组和翻译从业资格等。

第三,奈达(Nida)的定义就稍微具体一些,并且认为翻译能力主要涉及的是语言和文化方面,语言方面还强调了写作能力。

第四,考茨(Kautz)眼中的翻译能力主要是以知识、翻译理论和翻译方法为中心的,其中知识既有语言领域的,还有世界方面的,也有翻译所涉及的专业方面的。另外,他还强调了"译者能力",这不仅要求对源语文本进行分析,还要求制定恰当的翻译策略,具备翻译的职业能力。

第五,普雷萨斯(Presas)认为翻译能力包括核心元素和次要元素,其中核心元素是围绕语言而展开的元素,包括接受源语文本、重组目标语文本,次要元素是指对专业领域的了解、查阅资料、使用工具等。而后,普雷萨斯经过进一步研究,又提出了前翻译能力的概念,它包括记忆图式、灵活的语码转换能力和控制干扰能力。

第六,我国的语言学家刘宓庆认为,翻译能力是一个由五种要素构成的相互联系的有机整体,包括语言运用方面的能力、文化方面的能力、审美方面的能力、表达方面的能力以及校正方面的能力。

(2)翻译能力的构成

从20世纪开始,就有大量关于翻译能力的研究,然而前期研究基本算是传统范式。近20年以来,学术界开始对翻译能力的构成感兴趣,研究视角广泛,并且也获得了一些成果。比较典型的一些翻译能力要素模式,如贝尔的翻译能力要素模式、沙夫纳的翻译能力要素模式、纽伯特的翻译能力要素模式、PACTE的翻译能力要素模式及苗菊的翻译能力要素模式。

①知识和技能模式

贝尔(Roger Bell)的翻译能力构成模式是从语言学的角度提出来的，具体包括源语和目标语知识，有关世界的知识，以及加工技能。

②五种要素模式

纽伯特(Albrecht Neubert)将翻译能力分解为语言能力、文本能力、学科能力、文化能力和转换能力五种能力。其中，语言能力是基础；文本能力是分析文本类型和特点的能力；译者应该使译文和目标语的表达风格一致；学科能力就是理解文本内容并进行语言转换的能力；文化能力是指对隐藏在文字后面的文化有所了解；转换能力是核心要素，指语言转换的具体技巧。

③六要素模式

西班牙巴塞罗那自治大学研究小组PACTE，提出了翻译能力六要素模式，即转换能力、两种语言的交际能力、言外能力、专业操作能力、心理—生理能力和策略能力。

第一，转换能力是翻译能力的核心要素，是其他各种能力的综合体现。一名译者如果具备优秀的转换能力，就会准确地理解文本意义，并用目的语创造性地组织文本。

第二，如果译者具备了较强的两种语言的交际能力，就说明他们可以毫不费力地理解源语，并且可以轻松地创造目的语。

第三，言外能力是言语以外的能力，要求译者掌握多种学科的基本知识以及与翻译相关的领域的知识。

第四，专业操作能力主要涉及从事翻译职业的专业技能方面的能力，包括查找信息的能力和职业道德。

第五，心理—生理能力针对的是情感和认知层面的能力，情感层面包括意志、批判精神、好奇心等，认知层面包含记忆、注意、创造性、逻辑推理等。

第六，策略能力是指在遇到翻译困境中所采取的措施，可以是语言方面的，也可以是非语言方面的。

二、文化保持的原则

至于翻译是否有原则或者翻译是否需要一个原则来约束，不同的学者有着不同的见解。赞同"译学无成规"的大有人在，认为"翻译是一门科学，有其理论原则"的也不在少数。在此，笔者站在后面一个队列里，并且谈谈文化翻译的具体原则。

第八章　语用维度下的英语翻译策略

（一）对所译文本有着深度的文化思考

在翻译活动中,应该特别注意对所译文本的研究与思考,关注读者的理解,充分利用副文本的形式,对所译文本进行阐释与解读,向目标读者介绍文本所蕴含的文化特质与价值。对于副文本的价值,翻译界有过很多探讨,如高方就特别指出副文本对作家、作品进行介绍,或对社会文化背景、文化、社会差异加以分析,或对翻译障碍、理解难点进行讨论,对读者理解作品具有很大的启发。这要求一名译者有广阔的文化视野与人文情怀,心中有读者的期待。

（二）具备文化交流的意识

在新的历史时期,精神文明被提到了更突出的位置。译者作为文化传播的桥梁,在全球化的今天,应该拥有清醒的文化意识。经济全球化和文化全球化相当于一个人的两条腿,我们应该用两条腿走路,否则就不是一个健全的人。西方文化中的流弊,需要通过学习中国文化来克服,这也是西方有志之士转而向中国文化寻求智慧的动机所在。不同民族语言文化之间的交流,是一种需要。任何一个民族想发展,必须走出封闭的自我,只有在和其他文化相互碰撞、相互融合的过程中,自身才能得到发展。而在这样一个过程中,翻译始终起着重要的作用。译者不仅要把外国的先进文化引入中国,也要把中国的先进文化传播到外国去。中国文化走向世界,为的是丰富世界文化。要维护文化的多样性,使世界文化之水不断流动,使社会不断地良性发展,甚至于维护世界和平,需要译者在翻译活动中保持包容的态度。

三、文化保持的具体实施

如何处理翻译中的跨文化障碍是文化翻译的一个重要问题,适合的翻译策略会使文化翻译变得简单。文化翻译策略中比较有影响力的是"归化"和"异化"。但是,在具体的翻译活动中,我们要灵活使用两种策略,当然可以综合使用。

（一）归化与异化

1. 归化和异化的由来

1995年,美国翻译理论家劳伦斯·韦努蒂（Lawrence Venuti）在《译者的隐形》(The Translator's Invisibility)中提出了异化策略和归化策略。异化和归化可以看作直译和意译概念的延伸,但不完全与直译、意译相同。直译和意译关注的最本质的问题就是如何在语言层面上处理形式和意义,通常是单个词、短语或者句子所采用的哪种翻译方法,形式、意义和语言风格是否忠实的问题。

20世纪二三十年代,鲁迅提出翻译要欧化,不要归化。在20世纪50年代,傅雷的"神似论"是最著名的翻译观。他在《高老头·重译本序》中,指出"以效果而论,翻译应当像临画一样,所求的不在形似而在神似"。

20世纪60年代,钱钟书提出了"化境"理论,即将作品从一种语言变成另一种语言,既不能因语言习惯的差异而露出生硬牵强的痕迹,又能完全保存原作的风味。

可见,翻译研究者们对"归化""异化"的争论早就出现,且一直没有停止。如今,有关翻译归化和异化策略的文章也非常多,且都有着各自的观点,出现了百家争鸣的局面。

2. 归化

归化策略是指对源语表达形式进行省略或替换,找到地道的表达形式表达译入语。这一策略的运用会致使源语文化意义丧失,更符合译入语的文化意义。例如:

谋事在人,成事在天。

杨宪益、戴乃迭译:Man proposes, Heaven disposes.

霍克斯译:Man proposes, God disposes.

原句是带有浓重的中国特色的,两个译本都使用了对仗形式,与原作相称,但是对"天"的表达上存在明显的差异。杨宪益夫妇将其翻译为Heaven,是与中国的文化色彩相符合的;而霍克斯的翻译则为了符合译入语读者的接受程度,将其翻译为God。之所以存在差异就在于两个译本选择的翻译策略不同。

3. 异化

异化策略是指译者对源语文化进行保留,并尽量向作者的表达贴近的策略。虽然语言是对客观世界的反映,但是受不同思维方式与文化背景的影响,不同民族对同一事物的认知也存在明显的差异。译者在对具有丰富历史色彩的信息进行翻译时,应该尽量保留其文化背景知识,采用异化法是比较好的选择,有助于传递源语文化。例如:

As the last straw breaks the laden camel's back, this piece of underground information crushed the sinking spirits of Mr. Dombey.

第八章　语用维度下的英语翻译策略

正如压垮负重骆驼脊梁的最后一根稻草,这则秘密的讯息把董贝先生低沉的情绪压到了最低点。

上例将原文中的习语 the last straw breaks the laden camel's back 进行了文化异化翻译,汉语读者不仅完全能够理解,还可以了解英语中原来还有这样的表达方式。

4. 归异互补

归化与异化是文化翻译的两大主要策略,从上述分析可知,二者是对立统一的关系,都存在着各自的适用范畴,但是在一些语境中,仅仅选择其中一种并不可行,甚至无法将源语的真实内容与意义传达出来,这时就需要将二者相结合,采用归异互补策略。

如果说想成为一名好的译者,首先就需要能够在运用归化策略与异化策略时,找到二者之间的折中点,然后根据这一折中点,对原作进行仔细品读,进而采用合适的翻译策略来进行翻译。当然,译者需要对原文的底蕴弄清楚,然后从翻译目的、作者意图等层面考虑,谨慎地对翻译策略做出选择,这样才能把握好翻译的分寸。例如:

I gave my youth to the sea and I came home and gave her (my wife) my old age.

我把青春献给了海洋,等我回到家中见到妻子的时候,已经是白发苍苍。

在翻译上述英文句子时,作者采用了归异互补策略。很明显,对 I gave my youth to the sea 这句话的翻译采用了归化策略,而对 I came home and gave her (my wife) my old age 这句话的翻译则采用了异化策略。如果仅仅采用归化法或者异化法,很难达到现在的效果,也很难让目的语读者理解原作的含义。

在处理二者的关系时,著名学者孙致礼(2003)认为,应该以异化策略为首选,而归化策略为辅助。这就是说,译者在文化翻译时应该尽可能地实现异化,必要时还要保证归化。具体而言,可以总结为如下几点。

(1)一般来说,译者应该尽量选择异化策略,这样可以使译文实现"形神具备"的效果。因此,在文化翻译实践中,译者如果觉得采用异化策略就可以将原作的内容传达出来,那么选择异化策略即可。

(2)如果译者觉得单独选择异化策略难以将原作的意义完全表达出来,或者很难实现译文的通畅,那么译者可以考虑将异化策略与归化策略相结合。

(3)如果译者觉得采用异化策略是完全行不通的,那么译者不能勉强采用异化策略,而是考虑选择归化策略,舍弃原作的形式,而是来表达其内涵意义。

总而言之,译者在处理归化与异化的关系时,需要注意一定要适度。具体而言,在采用异化策略时,译者一定要保证不影响译文的理解;在采用归化策略时,译者一定要保证不改变原作的风味,力求做到真正的"文化传真"。

就这一意义上而言,异化策略主要在文化层面上有强烈的表现,而归化策略在纯语言层面有强烈的表现。需要说明的一点是,即便在同一篇文章中,翻译策略也不是唯一的,不能仅使用一种方法来进行翻译。在对待不同的文化问题时,一名好的译者应该洞察其中的文化知识,发挥自身的跨文化意识,采用恰当的翻译策略来进行翻译,争取做好一名文化传播的使者。

(二)综合译

由于中西文化之间不可逾越的差异,原文和译文往往存在矛盾,如何最大限度地避免矛盾、避免误解,就成为译者选择翻译策略的主要动因。诗歌中特定的历史文化背景,成为传递原诗意蕴的最大障碍。例如:

旧苑荒台杨柳新,菱歌清唱不胜春。
只今惟有西江月,曾照吴王宫里人。

(李白《苏台览古》)

The Ruin of the Wu Palace
Deserted garden, crumbling terrace, willow green,
Sweet notes of lotus songs cannot revive old spring.
All are gone but the moon o'er West River that's seen,
The ladies fair who won the favor of the king.

(许渊冲 译)

该诗含有丰富的文化背景。"台"是古代吴国的宫殿,此处通过描写残破的吴国的宫殿来感慨朝代的盛衰,所以在翻译"苏台"时将其转换成"吴台",就不会让缺少这一历史信息的西方读者误解。对于"宫里人",译者运用解释性的策略,将其翻译为"受宠的女子"。这两处都对原文进行了变通,而不是直接翻译,这样有利于读者的理解。但是,对于比较容易理解的事物,译者还是选择直译策略。在翻译"旧苑""杨柳""西江月"等意象时,译者的直译策略最大限度地保留了中国文化的特征。

第八章 语用维度下的英语翻译策略

第二节 保留文化外壳

一、文化外壳保留的理论依据

（一）功能翻译理论

在20世纪70年代到80年代，结构主义语言学极大地影响着德国翻译学界，翻译严重地依附于语言学，这已经导致了理论与实践的严重脱节，因此翻译的功能学派诞生了。它的诞生标志着流行于20世纪50年代至70年代的结构主义语言学统治地位的结束。功能学派翻译理论将分析翻译的方法延伸到了交际理论、行为理论、信息论、语篇语言学以及美学等领域，推翻了原文的权威地位，并从目标文本的立场去研究翻译，成为当代德国翻译界影响最大、最活跃的学派。功能学派翻译理论运用功能和交际方法来分析、研究翻译。功能学派的主要代表人物有凯汉斯·弗米尔、克里斯蒂安·诺德、瑟琳娜·莱斯、贾斯格·霍兹·曼塔里。

1. 莱斯

莱斯的研究是分阶段进行的，在不同的阶段其研究呈现不同的特点。在早期研究阶段，她主要关注的是对等概念，此处的对等是从语篇层面来说的，并在此基础上对研究进行拓展。然而，到了研究后期，她颠覆了之前的研究成果，因为她终于明白翻译实践中没有真正的对等。在这种情形下，她开始对翻译的功能展开探索，弗米尔也加入了她的研究行列，二者共同倡导翻译研究功能论。在1971年出版《翻译批评的可能性与限制》一书中，莱斯详细地对翻译批评进行了阐释，并引入了功能范畴，使语言功能、语篇类型和翻译策略三者成为一个有机整体，使得基于原文与译文功能关系的翻译批评模式有了新的进展。功能派理论思想随之有了萌芽。

莱斯认为，文本类型是多种的，不同的文本类型对应不同的翻译方法。她将文本类型、翻译方法和翻译目的结合起来，进而将语篇分为"信息(Informative)文本""表情(Expressive)文本"和"操作(Operative)文本"。然而，这种划分只在译文要实现的功能和原文功能对等的时候才有意义。语言的层面和功能一一对应，逻辑功能对应信息层面，审美功能对应表情层面，对话功能对应的是操作层面。任何一种翻译类型都只是出现在特定环境中，并有着特定的翻译目的。

判断一篇译文质量优劣的标准是译文能否传达原文的主导功能。在目标语境中,存在着特定的功能和目的,其中功能主要由接受者决定,目标文本的形态首先就要符合这种功能和目的。莱斯对功能类型及其翻译方法的研究摆脱了语言结构层面的约束,希望通过创造新的功能效果达到交际目的。值得注意的是,莱斯对文本类型的划分只在译文要实现的功能和原文功能对等的时候才有意义。因为莱斯的文本类型划分只适合于特定条件,所以她的功能对等论不被视为常规标准而只能被当作特殊标准。

2. 费米尔

正因为认识到了莱斯的理论局限,弗米尔经过苦心钻研创立了影响巨大的目的论,以至于有人将功能学派称为目的学派。

费米尔沿用了符号的概念,并将翻译、符号与非语言行为进行联系,并认为符号的使用也是翻译目的所驱动的,并且受到跨文化交际的制约。在他看来,翻译就相当于语言符号的转换和非言语行为。

费米尔著名的目的论包括一系列的原则,最主要的是连贯原则、忠实原则和目的原则,并且目的原则统摄连贯原则、忠实原则。换言之,目的原则的要求是排在第一位的。

连贯原则主要针对的是语篇内的连贯,也就是指译文的前文和后文要有一定的逻辑关联,语言表达应该地道、真实、自然,并能够为目的语文化和交际提供某些价值。

忠实原则主要针对的是语篇间的连贯,也就是指译文和原文在内容和形式上应该有逻辑关联,但也并不是机械地要求译文和原文一模一样。面对同一篇原文,每一个译者可能有着不尽相同的理解,那么译文存在的目的和译者的理解就决定了忠实的程度和形式。

目的原则认为,翻译行为都具有一定的目的,译者在这个目的的指引下采取相适应的翻译方法。

在上述三个原则中,语篇间连贯从属于语篇内连贯,而二者同时受目的原则的统领。也就是说,当目的原则要求语篇间或者语篇内不连贯时,二者都将失去作用。

3. 诺德

诺德的研究板块主要有三个,首先她围绕语篇分析做了一些研究,其次还探索了具体的翻译类型,并从哲学的视阈下探讨功能主义目的论。

诺德对翻译中人的因素尤其关注,如译文接受者、译者的双语能力与译者培训等方面。另外,她对忠实原则也格外重视,并且在折中的思路下

第八章　语用维度下的英语翻译策略

提出了"功能加忠诚"模式,此处的"功能"是指译文要让译语文化接受者受到某些启迪或者获得一些帮助,而"忠诚"是道德层面的概念,涉及的是翻译活动参与者之间的关系,强调译者应当通盘考虑所有参与者的期望。

4. 曼塔里

曼塔里的研究也是站在前人的肩膀之上,其中包括冯·莱特(Gerog Henrikvon Wright)的行为理论和里宾(Jochen Rehbein)的功能语用学。在这两位前辈的研究理论的基础上,曼塔里提出了翻译行为论,这对功能派翻译理论是一次新的拓展和完善。曼塔里特别重视行为参与者,包括信息发出者、信息接受者、译者、译文使用者),并且也同样强调环境条件,如时间、地点、媒介等,并且认为译者自始至终就是翻译行为中的关键人物,他精通并且实现跨语际转换。

曼塔里在1984年发表的《翻译行为——理论与方法》一书中,对自己的翻译理论有着具体的介绍和详细的解释。曼塔里强调,目的语文本本身具有相关功能,这些功能需要在跨文化交际的视角下从语用角度才能实现。这就和译者主体性联系了起来,也就是说译者主体性的实现不仅依靠语境这个大前提,更需要做出"功能改变"。

(二)后殖民翻译理论

后殖民主义翻译理论作为一种多元文化批评理论,是将翻译和政治、民族、种族相结合的产物。后殖民主义主要分析宗主国和殖民地的关系、帝国主义的文化侵略,揭露了西方形而上学话语的局限性,使民族、文化或团体成为话语的"主体"和心理认同的对象。帝国主义开展殖民活动的对象发生转变。这从翻译方向的不平衡性上就可以看出来,强势语言被翻译成弱势语言的作品多,而弱势语言被翻译为强势语言的作品少。

后殖民翻译理论的主要代表人物有爱德华·赛义德、盖亚特里·斯皮瓦克和霍米·巴巴。此外,道格拉斯·罗宾逊和特佳斯维妮·尼兰贾纳也是比较有影响力的人物。

1. 赛义德

在赛义德看来,西方殖民主义者想要制约东方,就制造出了东方主义这样一种根深蒂固的政治教义。东方一直处于被西方主流学术界所忽视的地位,而赛义德偏偏将研究的目光聚焦于此,他的研究成果对后来所有的后殖民主义翻译理论和实践都带来了启迪。赛义德备受关注的另外一个学术成果就是"理论的旅行"概念。他指出,当某种理论在进入另一个情景的过程中,会失去自身的某些特征,并且与进入地的文化发生相互作用。因此,翻译完全会导致理论的变化。正因为如此,通过翻译而达到的文化再现使东方在西方人眼中始终扮演着一个"他者"的角色。

2. 斯皮瓦克

斯皮瓦克的翻译研究视角纷繁复杂,他擅长将其他领域的思想植入翻译研究中,并因此派生出自己的翻译理论。他既从比较文学、社会学、哲学、人类学中吸取精华,又从解构主义、翻译理论、女性主义、马克思主义等中国流派中进行广泛的借鉴。斯皮瓦克深受解构主义的影响,并从一种独特的文化理论阐释的角度解释并发挥了德里达的重要理论概念,如延异、差异、播撒、痕迹、踪迹、语音中心主义、逻各斯中心主义等。从此,阐释作为人文科学著作翻译的新手法被人们所了解,这是一种不囿于原文语言和结构的翻译策略。不仅如此,斯皮瓦克还对语言的修辞与逻辑之间的关系进行了研究,认为修辞是摧毁逻辑的主要力量,因此译者应该认可语言的修辞性,并且还认为翻译是一种涉及伦理和政治的文化批判问题,而不仅仅是传递意义。

3. 巴巴

巴巴的主要研究成果在后殖民理论中是不可替代的,如他提出的"第三空间""混杂性""言说的现在"等概念,其中混杂性理论影响了全球性后殖民语境下的民族和文化身份研究。巴巴对民族建构与话语叙述理论进行了系统的学习,并且很自然地将二者应用在文化翻译实践,进而产生了积极的效果,从而后殖民文化研究和翻译理论研究在解构性方面有着创造性的表现。他的文化翻译理论直接对西方文化霸权主义发起挑战,强调语境的特殊性、历史的差异性,并且为少数族裔的立场摇旗呐喊。

4. 罗宾逊

罗宾逊深入系统地掌握了西方翻译理论和历史,并将解构主义和后殖民理论结合起来,从语言学和文学翻译角度对翻译问题进行系统的研究。人们可能怎么也想不起来"帝国"和翻译有什么联系,然后正是罗宾逊将二者结合起来进行探索,并撰写了《翻译与帝国:后殖民翻译阐释》这本经典著作。在该书中,他从帝国的政治、文化、社会视角,考察翻译在殖民化与非殖民化发展历史中的功能。在他看来,翻译就是一种人际沟通,译者需要和原文作者、目的语读者进行沟通。另外,他还从艾里克·切菲兹(Eric Cheyfitz)的后殖民翻译理论汲取学术营养,以此来分析人种学、人类学与翻译的关系。

第八章　语用维度下的英语翻译策略

5. 尼兰贾纳

尼兰贾纳指出,翻译可以改变文化和社会。由此可见,翻译和文化之间是息息相关的。因此,他认为翻译是把一种文化翻译成另一种文化能够理解的语言活动。

在尼兰贾纳看来,翻译与文化关系密切,是文化和社会转变的重要因素。她在《为翻译定位:历史、后结构主义和殖民语境》一书中,对后殖民语境中的翻译问题进行了分析和论述,将文化和政治因素引进了翻译研究。在她的研究视角中,翻译并非语言转换,而是一个建构起殖民主体的话语场所,形成了一种不平等的权力关系。尼兰贾纳认为,如果要探索翻译和文化、殖民主义的关系,就应该将翻译与人种学结合起来分析。

二、文化外壳保留的途径——零翻译

零翻译在早期世界各国翻译中已广为应用,后来传到了我国。当直译和意译都无法达到良好的效果时,零翻译可能是一种理想的翻译策略。零翻译看似没有翻译,其实非常准确,因为零翻译的文本包含了源语的一切信息。

零翻译包括三种情况:第一,不译源文中的某些词语;第二,不用目的语中现成的词语译源文的词语;第三,转写(移译)。

(一)不译源文中的某些词语

英语和汉语有着巨大的语言结构差异,在进行翻译时需要进行适当的调整,没有将源语中的某些词在目的语中译出来。例如:
The earth goes around the sun.
地球绕着太阳转。
在这个例子中,定冠词 The 就没有在目的语中翻译出来。
He was thin and haggard and he looked miserable.
他消瘦而憔悴,看上去一副可怜相。
在该例中,源语中的人称代词 he 也省略不译。
Different kinds of matter have different properties.
不同的物质具有不同的特性。
在上例中,源语中的量词 kinds 没有在目的语中翻译出来。

（二）不用目的语中现成的词语译源文的词语

不用目的语中现成的词语译源文的词语，而是用读音相近的字词再现源语字词语音的情况，相当于音译。需要强调的是，这种策略不是机械地译音，而是要认真地选择字词。例如：

Bar 吧

秀 show

Fans 粉丝

派对 party

功夫 kungfu

酷 cool

伊妹儿 e-mail

饺子 jiaozi

黑客 hacker

可见，音译是创造性地用目的语的语音符号传达源语的语音符号的意义，并且要表现得非常自然和对等。

（三）移译

移译则是把源语中的词语原封不动地移到的语中。它保留了源语的文化外壳，达成了一定的交际效果，因此可以被视为一种可选的语用翻译策略。

移译具有以下三种形式。

一是完全移译，即从英文中完全挪用过来而未作任何修改。例如，CT、ICU、CD、VCD、DVD、DNA 等缩略词。再如：

taijiquan 太极拳

pingtan 评弹

qipao 旗袍

二是移译+类别词，即取源语的一部分或者全部，并加上类别的限定，如 U 形管、U 盘等。

三是移译+意译，这是对移译+类别词的补充，如 X-ray 一词译为"X 射线"。

第八章　语用维度下的英语翻译策略

第三节　弥补文化差异

比喻是英汉语言中都常常出现的一种修辞方式。它还是一种文化的反映,其文化性表现得尤为突出。由于各民族在地域文化、民俗文化、物质文化等方面的差异,其语言中的喻体、喻义和比喻方式往往也是不同的。在翻译时,必须考虑文化因素的影响,要妥善处理喻体所隐含的文化信息。面对喻体的文化差异,必须将两者之间的文化差异填补起来。

一、弥补地域文化差异

英国和中国自古以来就生活在不同的地理环境中,而喻体的选择与生活方式息息相关,因此两个国家对喻体的选择有着很大差异。

英国是个岛国,当地的人们以航海贸易为生,与海洋有着深厚的情谊,因此语言中产生了许多有关水的比喻。例如:

fish in the air

水中捞月

在本例中,尽管此习语中使用 fish 这一意向,但其总体表达的含义和汉语中的"水中捞月"是极其相似的,因此可采用对译法。

因为中国是个农业大国,人们进行农业生产时就会用"牛"这个工具,因此汉语中存在很多与耕牛有关的喻体,如"初生牛犊""牛饮"等。再如:

未雨绸缪

While it is fine weather mend your sail

在这个例子中,原文和译文选用完全不同的喻体,体现了两个民族两种不同的文化取向。

二、弥补民俗文化差异

语言也是一个民族的风俗习惯的反映。不同的民俗文化,导致英汉民族在喻体选择上大有不同。例如:

You chicken!

你这个胆小鬼!

在本例中,英语将懦夫比喻作 chicken,而汉语中只有"胆小如鼠"的成语。

Every dog has its day.

凡人皆有得意时。

英语民族的人们喜欢狗,将狗当作朋友,因此英语中常常使用 dog 来表述人的含义。而汉文化里"狗"却多含贬义,如"落水狗""肉包子打狗,有去无回"等。

三、弥补物质文化差异

不同的物质文化也决定了人们不同的精神文化。中国人赖以生存的物质资料是大米,因此汉语中有很多关于"饭碗"的比喻。例如:

巧媳妇做不出无米的粥来。

Even the cleverest housewife can't make bread without flour.

在本例中,译者考虑到中西方饮食文化的区别,为了使译文贴近英语语言的表达习惯,将英语民族的"面包和面粉"代替了汉族的"米和粥"。

英国地处北温带,主要农作物是小麦,主食通常以面包为主,语言中自然就有很多与面包有关的比喻。例如:

in good bread 生活安乐

quarrel with one's bread and butter 自砸饭碗

bread-winner 养家糊口的人

out of bread 无职业、失业

第四节 嵌入语用含意

在交际中,说话者想要传递的可能并非是语言的字面意思,而是需要听话者根据语境推理说话者的言外之意,也就是语用含意。语用含意具有主观动态性,所以翻译起来很难把控。为了保证译文读者体验和原文读者相同的感受,译者需要嵌入语用含意,保留原作者叙述语言与作品人物话语的隐含意图。例如:

He is as drunk as a fiddler.

他酩酊大醉。

在这个例子中,这个英语俗语背后有着特定的文化背景。很久之前,如果英国小提琴手为舞蹈伴奏,人们通常摆设酒席感谢这位小提琴手,而这时小提琴手经常会以喝醉收场。这个俗语就体现了英汉语言的文化空

第八章 语用维度下的英语翻译策略

缺。如果直译,不了解这一文化背景的中国读者会感到很困惑。

在汉语中,有一种特殊的语言结构,既可以作为一个词语来充当句子成分,也可以被人们赋予声调而成为一个句子,它就是四字成语。四字成语大部分来源于中国传统的神话、寓言,因此很难在英语中找到对等的语言。因此,就可以使用嵌入语用含意这一翻译策略,呈现成语的整体意义。例如:

天涯海角
the ends of the earth
十拿九稳
practically certain
年久月深
as the years go by
天造地设
be created by nature

第九章 文化维度下的英语翻译理论

众所周知,文化因素是翻译过程中最不可忽视的因素之一,可以说翻译本身就是一种文化交流活动。因此,在探讨关于翻译的各种问题时必然绕不过文化这一概念。本章就从文化角度切入,首先探讨文化的基本知识,然后分析文化与翻译的关系,最后介绍一些有代表性的中西文化翻译观。

第一节 文化的含义与分类

一、文化的含义

文化是一个复杂且极具包容性的概念,因此要对它进行准确界定是一件非常困难的事情,学界关于文化的定义就多达数百种。这里我们主要介绍一些具有代表性的定义,以便对文化这一概念有一个整体理解。

英国文化人类学家爱德华·泰勒(E. B. Tylor)在《原始文化》(*Primitive Culture*,1871)一书中首次将文化作为一个概念提出来,指出:"文化是一种复杂体,它包括知识、信仰、艺术道德、法律、风俗以及其余社会上学得的能力与习惯。"

美国学者默多克(Murdock)认为,文化是"学习和社会互动在每个人群中产生一组由社会传承的适应性的行为,这些行为似乎是超越个人,因为它是大家共享的,因为它的延续超出个人的生命范围,而且也因为它的质和量都大大超出个人单独努力所达到的程度。文化一词是指这样一些学到的、传承下来的行为系统"。(胡文仲,1999)

社会语言学家本尼迪克特(Benedict)认为,文化是通过某个民族的活动而表现出来的一种思维和行动方式,一种使这个民族不同于其他任何民族的方式。

莫兰(Moran,2004)指出,文化是处于特定的社会情境之中的一系列

第九章　文化维度下的英语翻译理论

文化产品,是人类群体不断演变的生活方式,包含着一套基于共有世界观的共有的生活实践体系。其中,文化产品是一种文化实体,属于物理层面,是由文化社群以及文化个体创造或使用。文化社群包括社会环境和群体,文化个体的所有文化实践行为都是在特定的文化社群中发生的。①

在我国,根据文献记载,两千多年之前,汉语中就有了"文化"一词的意思。而"文"与"化"首次并用是在《周易·贲卦》中:"观乎天文,以察时变;观乎人文,以化成天下。""天文"与"人文"相对,天文指的是天道自然,人文指的是社会人伦。"人文"与"化成天下"共同出现,体现了"文化"一词的基本含义,即通过人伦教化让人们自觉地行动。

此外,我国很多学者也对文化这一概念提出了自己的见解。例如,萧俊朗(1999)指出:"文化的构成和蕴含决定了它不能被任何一门学科所独有,它具有明显的跨学科性,这已经成为人们认识文化和研究文化的趋向。因此,应该从语境角度来定义'文化'一词。"

张岱年和程宜山认为,文化既包括活动方式,又包括活动成果,是人类在征服自然世界时表现出的行为以及行为背后的思维方式。②

金惠康则指出,文化是一个复合的整体概念,既包含有形的生产方式、生活方式,又包含无形的价值观念、社会准则等。③

虽然对文化下一个准确的定义不是易事,但从上述各种观点可以看出,文化是历史的结晶,是通过积累逐渐形成的,是人类在社会实践中创造出来的精神和物质财富。

二、文化的分类

对于文化的分类,这里主要从以下几个角度进行分析。

(一)两分说

两分说将文化分为价值体系和技术体系两类。如表9-1所示。

表9-1　文化的两分说体系

价值体系	指人类在自我的塑造过程中形成的人格的、精神的、规范的、主观的东西
技术体系	指人类通过加工自然事物而形成的非人格的、技术的、器物的、客观的东西

(资料来源:闫文培,2007)

---

① 侯贺英,陈曦.文化体验理论对文化教学的启发[J].时代经贸,2012,(2):16.
② 转引自闫文培.全球化语境下的中西文化及语言对比[M].北京:科学出版社,2007:27.
③ 金惠康.跨文化交际翻译续编[M].北京:中国对外翻译出版公司,2003:35.

通过表 9-1 可以看出,价值体系和技术体系借助语言与社会结构构成了文化的统一体,该统一体就是广义层面的文化。

(二) 三分说

文化的三分说将文化大致分为三类,即物质生产文化、制度行为文化以及精神心理文化,如表 9-2 所示。

表 9-2 文化的三分说体系

物质生产文化	指人类对自然进行改造与征服的活动和成果
制度行为文化	指人类对社会制度与人的行为规范进行建立的活动和成果
精神心理文化	指在人与自我的关系中,人类主体意识创造活动的过程和成果

(资料来源:闫文培,2007)

(三) 四分说

四分说认为可以把文化分为四类,即物质文化、制度文化、行为文化以及心态文化,如表 9-3 所示。

表 9-3 文化的四分说体系

物质文化	可以感知的、用以满足人类物质需求的物质实体的文化事物,包括人类的衣食住行等方面。物质文化体现了人类与自然之间存在的改造与被改造的关系
制度文化	人类在社会的实践过程中所建立起来的各种社会规范与组织
行为文化	人类在长期的社会实践交往过程中约定俗成的行为模式,主要体现在风俗方面,地域色彩与民族特色浓厚
心态文化	人类在长期的社会实践和意识活动过程中形成的价值观、审美观以及思维方式。心态文化是文化的核心部分

(资料来源:闫文培,2007)

(四) 其他分类

除了上述的两分说、三分说与四分说,我们还可以对文化进行以下分类。

1. 主文化与亚文化

这是从共性与个性的角度对文化进行分类。

主文化是指在一个社会中处于支配地位的文化,也称为"主流文化"。对一个社会来说,在不同的历史时期,其主文化会随时代的变迁而有所不同。

亚文化又称"副文化",是指在一个社会中处于次要地位的文化。以

第九章　文化维度下的英语翻译理论

中国为例,中国是一个多民族国家,其中站人口比例大多数的汉族文化就是主流文化,其他少数民族的特色文化则是亚文化。

2. 高层文化、民间文化与深层文化

这是按照文化层次的高低对文化进行分类。

高层文化是指历史、哲学、文学、艺术等较为高雅的文化,又称"精英文化"。

民间文化是指风俗习惯、生活方式等通俗文化,它与人们的生活密切相关。

深层文化是指价值观、世界观、思维模式、情感态度等深而不露并起着指导和决定作用的文化,又称"背景文化"。

3. 知识文化与交际文化

这是根据文化内涵的特点对文化进行分类。

艺术作品、文物古迹都属于知识文化,其主要是通过物质表现形式呈现出来。交际文化是指在语言交际中所隐含的文化,多是以非物质为表现形式。一般知识文化不对跨文化交际产生影响,而交际文化会对交际文化产生影响,所以相比较而言跨文化交际更应被人们重视。

交际文化又可细分为外显交际文化和内隐交际文化。外显交际文化是指那些比较外显的生活方式、社会习俗等。内隐交际文化是指那些隐含不易被察觉的价值观、世界观、思维方式等,其决定着人们的行为方式,反映着人们做出这种行为方式的心理动机。

第二节　文化与翻译的关系

随着全球化进程的不断加快,翻译与文化逐渐交融且交融越来越深入。一方面,文化翻译通过语言转换、文化传真,将译语文化引入本民族文化,使本民族文化汲取异域文化的精髓;另一方面,文化翻译将本民族文化推向世界,实现本民族文化的传播。本节具体论述文化与翻译的关系。

一、文化对翻译活动起着促进与制约作用

(一)文化对翻译形式的制约

文化的强势与弱势在一定程度上影响着翻译活动。文化的强势与弱

势,既指文化整体上的强与弱,也指某一文化领域的强与弱。

翻译的对象与方法常受很多因素的影响,但文化环境与译者本身的文化身份一般起着决定性的作用,具体是受强势文化的制约。其原因在于:翻译本身就是一种文化活动,且这种文化活动具有一定目的性和倾向性。所以,文学翻译往往会选取那些影响力最强的作品或者强势文化下的作品。此外,强势和弱势文化在选材上的不平衡性在两种语言的对译过程中也有体现。

(二)文化对翻译过程的干预

美国语言学家爱德华·霍尔(Edward T. Hall)认为,"翻译不但是两种语言体系的接触,而且是两种不同文化的接触,乃至是不同程度的文明的接触。翻译过程不仅仅由语言因素所决定,而且还由社会因素和心理因素所决定。"这就是说,在语言转换过程中,翻译不仅要把握好整个交际语境,还要允许读者以一种他们认为自然、妥当的方式来回应译文。交际语境指文化因素:文化的共同性是翻译的基础,任何文化之间都存在一定的重叠;文化的多样性是翻译的难点,大多数的文化意义是不同的。

理解与表达是翻译两个必要的环节。理解是翻译的基础。理解了原文之后,要将其表达出来。例如,一篇诗文中往往包含着独特的文化因素,既有共性,也有个性。为了使原作神韵更好地再现出来,译者就要准确分析并翻译源语的文化意义,忠实地传递其中的信息,达到文化交流的目的。

需要注意的是,译者本身也是一个文化个体,尽管译者本身可能并未察觉,但他确实正受到自身文化取向和文化身份的影响。所以,在翻译实践中,尽管译者尽可能地克服自身主观因素,依然会带有自身所处文化的烙印。由此可以看出,翻译过程的始终都会受到这种文化烙印的影响。

二、翻译丰富并促进译入语文化

推动文化传播、沟通文化间的彼此理解是翻译的重要任务。作为文化代码的语言除了具有认知表达的功能,还具有储存文化信息、传播文化的功能。可以说,使用语言表达是一个涉及知识传播、文化传播的过程。

翻译与文化传播、大众传播之间存在非常密切的关系。翻译丰富、促进了译入语的文化。翻译的这一功能是有目共睹,如正是有了阿拉伯人的翻译,古希腊的文明才得以保存,欧洲文艺复兴才变得可能;正是有了五四时期的翻译,中国才得以引入诸多先进的思想。

第九章　文化维度下的英语翻译理论

翻译最终要达到这一的目的,即通过翻译活动,使一种语言的读者借助本国文字来了解他国文化。文化翻译中常遇到文化鸿沟,因此译者开始转向使用异化翻译策略,忠实地再现源语的文化与价值观念,使译入语读者获得与原文相同的感受。

以汉语为例,汉语中通过异化翻译,在长期的社会实践检验后,被人们接受并认可,最后成为汉语的一部分。例如:

cool 酷
pose 姿势
show 秀,展示
bikini 比基尼
clone 克隆

第三节　中西文化翻译观

一、西方文化翻译观

自20世纪70年代开始,翻译学界出现了"翻译文化转向"的热潮,包含埃文·佐哈尔(Itamar Even-Zohar)、图里(Toury)、苏珊·巴斯奈特(Susan Bassnette)、安德烈·勒弗维尔(Andre Lefevere)等在内的学者提出了自己的"文化翻译观"口号。总之,这一理论的提出对于翻译学界而言是一个大的进步。下面就对这些学者的文化翻译观展开分析和探讨。

(一)佐哈尔的"多元系统理论"

20世纪70年代,佐哈尔提出了"多元系统理论",他通过借鉴俄国形式主义学者的观点,认为文学作品应该视作整个文学系统来进行研究,而不是独立地展开研究。佐哈尔将文学系统界定为一个与其他程序产生影响的文学秩序功能系统,因此这就将文学作品视作文学、社会、历史框架的重要组成成分。其关键的概念在于"系统",且这个系统是动态的,是不断变化的。

虽然佐哈尔的理论是基于形式主义学者的理论建构的,但是他对"传统美学研究中的谬论"是反对的,即反对将研究的重点置于高雅的文学作品上,而将悬念小说、儿童文学以及整个翻译文学系统排除在外。

佐哈尔强调,翻译文学需要作为一个系统来进行运作,具体表现为如下两点。

（1）目的语如何对要翻译的作品加以选择。

（2）翻译行为与翻译规范如何受其他系统的制约与影响。

佐哈尔以多元系统这一涵盖性的概念对所有系统之间的关系加以强调。多元系统被认为是一个多层次、多种类的系统集合体。而其中层次即多元系统在某一特定历史阶段产生的不同层次上的作用。如果最高层面的被一个新的文学类型替代，那么较低层面的就可能被保守文学类型替代。但是，如果保守文学类型占据最高层次时，那么创新文学类型就有可能来自最低层，否则就会出现一个停滞状态。这就是一个动态演变的过程。也正是由于这种动态性，使得翻译文学在多元系统中的地位并不是固定不变的，其地位可能是主要的，也可能是次要的。

如果翻译文学占据主要地位，那么它就能够对多元系统进行积极的塑造，即翻译文学可能极具革新精神。如果翻译文学处于次要地位，其就是多元系统中边缘系统的代表，其无法直接影响中心系统，甚至会作为一个保守因素，对传统的形式加以保留，当然其处于次要地位也是非常常见的，是正常的。

（二）图里的"翻译规范理论"

图里与佐哈尔一起从事研究工作。对于图里而言，翻译首要的目的在于目标文化在社会与文学系统中的地位，而这一地位对翻译策略起着决定性作用。基于这一点，图里不断对佐哈尔的多元系统理论进行深层次研究，并提出了"描述性翻译"理论，这一理论引申出三段式方法论。

其一，将文本置于目标文化系统内来分析其意义与读者的可接受程度。

其二，对原作与译作的转换问题加以比较，尝试对深层次翻译概念加以总结与概括。

其三，对翻译策略提供某些重要启示。

当然，还需要一个补充的步骤，即对第一阶段与第二阶段进行重复，对其他类似的文本展开研究，目的是扩充语料库，从而从文学时期、文学类型等内容出发，对翻译展开概括与描述。这样来看，人们就能够确认与每一种类型相关的规范，最终形成相应的翻译法则。

对于规范，图里这样界定：将某一社区所共享的观念与价值转换成恰当的行为指南。这些规范是针对某一社会、文化而逐渐形成的社会文化约束。同时，他认为翻译也是受规范制约的，这些规范对实际翻译中产生的等值问题起着决定性作用。

第九章 文化维度下的英语翻译理论

图里认为,翻译的阶段不同,规范也会不同。

1. 初始规范

基本的初始规范指译者的总体选择,如图 9-1 所示。

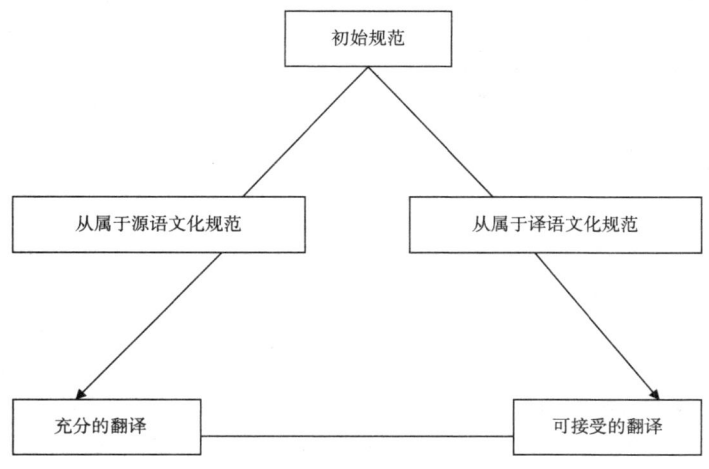

图 9-1　图里的初始规范示意图

(资料来源:芒迪、李德凤,2007)

译者可以选择是偏向源语文化规范还是偏向译语文化规范。如果译者选择偏向源语文化规范,那么译作就是充分的翻译;如果译者选择偏向译语文化规范,那么译作就是可接受的翻译。无论是充分的翻译,还是可接受的翻译,都是一个连续的统一体,因为翻译不可能是完全充分的或是完全可接受的。

2. 预备规范

图里将其他层次上的规范称为预备规范与操作规范。预备规范如图 9-2 所示。

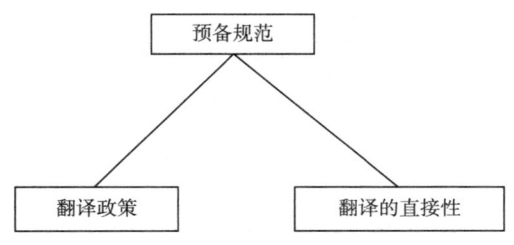

图 9-2　图里的预备规范示意图

(资料来源:芒迪、李德凤,2007)

预备规范包含两种:一种是翻译政策,另一种是翻译的直接性。前者指的是某一特定的文化与语言,对翻译文本的选择起着决定性的因素;后者与翻译是否存在中介语有着密切的关系,一般研究的是翻译中包含哪些语言,翻译中是否使用中介语,译语文化对通过中介语进行翻译的宽容程度等。

3. 操作规范

图里的操作规范主要对译文呈现的内容进行描述,如图9-3所示。

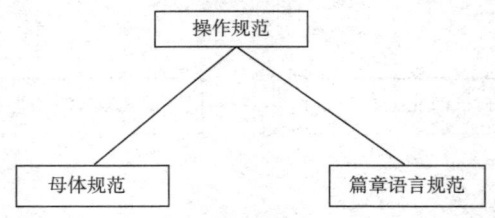

图9-3 图里的操作规范示意图

(资料来源:芒迪、李德凤,2007)

其中母体规范与译文是否完整有着密切的关系,如段落是否删减、原作是否分割、是否添加脚注等。篇章语言规范对译作的语言素材的选择起着制约的作用,如短语、文体特征等都属于语言素材的部分。

总之,通过对原作与译作的考察,图里提出了"翻译等值"的概念,但是他的这一概念与传统等值概念并不相同,其是一个功能性的概念。

(三)巴斯奈特的文化翻译观

20世纪90年代,以巴斯奈特为代表的"文化学派"开始对翻译中除了语言结构之外的其他因素进行研究与审视,研究从单一文本转向文化大视野。具体体现在如下几个层面。

1. 翻译基本单位——文化

在翻译语言学派的研究中,翻译活动的重点始终应该放在语言转换层面,而翻译的基本单位从音素、词汇到句子、语篇等。但是,在解决文学翻译问题时,这样的翻译方法却遇到了很大的困难。

基于这些问题,巴斯奈特指出,文学翻译有着自身的特殊性,因此研究方法应该对翻译单位进行改革,即从句子、语篇等转换为文化。在巴斯奈特看来,如果将文化与人的身体作比,那么语言就是心脏,只有身体与心脏结合起来,人类才会有动力,才能保持生机。当说明了语言与文化的关系之后,巴斯奈特对文化翻译的含义以及相关问题进行了进一步阐述,他认为翻译应该将文化作为基本单位,目的是通过翻译实现文化交流。

第九章 文化维度下的英语翻译理论

因此,从巴斯奈特的观点中可以看出,翻译不仅是语言层面的交际行为,还是一种文化上的交流手段,而之所以进行翻译,目的就在于交流。

2. 翻译文本功能对等

除了将文化作为翻译的基本单位,文化翻译观的另外一层含义在于翻译不应该仅限于对源语文本展开描述,还应该实现源语文本在译语文化中的功能等值。在巴斯奈特看来,文本不同,其承载的文化所赋予翻译的功能也就必然不同。翻译的功能受两个层面的制约。

其一,翻译所服务的对象。如果读者是面向儿童,那么翻译就要考虑儿童是否能够接受,因此在语言上应该尽量使其生动、简洁。

其二,源语文本在源语文化中所承载的功能。

受这两点的影响和制约,译者在进行翻译时,应该将不同的文化背景考虑进去,通过对源语文本进行解码,再进行重组,探求译语文化实现与源语文化的功能等值。

在操作上,巴斯奈特指出文化对翻译有着不同的需求,且这些需求与源语的性质有着密切的关系。如果源语文本为描述性的文本,那么译者应该尽量考虑源语文化,进行直译,科技文献就属于描述性文本。如果源语为文学作品,那么译者在进行翻译时有着一定的自由。

巴斯奈特的文化功能与奈达的功能对等理论有着某些共通性,但是也存在明显的区别。对于奈达来说,翻译指的是从语义到文体,译者用最贴近自然、对等的语言对源语加以再现的过程。相比之下,巴斯奈特认为翻译研究应该面向文化这一单位,将文化转换作为翻译的目的,译者应采用不同的文化功能对等来进行翻译。

可见,巴斯奈特跳出了传统翻译方法以语义、信息作为目标的模式,是从更为宏观的手段对翻译展开的研究和探讨。

3. 译者的地位

受女权主义的影响,巴斯奈特认为传统的二元反译理论将原作与译作划分成两级,如同社会中的男性与女性,原作就是男性,占据着主导性地位,译作就是女性,占据着从属的地位。因此,从这一点来看,巴斯奈特主张翻译是双性的,不能否认译者的从属地位。

对于译者来说,他们不仅要在译语文化中探求与源语文化对等的层面,还要针对不同层次的读者采用等效的技巧对源语进行转换。因此,就文化等值上来说,译者具有较大的主动权,可以对齐进行灵活的改写,甚至有些时候,他们可以将原作的文学形式进行改变。

（四）勒弗维尔的文化翻译观

勒弗维尔与巴斯奈特一样，注重文化与翻译的关系及对翻译产生的影响。下面主要从两个层面探讨。

1. 作为重写的翻译

勒弗维尔的翻译源于他对多元系统理论的兴趣。有些人认为他更像一个系统理论家，但是他对翻译的工作更多是倾向于"文化转向"层面。

勒弗维尔对"十分具体的因素"的研究是非常关注的，因为这些因素对文学文本的接受与拒绝起着系统的支配作用。这些具体的因素有权力、意识形态、操纵问题等。而在权力位置上的人等同于勒弗维尔口中的操纵大众消费的那一类人，也可以说成是"重写的人"，对于这类人，他们的动机可能是意识形态的，也可能是诗学的。

勒弗维尔认为，相同的重写的基本过程在历史研究、翻译、编辑工作中都会加以呈现。翻译是一种显著的重写，也可能是最有影响力的重写，因为翻译能够将作者的形象反映出来，也可能将那些超越源语文化界限的形象也反映出来。

从勒弗维尔的观点中可以看出，在文学系统中，翻译的功能主要受到三个要素的影响。

（1）专业人员

这些专业人员有评论家、批评家等，也可能是教师或者译者自己。之所以包含译者自己，是因为译者对所译文本的诗学起着决定作用，甚至对所译文本的意识形态也起着决定性作用。

（2）赞助者

这些人主要是那些对文学阅读、文学写作、文学重新给等产生促进或者阻碍影响的人。一般来说，赞助者包含三类。

其一，某一时期势力强大或者具有影响力的人。

其二，某些媒体、出版商等人物团体。

其三，学术期刊、国家院校等负责传播文学的机构。

同时，勒弗维尔还认为赞助者受如下三个要素的影响。

其一，意识形态因素，即对主题的选择与表现形式起着决定性作用。一般来说，意识形态因素是比较笼统的概念，是一种具有规范和形式的构架，对人们的行为与信仰起着决定性作用的构架。因此，在勒弗维尔看来，赞助是一种意识形态化的东西。

其二，经济因素，即主要涉及作者与重写者的报酬。过去，经济因素

第九章 文化维度下的英语翻译理论

主要是捐助人所给予的津贴。如今,经济因素大多表现为翻译费、稿费。当然,教师、批评家等也是由赞助者提供报酬的。

其三,地位因素,其包含很多种形式。作为对赞助者的汇报,受益人往往需要满足赞助者的某些需求或者愿望。同样,团体内某一成员也需要对团体进行表示。在这之中,赞助者的努力在于对制度稳定性的维护。

如果三个因素并不相互依赖,那么赞助者就被认为是分散的。也就是说,如果是一个畅销书的作者,其可以获得高额的报酬,但是在等级分明的文学界人士眼中,他也并不具备什么地位。

(3)主流诗学

在勒弗维尔眼中,主流诗学主要包含两个成分。

其一,文学方法,即包含符号、体裁等内容。

其二,文学作用的概念,即文学与其社会制度间所存在的关系。

2.诗学、意识形态与翻译

关于三者的互动,勒弗维尔提出了一个关键性的主张,即无论处于翻译的哪一个阶段,人们都可以看到,如果语言学方面的考虑与意识形态或诗学发生本质冲突的话,那么意识形态或诗学会占据上风。

这就是说,勒弗维尔看来意识形态或诗学是非常重要的考虑,其中的意识形态即译者的意识形态,或者是赞助者强加于译者的意识形态;其中的诗学即目的语文化主流诗学,这些都对翻译策略起着决定性作用。

二、中国文化翻译观

中国的文化翻译观主要体现在一些学者的观点论述方面。

(一)鲁迅的文化翻译观

20世纪二三十年代,鲁迅提出翻译要欧化,不要归化。他认为"既然是对异国语言文化的翻译,翻译就要有异国情调,就是所谓的洋气"[1]。此外,针对当时翻译界的混乱情况,鲁迅力矫时弊,将"忠实"置于非常重要的位置,并大力提倡在忠实于原著的基础上,采取白话文进行翻译,从而使西方近代资本主义文化思想不走样地进入中国。

(二)傅雷的文化翻译观

20世纪50年代,傅雷的"神似论"是最著名的文化翻译观。他在《高

---

[1] 何江波.英汉翻译理论与实践教程[M].长沙:湖南大学出版社,2010:11.

老头·重译本序》中,指出"以效果而论,翻译应当像临画一样,所求的不在形似而在神似",认为"理想的译文仿佛是原作者的中文写作"。文字上要求"译文必须为纯粹之中文,无生硬拗口之病",并期以"行为流畅,用字丰富,色彩变化"。显然,这种观点与鲁迅的观点是截然不同的。

(三)钱钟书的文化翻译观

"化境"是20世纪60年代我国文化翻译理论中较为重要的一个。这一观点是由钱钟书提出的。钱钟书在《林纾的翻译》一文中指出,"化"是文学翻译的最高理想。将作品从一种语言变成另一种语言,既不能因语言习惯的差异而露出生硬牵强的痕迹,又能完全保存原作的风味,就算实现了"化境"。钱钟书将这种现象又称为"脱胎换骨"。他认为,译本是否忠实于原文,要看其读起来是否像读原文一样自然。

第十章 文化维度下的英语翻译策略

第九章我们介绍了文化维度下英语翻译理论相关知识,本章进一步探讨在文化差异背景下如何更好地开展翻译活动。美国翻译理论家尤金·奈达(Eugene A.Nida)将翻译中的文化因素大致分为语言文化、社会文化(Social Culture)、物质文化以及生态文化。因此,本章首先探讨这些文化因素对翻译的具体影响。要想顺利进行翻译,还要遵循科学的原则,有效采用各种翻译策略,因此本章还将详细探讨文化差异下的翻译原则及策略。

第一节 文化差异对翻译的影响

一、语言文化差异对翻译的影响

有关英汉语言之间的具体差异我们在第二章中已进行过详细介绍,语言层面的差异对翻译的影响是直接又明显的。无论是在词汇层面的翻译、句法层面的翻译还是修辞方面的差异,译者在翻译前必须先要了解其中的文化内涵,这样才能有效避免误译、错译等情况的产生。这里通过以下两个例子进行说明。

I was sorry to hear that your father kicked the bucket.

上例中有一个英语俗语,即 kick the bucket,它有"死亡"之意,而且具有明显的贬义含义,显然用在这里是很不合适的,因此应当将 kick the bucket 改为 pass away 这一中性色彩的短语。

He saw himself, in a smart suit, bowed into the opulent suites of Ritzes.

他发现自己身着漂亮的礼服,被恭恭敬敬地引进了像里兹饭店一般的豪华旅馆的客房里下榻。

上述"里兹饭店"是瑞士人里兹所开设的,因奢华而闻名,因此后来就成了奢华饭店的代名词。译者如果了解这一文化背景,也就很容易理解原文所传达的意义了。

二、物质文化差异对翻译的影响

物质文化包含的内容非常丰富,涉及人们生活中的衣、食、住、行、用各个方面,如饮食、日用品、服饰着装、生产工具和设施等。

英汉民族在物质方面存在显著的差异。这里重点以中西方饮食文化的差异及其翻译进行说明。

中西方在饮食文化方面的差异就随处可见。在饮食对象方面,中国人的饮食与生存环境有着密切的关系,由于中国的饮食文化主要以种植业为主,畜牧业占小部分,因此中国人的饮食多为素食,辅以少量肉类。但是,随着中国经济的发展,中国的饮食对象在逐渐扩大,食物的种类也逐渐增多,烹调方式也五花八门。这些都使得中国人对于吃是乐在其中的,并且不辞辛苦地追求美食的创新,将美食文化发展到极致。

而西方国家主要以畜牧业为主,种植业较少,因此西方饮食多以肉类或者奶制品为主,同时食用少量的谷物。西方的饮食往往是高热量、高脂肪的,但是他们讲究食物的原汁原味,汲取其中的天然营养。西方人的食材虽然富有营养,但是种类较为单一,制作上也非常简单,他们这样吃的目的不在于享受,而是为了生存与交际。

在饮食习惯方面,中西方也存在明显的差别。在中国,不管是什么样的宴席、出于什么样的目的,人们都习惯圆桌而坐,所有的事物无论是凉菜、热菜、甜点等都放在桌子中间。同时,中国人会根据用餐人身份、年龄、地位等分配作为,在宴席上人们也会互相敬酒、互相让菜,给人以安静、祥和之感。

西方人用餐则通常采用分食制,即大家用餐互不干涉。在西方的宴会上,人们的目的也是交流情谊,因此这种宴会的布置会非常优雅、温馨。西方人对于自助餐非常钟爱,事物一次排开,大家根据自己的需要索取,选择自己喜欢的食物,这方便在家随时走动,也是促进交往的表现。

鉴于中西饮食文化存在明显的差异,在向西方宾客介绍中国菜肴时,尤其介绍中国菜名时,必须掌握一定的翻译技巧,要把握菜肴命名的侧重点,使宾客能够对菜肴一目了然,并了解菜肴文化背后的内涵。

例如,为了取吉祥的寓意,中国菜名常会借用一些不能食用的物品,如"翡翠菜心"。显然"翡翠"是不能食用的,是蔬菜艺术化的象征,因此在翻译时应该将"翡翠"省略掉。又如,"麻婆豆腐"这道菜是四川地区的名菜,传闻是一个满脸长满麻子的婆婆制作而成的,但是西方人对这一典

第十章 文化维度下的英语翻译策略

故并不了解,因此翻译时不能直译为 a pock-marked woman's beancurd,而应该以这道菜味道的特殊性作为描述重点,便于译入语读者理解,可以翻译为 Mapo tofu stir-fried tofu in hot sauce——the recipe is attributed to a certain pockmarked old woman。

再如,中国饮食文化具有悠久的历史,加上原材料与烹饪方法非常丰富,因此很多菜名都是独一无二的,因此在翻译这类菜名时,往往需要进行迁移处理,把握译入语的当地特色,采用音译的方式来处理。请看下面几例:

包子 Baozi
馒头 Mantou
汤圆 Tang Yuan
混沌 WonTon
炒面 Chow Mein
锅贴 Kuo Tieh

总之,英汉民族在物质方面的差异会给翻译工作者带来一定的困难,译者在翻译过程中要广泛涉猎各种背景知识,有了一定的文化知识储备,翻译起来才会更加得心应手。

三、地域文化差异对翻译的影响

文化具有鲜明的地域性特征,翻译中有时也会遇到地域文化问题。地域文化涉及自然现象、地理方位等方面。这里以方位文化为例。

方位也就是方向。方向包括东(east)、西(west)、南(south)、北(north)。中西民族所处的地理位置不同,对方位的认识也自然不同。

在中国文化中,自古就有"南方为尊,北方为卑"之说。可见,在中国传统文化中,人们对南的位置比较看重。例如,皇帝的椅子是朝向南面的;盖房子也选择南面位置;不少人认为南面的风水好,这受中国传统的文化观念影响很大。而西方人注重北的位置,表达方位也会以北为先。这一差异必然会对翻译产生影响。例如,"从南到北"应译为 from north to south,"南北朝"应译为 the Northern and Southern Dynasties。对两个汉语词汇的翻译都是从相反的方向来处理的。

四、社会文化差异对翻译的影响

（一）思维观念方面

英美人重抽象思维，擅长用抽象的表达描述具体的事物，中国人重具象思维，对事物的描述和表达都尽可能地具体。因此，在表达时，英语多用概括、笼统的抽象名词，而汉语多用具体词语。在具体的翻译过程中，对英语抽象名词的翻译应注意做具体化处理，而不是简单地直译。例如：

Is this emigration of intelligence to become an issue as absorbing as the immigration of strong muscle?

知识分子移居国外是不是会和体力劳动者迁居国外同样构成问题呢？

intelligence 一词原意为"智力，理解力"，muscle 的原意为"肌肉，体力"。在翻译的时候，应注意灵活转变，而应使用"脑力劳动者"和"体力劳动者"来译，将抽象名词具体化后，语言变得流畅，易于读者理解。

（二）价值观念方面

英汉文化在价值观念方面有很大的差异，这些差异会在一定程度上翻译活动。例如，在西方国家，old（老）一词已经失去了竞争力，并且已经逐渐被淘汰，在表达"老人"这一概念时需要用其他的委婉词语进行替代，如用 the advanced in age 指代年长者等。在翻译实践中，如果学生遇到介绍人们在西方国家的公交车上给老人让座的材料，应译为 courtesy seats，而不是 old man。

第二节　文化差异下的翻译原则

一、信息等值原则

文化信息等值原则是文化差异背景下翻译活动的重要原则，具体来说，译者要尽量使译文实现与原文在语言、文本、文化以及思维等多层面的等值。下面是国内外一些文化底蕴浓厚的大学的校训的翻译，其都很好地遵循了信息等值的翻译原则。

第十章 文化维度下的英语翻译策略

In the Nation's Service and in the Service of All Nations（普林斯顿大学校训）

Peace and Light（塔夫斯大学校训）
和平与光明

二、文化再现原则

从翻译的性质与任务的角度来看,翻译的过程就是文化再现的过程,因此需要遵循文化再现原则。具体来说,文化再现应该能够再现源语文化的特色。例如:

人怕出名猪怕壮。

译文1：Bad for a man to be famed; bad for a pig to grow fat.

译文2：Fattest pigs make the choicest bacon; famous men are for the taking.

上述原文为汉语中的俗语,是中国传统语言形式之一,具有十分丰富的文化内涵。在翻译过程中很难在英语中找到匹配的表达形式。上述俗语的内涵指的是人一旦出名就会有更大的挑战和困难,因此出名之后的生活反倒会十分困难。这就像猪长胖之后逃脱不了被宰杀的命运一样。译文1从原文的文化内涵出发,将其含义表达得淋漓尽致。译文2采用了创译的形式,但是译文和原文在表达和情感色彩方面都存在差异。

三、风格再现原则

在进行文化翻译时,风格再现也是一个重要的原则。通常来说,风格再现原则中的风格主要涉及如下几点。[①]

（1）文体风格。文体不同,风格也必然存在差异,如小说文体与诗歌文体、新闻文体与法律文体等,都呈现着各自的特色,这要求译者在进行翻译时,需要考虑不同的文体风格,除了将彼此文化再现出来外,还需要将文体的风格予以再现。以法律文体翻译为例,译者应该注重法律文体中的庄重、严肃的口吻,切记不要将其翻译成大白话,否则就违背了法律文体的法律意义。

（2）人物语言风格,即意味着遇见什么人,说什么样的话,这主要在文学文体中有着明显的体现。

（3）作家个人的写作风格,译文也应该展现原写作者的风格,有些写

---

① 兰萍.英汉文化互译教程[M].北京：中国人民大学出版社,2010：4.

作者凸显简洁,有些写作者要求庄重,有些写作者要求华丽等。因此,在翻译时,译者应该将其凸显出来。

第三节　文化差异下的翻译策略

一、音译策略

有些源语文化中特有的物象在译语中为"空缺"或者"空白"。此时仅能用音译法将这些特有的事物移植到译语中。这样不仅保存了源语文化的"异国情调",而且吸收了外来语,丰富了译语语言的文化。例如:

Trojan horse 特洛伊木马
a Pandora's box 潘多拉盒子
sauna 桑拿浴
hacker 黑客
AIDS 艾滋病
馄饨 Wonton
普洱茶(云南) Pu'er tea
汤圆 tangyuan
磕头 kowtow
八卦 ba gua

二、不译策略

与传统的直译、意译等策略相比,不译策略更加比较省时、省力,且能让目的语读者更容易理解和把握。在文化翻译中,译者应该对这一方法进行恰当的运用,从而更好地促进两种语言与文化的发展。

例如,iPad 就采用零译法,直接用 iPad 来表明,不仅能够准确理解原本的科技术语,还能有助于目的语读者接受该事物。再如:

EQ 情商
IT 信息技术
HR 人事部门
DVD 激光视盘
FAX 传真
DNA 脱氧核糖核酸

第十章　文化维度下的英语翻译策略

B 超 B 型超声诊断
CEO 首席执行官
VS 对阵
VIP 重要人物,要客

三、文化间性策略

所谓文化间性策略,是指基于文化间性主义与文化间性观,而逐渐形成的一种翻译策略。在文化间性主义者看来,译者在进行文化翻译时应该保证互惠互补、相互协调的文化关系。不同文化有着明显的差异性,运用文化间性来处理,有助于找寻二者的共性,实现不同文化之间的互动。

作为一名好的译者,他/她应该具备文化间性的身份,将不同文化的组成要素进行内化,同时对不同文化的进步与发展情况持有开放、接纳的态度。在这种文化间性理念的指导下,译者可以更从容地参与到文化翻译实践中,具体而言可以实现两大效益。

（1）译者保持开放的心态,对不同文化进行接纳与包容,从而采用得体的策略与方式对待与处理不同文化。

（2）译者对源语文化进行拓展与开发,在共性思想的指导下,分析与思考源语文化,进而将源语文化推向世界。

从上述定义与理念分析中可知,文化进行是对归化策略与异化策略所存在的极端主义的弱化,同时也是对"信、达、雅"翻译标准的支持。例如:

原文:天时不如地利,地利不如人和。

译文1: Sky times not so good as ground situation; ground situation not so good as human harmony.

译文2: Opportunities vouchsafed by Heaven are less important than terrestrial advantages, which in turn are less important than the unity among people.

显然,原文是一则典故,意思是在战争中,气候条件十分重要的,地理形势也十分重要,但是相比二者,人心所向才是最为重要的。对于这则典故的翻译,译文1是很不负责任的,属于乱译,而译文2则根据文化间性理论,进行了恰当的翻译,且容易让读者理解与把握。

四、文化调停策略

在文化翻译中,文化调停策略也被广泛的运用,下面就对这一策略的概念与具体的应用进行分析和探讨。

（一）文化调停策略的概念

文化调停策略是指将一部分文化因素省略不翻译,甚至将全部文化因素省略不翻译,直接翻译其中的深层含义。例如:

回头人出嫁,哭喊的也有,说要寻死觅活的也有,抬到男家闹得拜不成天地的也有,连花烛都砸了的也有。

Some widows sob and shout when they are forced to remarry; some threaten to kill themselves; refuse to go through with the wedding ceremony after they've been carried to the man's house; some smash the wedding candlesticks.

原文选自鲁迅先生的短篇小说《祝福》。在中国婚俗中,"拜天地"是一种特有的现象,且"天""地"这两个字有着丰厚的文化内涵。在中国人眼中,"拜天地"就是所谓的婚礼。但是,如果用异化策略进行翻译,目的语读者显然是很难理解其真正含义的,因此将"拜不成天地"译成 refuse to bow to heaven and earth 显然不合理,而采用文化调停策略进行翻译,如译文所示,就将原作的意象进行省略,而直接翻译出原作的深层含义,这样目的语读者就能真正地理解原作的内涵,也能够获得与原作读者相同的感受。

（二）文化调停策略的运用

显然,文化调停策略也是针对归化策略与异化策略来说的,即如果这两种策略不能解决真正的文化问题时,这时候译者采用文化调停策略是正确的。这一策略可以让译文更具有可读性,而且能够减少归化策略与异化策略中的文化问题,但是其也有着一定的局限性,即不能对文化意象进行保留,因此不利于文化交流。例如:

刘备章武三年病死于白帝城永安宫,五月运回成都,八月葬于惠陵。

Liu Bei died of illness in 233 at present-day Fengjie County, Sichuan Province, and was buried in Chengdu in the same year.

上述原文比较短,却有着丰富的内涵和文化因素,其中涉及了很多古代的地名、年代等内容。对这些地名、年代的翻译,采用归化策略肯定是不行的,因为在英语中难以找到与之相对的词语。而如果采用异化策略,直接进行拼写或者加注,这样的翻译比较复杂,且烦琐,很容易让读者产生困惑。因此,在这种情况下,译者应该将这些文化因素省略,以便于读者理解和把握。再如:

第十章　文化维度下的英语翻译策略

当他六岁时,他爹就教他识字。识字课本既不是《五经》《四书》,也不是常识国语,而是天干、地支、五行、八卦、六十四卦名等学起,进一步便学些《百中经》《玉匣记》《增删卜易》《麻衣神相》《奇门遁甲》《阴阳宅》等书。(赵树理《小二黑结婚》)

When he was six, his father started teaching him some characters from books on the art of fortune-telling, rather than the Chinese classics.

分析上述原文,其中包含汉语文化词汇十几个,如《五经》《四书》以及天干、地支、五行等,还有之后的《百中经》《玉匣记》……对于这些文化词汇的翻译,如果全部翻译出来是非常困难,且即使翻译出来,目的语读者也很难理解。实际上,对于这些文化词汇,全部翻译出来是没有必要的,这时采用文化调停策略来翻译,将这些不必要的文化内容省去,反而更容易被目的语读者理解。

五、文化对应策略

所谓文化对应策略,是指采用目的语文化中知名的事件、人物等,对源语文化中的内容进行解析与诠释。例如,"梁山伯与祝英台"在汉语文化中是广为熟知的,但是在西方人眼中并不知道二人到底是谁,如果将其翻译成"罗密欧与朱丽叶",那么西方人就知道是什么意思了。同样,"济公"与"罗宾汉"的互换也是如此。例如:

济公劫富济贫,深受穷苦人民爱戴。

Ji Gong, Robin Hood in China robbed the rich and helped the poor.

这是浙江兰溪的济公纪念馆中的一句话,在对这句话进行翻译时,如果将其翻译成 Ji Gong, Robin Hood in China 就很容易被目的语读者理解,这就是采用了文化对应策略。这样,也很容易让读者融入原作之中,探寻原作的奥妙。

需要说明的是,在归化、异化、归异互补、文化间性、文化调停、文化对应六种文化翻译策略中,归化策略与异化策略仍旧占据主导地位,但是也是呈现对立统一的情况。归化策略的运用是译者为了对译语读者进行照顾,在翻译时偏向于译语读者;而异化策略的运用是译者为了对源语文化进行照顾,在翻译时倾向于源语文化。在具体的翻译实践中,译者需要把握好度,恰当选择合适的翻译策略,否则就会走入极端。当然,如果这两种策略无法解决具体的文化问题时,那么译者就考虑运用其他因素,这样才能是真正的译者。

例如,在日常生活中,为了保证好的交流效果,一些通知、广告、公告、新闻报道等往往会采用归化策略进行翻译,这样易于读者理解,如果不能运用归化策略,那么可以采用文化调停策略,这样可以使译作更为清晰,读者更易明白,也与目的语读者的阅读习惯相符合。对于那些政论、哲学著作、科技文章等,译者往往会采用异化策略,因为这些文章写作的目的在于宣传,在于弘扬,也有助于填补目的语读者的知识空缺。也就是说,异化策略的运用有助于弥补目的语读者的空白,更多地了解目的语文化。

第十一章 英语翻译中的常见问题

翻译绝不仅仅是两种不同语言之间的简单转换,翻译是一项复杂的、涉及多种因素的活动。正因如此,在翻译过程中不可避免会遇到一些棘手问题,其中有涉及语用方面的问题,有涉及文化方面的问题,还有涉及翻译自身的问题。本章就对英语翻译中的常见问题进行总结并分析,以帮助译者更顺利地进行翻译活动。

第一节 语用模糊与翻译

一、语用模糊

所谓语用模糊是指在言语的交际过程中引起话语理解不确定性的、模糊性的语言现象。在交际过程中,人们经常使用语言模糊策略,这种策略可以帮助交际者,使其语言表达更为礼貌委婉,从而在尊重他人的基础上顺利完成交际。语用模糊大致来说包括以下几类。

(一)话语性语用模糊

所谓话语性语用模糊,是指"说话人以间接相关的言语信息使听话人获取所需的答案或结果,声东而击西,行言外之意"。[1]可见,话语性语用模糊是说话人将其意图表达的言语信息采用间接的话语表达出来。

(二)双重或数重语用模糊

所谓双重/数重语用模糊,是指同一话语对同一听话人表达两种或多种不同的言外之意。通常情况下,在人际交往的过程中,双方都希望自己的语言能简洁明了、清晰易懂。不过,在一些特定的场合中,使用一些

---

[1] 莫爱屏.语用与翻译[M].北京:高等教育出版社,2012:83.

模糊、间接的语言反而能帮助交际者取得更好的效果。

（三）多重语用模糊

所谓多重语用模糊,是指说话人在同一话语中依据听话人的不同而表达不同的言外之意。在语言交际过程中,说话人对听话人与旁听人说相同的话,从表面上来看是说给听话人的,而事实上是想将不便表达话语之力表达给旁听人,从而使说话人的言外之意得以体现,同时避免了冲突或尴尬。可见,在这种情况下,说话人往往是在面对多个交际者传达其所要表达的信息,表面上针对某一个人,实际上是针对另一个听话人。

（四）条件性双重语用模糊

所谓条件性双重语用模糊,是指用条件句来表达双重语用模糊,可以用句式 if X then Y, if not X then Z 来表示。通常,这种语用模糊的意思往往需要结合语境来推导话语的含义。

二、语用模糊的翻译策略

（一）省略

译者在翻译过程中,有时直接译出原文中的模糊限制语不仅会显得有点多余,还会影响整体意思的表达。此时,译者可以进行省译处理,在不改变原文意义的情况下对原文中的模糊限制语省略不译。例如：

This guy, his name was Briarly or Beardly or something…
他的名字叫……布莱利还是布得利来着？

上例中, or something 这一表达属于模糊限制语,说话人之所以采用这种表达,有两种原因。第一,说话人觉得此人比较棘手;第二,说话人的确记不清楚此人的名字了。不管出于什么原因,译者在翻译时都不易采用直译法进行处理,因为这样会影响原文表达的连贯性。因此,译者可以采用省译策略,

（二）增补

增补策略与省略策略相对应,是指译者除了要将模糊限制语译出,还可以适当增加某些成分,目的是时原文的含义得到更好的传达。例如：

A: Do you know how long I have been waiting here?

B: No more than half an hour.
A: 你知道我在这等了多久了吗?
B: 不到半个小时吧。/ 不到半个小时嘛。

在上述原文中,B 在回应 A 的问话时,采用了模糊限制语 no more than,其目的在于缓和气氛,避免直接回答 A 的问题。因此,译者在翻译时也巧妙进行了处理,增加了语气助词"吧"或"嘛",很好地还原了原文当时所处的情境。

(三)变动

译者在翻译过程中还可以适当做出变动,从而使译文与原文的语用含义更为贴合。例如:

It has been calculated that AIDS makes hundreds of thousands of people ill every year in the world and kills a large number.

据统计,艾滋病每年使世界上无数人生病,并导致无数人死亡。

该例原文中,hundreds of thousands of 和 a large number 均为模糊限制语,以突出"艾滋病对人的健康和生命的威胁"。在翻译时,译者对这两个模糊限制语进行了一些改动,译为同词反复,将原文意图表达的意思表达出来。

第二节 语用失误与翻译

一、语用失误的含义与分类

语用失误(pragmatic failure)的概念起源于英国语言学家托马斯(Thomas)发表的论文 Cross-cultural Pragmatic Failure (《跨文化语用失误》,1983)。托马斯在论文中首次采用了"语用失误"这一概念,并对语用失误进行了分类。

托马斯认为,可以把语用失误理解为"不能理解所说话语的言外之力"。具体来说,可以从两个方面来进行分析。首先,从说话人的角度看,不能理解话语的言外之意会造成说话表达方式不妥、表达不合习惯、说话不合时宜等,从而导致不能达到交际目的,甚至交际中断。其次,从听话人的角度看,不能理解所说话语的言外之意会导致对说话人意图的误解,造成交际障碍。

托马斯把语用失误大致分类两类,第一类是语用语言失误,也就是本族语对某一词语或结构的语用意义套用在外语上或特定语言环境下无法正确表达自己用意而造成的语用失误;第二类是社交语用失误,即由于文化背景的不同而犯的语用错误,往往涉及哪些话该讲、哪些话不该讲,说话双方社会地位的差异,人们的相对权利和义务等,与人们的价值观念有关。

综上所述,语用失误简单来说就是不同文化背景的人们在言语交际中,由于说话方式或表达习惯的不同,或者由于一方对另一方的社会文化背景知识缺乏了解,在跨文化交际中发生误解、障碍甚至冲突,从而影响交际效果的现象。

二、语用失误与翻译

上述我们提到语用失误大致可以分为语用语言失误与社交语用失误两类,无论是哪种语用失误,译者在翻译中都应尽力避免。

(一)语用语言失误与翻译

语用语言失误与语言本身的使用具有密切的联系,如非英语本族语者所用话语不是按英语本族人的语言习惯,而是误用了英语的其他表达方式,或者按照母语的语言习惯生成话语。例如:
How time flies!
时间过得真快啊!
对于初学英语的中国学生来说,这种话语表达是较为常见的。然而,"How time files!"这一表达并不是在所有场合都有"时间过得真快"的意思的。事实上,这种表达多是对时间流逝而发出的一种感慨。

(二)社交语用失误与翻译

社交语用失误即在跨文化交际中,因语言使用者不了解对方的文化背景而在语言形式的选择上出现了失误。社交语用失误的根源在于中西方文化的差异,这些差异往往影响人际交流和沟通,有时不仅会产生误解,还会引起一些文化上的冲突。社交语用失误就是因文化因素中的价值观、思维方式等的差异所造成的。例如:

Foreign Guest: We had a very good meal and wonderful dishes at your home.

Host: Oh, no. There is no good food. Please don't mind.

第十一章 英语翻译中的常见问题

外国客人：我们在你家吃了一顿美味佳肴。

主人：哪里，哪里。没有什么好吃的，请别介意。

该例中，主人的话是一个典型的社交语用失误。对于中国人而言，这句话并没有什么不妥。这句话体现了主人的谦虚和礼貌。但对西方人来说，这句话是难以理解的。他们会觉得，既然招待客人，为什么不拿最好的菜肴的。他们今天吃到的明明是好菜却矢口否认，令人无法理解，从而导致交际的失败。

第三节 翻译中的可译性问题

一、关于可译性问题的相关观点

对于可译性与不可译问题，很多学者进行过研究与探讨。学者威尔斯指出，文本是否可以的问题于 19 世纪才成为研究的重点问题，但是文学的可译性问题可以追溯到文艺复兴时期。一般来说，文学的可译性问题与可以的限度有着密切的关系。因此，下面就对一些学者的可译性观点展开分析，并重点探究可译性的限度。

1. 洪堡特的观点

德国学者洪堡特对可译性与不可译性的问题进行了辩证与系统的探究，这就使得可译性问题登上舞台。在洪堡特看来，语言具有普遍性，但是也有着特殊性。也就是说，对于语言而言，普遍性中存在着特殊性或差异性。这些特殊性与普遍性是相互协调的关系，而普遍性的存在，决定了语言是可译的，特殊性的存在，决定了语言存在某些不可译的情况。

在洪堡特看来，语言是发出的主体与另外一些主体间联系的工具。对于人而言，语言是先于存在的，是一个传承下来的客体。这就是说，语言是客观的，这一点决定着语言与个人是独立的两个层面，也决定了语言能够成为人类普遍的认知手段，这就是可译性的表现。同时，洪堡特还指出，语言不仅是客观的，还是主观的，即语言是某种世界观的体现，是一种精神存在，因此不同的人有着不同的语言，这就是不可译的表现。

在洪堡特看来，等值的翻译是不存在的。译者在进行翻译时，往往会遇到两大困难。

其一，努力接近原作，不得不牺牲目的语及其风格。

其二，靠近目的语，不得不牺牲原作。

这就是说,要想实现一种语言与另一种语言的完全等值,这是无法做到的,每一种语言在对概念的表达形式上都存在着明显的差异。虽然看到了这一点,他也对翻译的可行性进行了充分的肯定。在洪堡特看来,每一种语言的创造力都是无穷的,因此每一种语言的表达方式可以无限变换。同时,翻译针对的是言语,如果从细节上不能翻译的东西,可能在聚合的整体层面是可以翻译的。

2. 刘宓庆的观点

我国学者刘宓庆指出,可译性针对的是在两种语言转换中源语的可译程度。从刘宓庆的定义中可以看出,可译性是存在某些限度的。由于源语与目的语在语言结构、文化等层面存在明显的差异,因此在语言各个层次都存在着能够互通信息的通道,这就对语言的有效转换造成了阻力,这就是所谓的可译性的限度。

就广义层面来说,可译性限度既可能体现在语言层面,也有可能体现在文化层面。因此,可译性问题的实质在于译者能否准确再现源语作品中呈现的精神风貌与思想,而不是仅仅探讨源语是否可译。

3. 贺麟与陈康的观点

贺麟的可译论与陈康的不可译论都是对翻译进行的抽象哲学的思辨。

贺麟(1940)认为,要想探究翻译的真理,首先要分析的是从理论层面对源语文本进行翻译的可能性问题。贺麟从心理学的角度对自己的理论加以验证,认为人类的本性就是心同理同的部分,因此这一部分可以翻译,可以用无限的句子对其进行表达。

陈康(1985)认为,某一种文字中的字、词等表示的是其在自身文字中产生了思想,代表的是该文字本身民族的思想,而不可能用另外一种文字的字、词对其自身没有过的思想传达出来。这就是翻译的不可译问题。

总而言之,很多翻译家都看到了不同语言的差异性问题,并且肯定了语言的普遍性及其引申的可译性。学者奈达也认为,虽然不同语言存在差异,但融合的要素大大超过了分裂的要素,因此翻译是可能的,是可以进行交际的。

二、可译性的限度

就宏观的情况而言,语言具有可译性,但是这种可译性不是绝对的,而是有限的,这也可以称为"不可译性"。从语言层面出发,不可译性又

第十一章 英语翻译中的常见问题

分为相对可译性和绝对不可译性。

（一）相对不可译性

语言虽然是相对固定的,但也是随着时代的发展而不断演变的。当今社会处于一个全球化逐步形成的科技化、信息化的时代,世界正逐渐演变成一个"地球村",国与国之间的交流也日益频繁而密切。随着跨文化交际的发展,不同国家与民族的人们对彼此的语言与文化也有了越来越多的了解。因此,我们认为,文化的不可译性也是一个动态的概念,会随着时间的变化而变化。一些文化中的"不可译"现象会逐渐变成"可译性"。也就是说,那些曾被认为不可译的语言表达会逐步地在译入语中找到其对应形式。例如:

一国两制 one country, two systems

"一国两制"是典型的带有中国特色的成语,随着我国改革开放的不断深入以及与国外交流领域的不断扩大,这一具有中国特色的成语也逐渐为外国人所熟知,相应地有了恰当的英译。

不仅如此,随着我国对外交流的发展,汉民族人们的视野正变得越来越开阔,人们开始了解和尊重英美文化,并注意在进行跨文化交际时避免文化冲突。例如,在中国人的交往中,如果受到别人的赞扬,往往会先自贬一番,用自我否定的方式来表示谦虚有礼。在翻译的时候切不可译为"Where, Where"或"No, No",应根据英语的习惯译为"Thank you"。而如今,人们也开始逐步与世界接轨,开始学会回答"谢谢"。又如,在中国,如果朋友、熟人、同事等见面,往往会以不同的方式向对方打招呼,例如"去哪里呀？""吃饭了吗？"等。如果将这种礼节性的打招呼直译为"Where are you going?" "Have you had your dinner?",英语民族的人会认为你是在干涉他的私事,或认为你是在做诚挚的邀请请他吃饭。在拜访客人离开时,中国人常会谦虚地说"不好意思,耽误你时间了"。如果将其直译为"I'm sorry to have wasted your time."显然是行不通的。事实上,在西方国家,客人在离开主人家前往往会说"Well, it's really nice to meet you. But I must to go now. And I hope we will be able to get together again before long."[1]

（二）绝对不可译性

语言的最小意义单位是字(词)。由于英汉两种语言分属于不同的文

---

[1] 李华田.论文化不可译性及其对策[J].高等函授学报,2010,(8):7.

字体系,即汉语是意符文字,英语是拼音文字,因此在英汉互译中会造成不可避免的意义流失。也就是说,一种语言的表达在另一种语言中根本没有与其相对应的形式。英汉翻译中绝对不可译性的情况有如下几类。

1. 歇后语的不可译

歇后语是中国人民在生活实践中创造的一种特殊语言形式。歇后语一般由两个部分组成,前半截是形象的比喻,像谜面;后半截是解释、说明,像谜底,十分自然、贴切。在一定的语言环境中,通常说出前半截,"歇"去后半截,就可以领会和猜想出它的本意,所以称为歇后语。在翻译中,歇后语通常也是不可译的。例如:

狗撵鸭子——呱呱叫[①]

在这个歇后语中,"呱呱"指的是"鸭子的叫声",而"呱呱叫"又意为"好极了"。如果将其直译为"Chased by a dog, the ducks quack—crack",必然会造成以英语为母语的人看不懂译文的结果。下面一些歇后语也是不可译的:

外甥点灯笼——照旧(舅)

泥菩萨过江——自身难保

和尚的脑壳——没法(发)

三九天的萝卜——冻心;动心

孔夫子搬家——净是书(输)

擀面杖吹火——一窍不通

按住电铃不离手——老是想(响)

2. 双关语的不可译

双关语是指在一定的语言环境中,利用词的多义和同音的条件,有意使语句具有双重意义,言在此而意在彼的修辞方式。双关可使语言表达得含蓄、幽默,而且能加深语意,给人以深刻印象。双关可分为谐音双关和语义双关。然而在翻译中,双关语却成了译者不可逾越的鸿沟。

在谐音双关中,比较典型的例子是,汉语中的"晴"(fine weather)与"情"(love)是同音字,唐代著名诗人刘禹锡的《竹枝词》中说:

杨柳青青江水平,闻郎江上踏歌声。

东边日出西边雨,道是无晴却有晴。

其中的"道是无晴却有晴"与"道是无情却有情"便是一种谐音双关。汉民族的人都知道,"道是无晴却有晴"表面上是在说天气,实际上是在

[①] 谢玲. 文化差异性与不可译性[J]. 广州大学学报, 2004, (3): 51.

第十一章　英语翻译中的常见问题

谈感情。

在语义双关中,也有比较典型的例子:

She's too low for a high praise, too brown for a fair praise, and too little for a great praise.

(William Shakespeare: Much ado About Nothing)

在这里,low 和 fair 是一语双关。low 既表示"矮",又暗含"地位低下";fair 既表示"皮肤白皙",又指"公正"。

从以上两个例子中可以看出,译者在翻译时不能两者兼顾,只能取其一义。这便是双关语的"不可译性"。

3. 古诗的不可译

古诗从某种程度上来说也是不可译的。法国著名翻译理论家穆南(G. Mounin)认为,中国古诗是无法翻译的。这不仅是因为中国古诗中的节奏、音韵以及语言形式等是对译者的巨大挑战,还在于中国古诗可以书法的形式挂在墙上,这便赋予古诗一种艺术的内涵与抽象画的特征,给人以别样的视觉美感,而这样的视觉形式是很难通过另一种语言得以再现的。

第四节　文化翻译中的词汇空缺现象

一、词汇空缺简述

无论是在英语中还是在汉语中,都会存在这样一种词汇:其概念在另一个民族的语言中是陌生的,内涵意义在另一个民族的语言中是不存在的,究其根本原因在于这个物体、人物等在另一个民族的文化中不存在。因此,这样的词汇就被称为"词汇空缺"。

在两种语言中,词汇空缺的现象是非常普遍的。例如,以水果这一类词汇而言,汉语中的"果品"一词在另一种语言中就是不存在的。英语中的 nut 在汉语中也同样找不到。而对于英语中的 berry 一词,汉语中也缺乏相应的对应词。再细致一下,berry 下面还包含很多,如 blackberry,strawberry,elderberry 等。这些在汉语中几乎没有。许余龙(1992)画了一个图,如图 11-1 所示,该图体现了英汉词汇系统在水果方面的相互空缺情况。

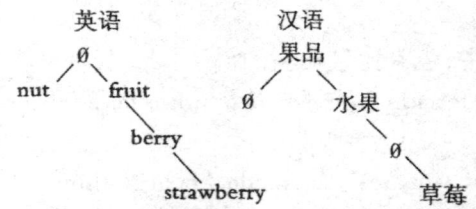

图 11-1　英汉词汇系统在水果方面的相互空缺情况

（资料来源：许余龙，1992）

二、词汇空缺的根源

如前所述，之所以出现语言词汇的空缺，究其根源在于文化空缺。在跨文化交际中，文化空缺现象非常重要且普遍，是基于文化差异而衍生出来的。下面就对文化空缺的相关知识展开分析。

（一）文化空缺的内涵

对于"空缺"一词，最早是由美国语言学家霍凯特（Hockett，1950）提出的，他通过对不同语言的语法模式进行分析和对比，发现了"偶然的缺口"，因此他就将其定义为"空缺"。之后，这一概念得到了很多学者的重视和深入研究。

苏联翻译理论家巴尔胡达罗夫（Barkhudarov，1975）对比和分析了不同语言中的词汇，提出在另一种语言中存在不等值的词汇。

1980 年末，苏联学者索罗金（Sorokin）正式提出了"空缺"这一理论，他通过对不同民族的话语展开深入研究，对"空缺"下了一个明确的定义，即认为一种文化在另一种文化中处于缺省的状态。

我国学者对文化空缺现象也进行过研究和探讨。

何秋和（1997）认为，在每一个民族中，都存在其特殊的语言文化，这些在其他民族中并不具备，这就是"空缺"的表现。

王秉钦教授（1995）认为，"空缺"指的是一种民族中的语言文化不被其他民族明白与接受的空白情况。

可以看出，对"空缺"的界定有很多，但是这些界定都存在一个明显的特点，即都认为受到不同民族文化差异的影响，一种语言中存在的概念或现象在另一种语言中不存在，或者找不到与之相似的情况，这就导致了空缺。

第十一章　英语翻译中的常见问题

(二)文化空缺的特点

1. 不理解性

文化空缺的第一大特点就是不理解性。例如,在英语语言中,屈折现象是非常常见的现象,且名词数、格、时态等也都是有着深层的意义。这很难被汉语民族理解。

2. 不习惯性

文化空缺的第二大特点就是不习惯性,即两种语言在语法、词汇层面表现的差异。同时,两种语言在引发联想、对事物的区分上也存在明显的不同,因此将这种现象又称为"异域性"。其在对事物的认知与表达层面体现得尤为明显。

例如,英语中 aunt 一词是大家所熟知的,很多人也知道其既可以代表"阿姨",也可以代表"舅妈""伯母"等。但是,在汉语中,由于中国人等级观念非常鲜明,因此很多语言现象让中国人不理解、不习惯。

3. 陌生性

文化空缺的第三大特点是陌生性,即两种语言在修辞、表达、搭配等层面产生的联想与情感不同。例如:

一丈青大娘大骂人,就像雨打芭蕉,长短句,四六体,鼓点似的骂一天,一气呵成,也不倒嗓子。

上例中,加黑的部分采用了比喻的修辞,这种通过用喻体来代替本体的说法,可以给整个语言增添色彩。但是,对于西方民族来说,这种现象并不常见,因此会是陌生的、新奇的。

4. 误读性

当不同文化在摩擦与接触中,文化之间出现误读的情况是非常常见的。也就是说,对于一种文化中的现象,另一种文化的中人们会采用自身的思维对其进行解读,那么很容易出现不确定情况或误读情况。

例如,在澳大利亚,袋鼠是一种常见的动物。18世纪,探险家们刚见到这一动物,就询问当地居民它的名字,当地居民告诉探险家是 Kangaroo。因此,在探险家脑中,这一词就自然而言地形成了,且含义就是"袋鼠"。实际上,其本意是"我不知道"。但是,久而久之,这个名字也就这样固定下来。人们也就不会探究其真伪了。

总 结

　　翻译的价值并不在于翻译作为一项实践活动本身,而是说通过翻译,或以翻译为手段,人们进行学术研究,从而体现它的理论意义。首先,翻译学的学术研究离不开翻译实践,翻译实践是翻译理论的土壤。其次,翻译过程作为一种心理活动虽然不一定能量化,但它是可以被描述的。最后,翻译的结果是可以鉴别和比较的,从而可以确定它的优劣。翻译研究作为科学研究必须以事实为依据,译文就是翻译的事实。科学研究需要实证,即用实际来证明。

　　翻译和翻译过程不仅是翻译研究的直接对象,而且也是许多学科的研究对象。哲学一直关注人、思维、语言、符号和世界的关系问题。特别是语言与思维的关系问题,语言哲学与翻译更不可分了。维特根斯坦的语言游戏说、奎因的翻译的不确定性、海德格尔的现象学翻译观、德里达的解构主义、戴维森的不可通约性,从不同的角度或解释翻译活动的现象,或给翻译研究以形而上的启迪。文化学、比较文学、计算机科学等多种学科都以翻译和翻译过程为手段或依托开展理论研究或实践研究。在人工智能的时代,翻译服务已经渗透到经济、文化、科技等各个领域。社会对高质量应用翻译人才的需求越来越迫切。要做好翻译,两方面的知识必不可少:一是源语和目的语在语言、文化方面有哪些异同,翻译时如何处理;二是源语和目的语中都有哪些题材、体裁,各具有什么特点及如何翻译。本书以"英语翻译理论的多维度阐释及其应用探索"为选题,从思维、心理、语用、文化这几个维度,对翻译理论进行了全面系统的研究和阐述,与社会与时代的发展具有较大的契合性。

　　从思维维度而言,人类无时无刻不在使用自己的大脑进行着思考,然而人们却很少对自身的"思维"进行思考。从生理学来看,人类的思维与动物的思维是共通的,只不过人类的思维是一种更加高级的生理活动,是大脑中的一种生化反应过程。人的思维是对客观世界的一种反映,是人类在认识客观事物时动脑筋进行比较、分析、综合等的过程。翻译这一实践活动的开展离不开人类的大脑思维过程,而在这一过程中,最重要的环节就是语言与思维的转换过程,即将内部语言转换为外部语言的过程。

总　　结

　　从心理维度来看,翻译心理活动往往包含两个维度:认知与审美,且这两个维度都呈现各自的特征。从认知层面来说,翻译心理学主要侧重于认知理解与认知表达;从审美层面来说,翻译心理学主要侧重于审美解读与表达。但是,要想确保翻译的精确性,避免出现误译、错译的情况,就需要了解翻译心理学的文化根源,因为翻译是从文化冲突到文化磨合再到文化取舍的心理过程。

　　从语用维度来看,语用学主要是对语言使用与理解进行研究的学科,它不仅涉及作者/发话人如何利用各种主客观因素来表达意义的过程,又对读者/受话人如何理解作者/发话人所说出的话感兴趣。换句话说,语用学研究的意义并不在于抽象的语言系统本身,而是交际双方在特定语境中想要传达的意义,并理解该意义的过程。而翻译在实际运作过程中,必然会受到特定语境、交际者心理认知等语用因素的影响和制约。因此,从语用学角度对两种语言间的翻译问题、翻译人员的推理过程、影响翻译的因素进行探讨是非常必要的,也具有可行性。

　　从文化维度来看,语言是文化的载体和传播工具,文化是语言的土壤和基础,语言与文化紧密相连、水乳交融。语言中的精华——习语、典故、人名、地名等都承载着丰富的文化内涵,了解某一民族的习语、典故、人名和地名文化,对于深入了解该民族的文化大有裨益。但因不同国家和民族的语言有所不同,所以要想了解异族语言文化,就要通过翻译这一重要途径。

　　纵览世界历史不难发现,冲突、对话、融合历来是文化发展的主题,翻译一直起着调停人、中间人的作用。翻译的价值正在于此。从时代以及社会发展的趋势可以看出,我国单向引进外国文化和文明的时代已经一去不复返了。"中国文化走出去"已成为重要的国家文化战略,它既是文化自身发展的长远规划,也是运用文化的力量推动发展的一种战略。翻译作为文化的一支,自然是发展和推动文化建设的重要力量。

参考文献

[1]《辞海》编辑委员会. 辞海 [M]. 上海：上海辞书出版社, 1989.

[2][苏] 巴尔胡达罗夫. 语言与翻译 [M]. 蔡毅等编译. 北京：中国对外翻译出版公司, 1985.

[3] 白靖宇. 文化与翻译（修订版）[M]. 北京：中国社会科学出版社, 2010.

[4] 曾文雄. 语用学翻译研究 [M]. 武汉：武汉大学出版社, 2007.

[5] 陈浩东. 翻译心理学 [M]. 北京：北京大学出版社, 2013.

[6] 封宗信. 现代语言学流派概论 [M]. 北京：北京人民大学出版社, 2006.

[7] 冯庆华, 刘全福. 英汉语言比较与翻译 [M]. 北京：高等教育出版社, 2011.

[8] 桂诗春. 新编心理语言学 [M]. 上海：上海外语教育出版社, 2000.

[9] 何江波. 英汉翻译理论与实践教程 [M]. 长沙：湖南大学出版社, 2010.

[10] 何远秀. 英汉常用修辞格对比研究 [M]. 成都：西南交通大学出版社, 2011.

[11] 何自然, 冉永平. 新编语用学概论 [M]. 北京：北京大学出版社, 2009.

[12] 何自然. 语用学与英语学习 [M]. 上海：上海外语教育出版社, 1997.

[13] 黄龙. 翻译学 [M]. 南京：江苏教育出版社, 1987.

[14] 黄勇. 英汉语言文化比较 [M]. 西安：西北工业大学出版社, 2007.

[15] 姜望琪. 当代语用学 [M]. 北京：北京大学出版社, 2003.

[16] 金惠康. 跨文化交际翻译续编 [M]. 北京：中国对外翻译出版公司, 2003.

[17] 兰萍. 英汉文化互译教程 [M]. 北京：中国人民大学出版社, 2010.

[18] 李炳全. 文化心理学 [M]. 上海：上海教育出版社, 2007.

[19] 李建军. 文化翻译论 [M]. 上海：复旦大学出版社, 2010.

[20] 李建军. 新编英汉翻译 [M]. 上海：东华大学出版社，2004.

[21] 李捷，何自然，霍永寿. 语用学十二讲 [M]. 上海：华东师范大学出版社，2010.

[22] 李占喜. 语用翻译探索 [M]. 广州：暨南大学出版社，2014.

[23] 刘军平. 西方翻译理论通史 [M]. 武汉：武汉大学出版社，2009.

[24] 卢明森. 思维奥秘探索——思维学导引 [M]. 北京：北京农业大学出版社，1994.

[25] 罗新璋. 翻译论集 [M]. 北京：商务印书馆，1984.

[26][英] 芒迪. 翻译学导论 [M]. 李德凤等译. 北京：商务印书馆，2007.

[27] 冒国安. 实用英汉对比教程 [M]. 重庆：重庆大学出版社，2004.

[28] 莫爱屏. 语用与翻译 [M]. 北京：高等教育出版社，2012.

[29] 钱冠连. 汉语文化语用学 [M]. 北京：清华大学出版社，2002.

[30] 冉永平. 语用学：现象与分析 [M]. 北京：北京大学出版社，2006.

[31][美] 芮沃寿. 中国历史中的佛教 [M]. 常蕾译. 北京：北京大学出版社，2009.

[32] 王武兴. 英汉语言对比与翻译 [M]. 北京：北京大学出版社，2003.

[33] 王祥云. 中西方传统文化比较（第 2 版）[M]. 郑州：河南人民出版社，2006.

[34] 魏海波. 实用英语翻译 [M]. 武汉：武汉理工大学出版社，2009.

[35] 吴叔尉，胡晓. 英汉语言对比与翻译 [M]. 北京：中国书籍出版社，2014.

[36] 吴为善，严慧仙. 跨文化交际概论 [M]. 北京：商务印书馆，2010.

[37] 武锐. 翻译理论探索 [M]. 南京：东南大学出版社，2010.

[38] 肖峰. 从哲学看符号 [M]. 北京：北京人民大学出版社，1989.

[39] 萧俊明. 文化转向的由来 [M]. 北京：社会科学文献出版社，2004.

[40] 谢天振. 当代国外翻译理论导读 [M]. 天津：南开大学出版社，2008.

[41] 辛凌，王婷. 大学英语实用翻译教程 [M]. 重庆：重庆大学出版社，2009.

[42] 熊学亮. 简明语用学教程 [M]. 上海：复旦大学出版社，2008.

[43] 许钧. 翻译论 [M]. 武汉：湖北教育出版社，2003.

[44] 闫文培. 全球化语境下的中西文化及语言对比 [M]. 北京：科学

出版社,2007.

[45] 严辰松,高航. 语用学[M]. 上海：上海外语教育出版社,2005.

[46] 严明. 大学英语翻译教学理论与实践[M]. 长春：吉林出版集团有限公司,2009.

[47] 颜林海. 翻译认知心理学（修订本）[M]. 北京：科学出版社,2015.

[48] 颜林海. 翻译审美心理学[M]. 北京：科学出版社,2015.

[49] 杨丰宁. 英汉语言比较与翻译[M]. 天津：天津大学出版社,2006.

[50] 杨贤玉. 英汉翻译概论[M]. 北京：中国地质大学出版社,2010.

[51] 叶苗. 应用翻译语用观研究[M]. 上海：上海交通大学出版社,2009.

[52] 余东明. 什么是语用学[M]. 上海：上海外语教育出版社,2011.

[53] 张今,陈云清. 英汉比较语法纲要[M]. 北京：商务印书馆,1981.

[55] 张今. 文学翻译原理[M]. 开封：河南大学出版社,1987.

[55] 张培基. 英汉翻译教程（修订本）[M]. 上海：上海外语教育出版社,2009.

[56] 张维友. 英汉语词汇对比研究[M]. 上海：上海外语教育出版社,2010.

[57] 郑诗鼎. 语境与文学翻译[M]. 重庆：西南师范大学出版社,1997.

[58] 钟书能. 英汉翻译技巧[M]. 北京：对外经济贸易大学出版社,2010.

[59] 宗性,道坚. 佛教与中国传统文化（论文集）[M]. 北京：中国社会科学出版社,2009.

[60] 蔡平. 文化翻译研究[D]. 长沙：湖南师范大学,2008.

[61] 胡景雯. 苏珊·巴斯奈特文化翻译理论下的《龟兹,龟兹》纪录片解说词翻译研究[D]. 北京：北京交通大学,2016.

[62] 张玉霞. 零翻译研究[D]. 保定：河北大学,2011.

[63] 陈爱华. 论直觉思维的生成及其作用[J]. 徐州师范大学学报,2009,(3).

[64] 陈治安,文旭. 关于英汉对比语用学的几点思考[J]. 外语与外语教学,1999,(11).

[65] 邓桦,杜盼盼. 翻译心理学视域下的有意识误译[J]. 鄂州大学学报,2015,(1).

[66] 方梦之. 中外翻译策略类聚——直译、意译、零翻译三元策略框

架图[J].上海翻译,2018,(1).

[67] 冯国瑞.论形象思维[J].中国高校社会科学,2015,(2).

[68] 耿小超,何魏魏,张晓世等.文化负载词汇翻译的策略及方法[J].长春理工大学学报,2012,(6).

[69] 郭莲.文化的定义与综述[J].中共中央党校学报,2002,(1).

[70] 贺善侃.形象思维·抽象思维·科学认识[J].复旦学报,1998,(4).

[71] 侯贺英,陈曦.文化体验理论对文化教学的启发[J].时代经贸,2012,(2).

[72] 姜文婷.翻译心理学研究纵览[J].科技信息,2009,(30).

[73] 李华田.论文化不可译性及其对策[J].高等函授学报,2010,(8).

[74] 李金红.文化视角中的异化与归化策略[J].外语教学与研究,2005,(6).

[75] 李占喜.译文读者认知和谐的语用翻译策略选择原则[J].外文研究,2013,(3).

[76] 廖海娟.文化视角中的英汉翻译[J].湖南科技学院学报,2010,(3).

[77] 刘超,任肖华.中西文化道德价值观比较[J].海外英语,2012,(1).

[78] 刘春兴.文化的信息定义及其社会科学意义[J].三明学院学报,2014,(3).

[79] 刘绍龙,王柳琪.理解与生成:翻译研究的"心理转向"[J].中国社会科学报,2012,(6).

[80] 罗国青.零翻译概念辨正[J].上海翻译,2005,(6).

[81] 吕航.关于建立翻译心理学的构想[J].外语研究,2000,(3).

[82] 毛训毅.谈文化翻译的误区及解决措施[J].黑龙江史志,2014,(1).

[83] 牛宝艳.英语口语教学中折射出的中西方文化差异及启示[J].中国教育技术装备,2009,(8).

[84] 彭慧.社交指示语的汉英翻译[J].湖南人文科技学院学报,2007,(6).

[85] 彭杰.从文化、语言与翻译"三位一体"的关系再看归化与异化的选择[J].长春工业大学学报(社会科学版),2013,(2).

[86] 邱懋如.可译性及零翻译[J].中国翻译,2001,(1).

[87] 冉永平.词汇语用学及语用充实[J].外语教学与研究,2005,(5).

[88] 饶晓红.论喻体的文化差异及喻体翻译中文化缺损的弥补[J].

福州大学学报,2005,(1).

[89] 邵宏.文学翻译中如何处理语用含意:以《红楼梦》英译为例[J].文学界,2011,(5).

[90] 石春让.翻译研究的文化转向与文化研究的翻译转向[J].外语教学,2008,(3).

[91] 苏富忠.论抽象思维——自然语言基本思维方式系列研究之二[J].哈尔滨学院学报,2002,(3).

[92] 孙立盛.翻译研究的认知心理学视角——《翻译心理学》述评[J].英语研究,2013,(3).

[93] 孙蕊.翻译思维认知加工过程的剖析[J].菏泽医学专科学校学报,2014,(3).

[94] 覃军.译,贵在不译——翻译中的"非翻译"策略[J].中国翻译,2018,(5).

[95] 汤建民.从"思维是什么"到"如何思维"——关于思维分类和思维定义的再思考[J].哈尔滨学院学报,2005,(1).

[96] 王宗炎.介绍赵元任《译文忠实性面面观》[J].中国翻译,1982,(3).

[97] 谢玲.文化差异性与不可译性[J].广州大学学报,2004,(3).

[98] 颜林海,孙凯祥.翻译心理学:亟待承认的一门新兴的交叉性学科[J].川北教育学院学报,2001,(4).

[99] 颜林海.翻译心理学的研究对象及方法[J].四川师范大学学报(社会科学版),2007,(2).

[100] 颜林海.试论认知翻译操作模式的建构[J].外语与外语教学,2014,(2).

[101] 杨仕章.略论翻译与文化的关系[J].解放军外国语学院学报,2001,(2).

[102] 杨仕章.文化翻译学界说[J].外语教学理论与实践,2016,(1).

[103] 曾宪才.语义、语用与翻译[J].现代外语,1993,(1).

[104] 张春柏.直接翻译——关联翻译理论的一个重要概念[J].中国翻译,2003,(4).

[105] 张墨.浅谈文化与翻译[J].辽宁广播电视大学学报,2006,(4).

[106] 张群.西方人对文化的理解[J].江汉论坛,2000,(12).

[107] 钟海英.文学翻译策略的语用理据[J].广东技术师范学院学报,2007,(11).

[108] 周慈波.文化走出去需突破翻译误区[J].中国教育报,2012,(4).

[109]Bassnett, Susan. *Translation Studies*[M]. London and New York: Methuen, 1980.

[110]Bell, R. T. *Translation and Translating: Theory and Practice*[M]. Beijing: Foreign Language Teaching and Research Press, 2001.

[111]Benveniste, Émile. *Problems in General Linguistics*[M]. Coral Gables: Ubiversity of Miami Press, 1966.

[112]Bolinger, Dwight & Donald A. Sears. *Aspects of Language*[M]. New York: Harcourt Bruce Jovanovich Inc., 1981.

[113]Catford. *A Linguistic Theory of Translation*[M]. London: Oxford University Press, 1965.

[114]Edwin Gentzler. *Contemporary Translation Theories*[M]. London: Routledge Inc., 1993.

[115]Eóin MacWhite. Culture. A Critical Review of Concepts and Definitions by A. L. Kroeber; Clyde Kluckhohn; Wayne Untereiner; Alfred G. Meyer[J]. *Anthropos*, 1954, (Bd. 49, H. 3./4).

[116]Eugene Nida. *Language Structure and Translation* [M]. Stanford: Standford University Presss, 1964.

[117]Even-Zohar, Itamar. *Papers in Historical Poetics*[M]. Tel Aviv: Porter Institute for Poetics and Semiotics, 1978b.

[118]Firth, J. R. *Papers in Linguistics 1934—1951*[M]. London: Oxford University, 1957.

[119]Gentzler, Edwin. *Contemporary Translation Theories*[M]. Clevedon: Multilingual Matters Ltd., 2001.

[120]Gutt, Ernst-August. *Translation and Relevance: Cognitive and Context*[M]. Shanghai: Shanghai Foreign Language Education Press, 2004.

[121]Lyons, J. *Semantics*[M]. Cambridge: Cambridge University Press, 1977.

[122]Peter Newmark. *A Textbook of Translation*[M]. New York: Prentice Hall, 1988.

[123]Snell-Hornby, Mary. *Translation Studies: An Integrated Approach*[M]. Amsterdam/Philadelphia: John Benjamin Publishing Company, 1988: 42.

[124]Whitney, W. D. Nature and Origin of Language[A]. *The Origin of Language*[C]. Bristol: Thoemmes Press, 1875.